Liebe Leserin, lieber Leser,

es freut mich, dass Sie sich für einen Titel aus der Reihe "Studien 2002" entschieden haben.

Diese Reihe wurde von mir zusammengestellt, um einem breiten Publikum den Bezug von herausragenden wissenschaftlichen Abschlussarbeiten zu ermöglichen. Bei den Abschlussarbeiten handelt sich um hochwertige Diplomarbeiten, Magisterarbeiten, Staatsexamensarbeiten oder Dissertationen mit einer sehr guten Bewertung.

Diese Studien beschäftigen sich mit spezifischen Fragestellungen oder mit aktuellen Themen und geben einen guten Überblick über den Stand der wissenschaftlichen Diskussion und Literatur. Wissenschaft und andere Interessierte können durch diese Reihe Einblick in bisher nur schwer zugängliche Studien nehmen.

Jede der Studien will Sie überzeugen. Damit dies immer wieder gelingt, sind wir auf Ihre Rückmeldung angewiesen. Bitte teilen Sie mir Ihre kritischen und freundlichen Anregungen, Ihre Wünsche und Ideen mit.

Ich freue mich auf den Dialog mit Ihnen.

Björn Bedey
Herausgeber

Diplomica GmbH
Hermannstal 119k
22119 Hamburg

www.diplom.de
agentur@diplom.de

Golembowski, Karen: Reichweiten und Grenzen von e-Recruitment: Eine kritische Analyse unter besonderer Berücksichtigung von eignungsdiagnostischen Online-Verfahren und deren Akzeptanz am Markt / Björn Bedey (Hrsg.), Hamburg, Diplomica GmbH 2002
Zugl.: Köln, Universität, Diplom, 2002

ISBN 3-8324-5567-1
© Diplomica GmbH, Hamburg 2002

Bibliografische Information der Deutschen Bibliothek
Die Deutsche Bibliothek verzeichnet diese Publikation in der Deutschen Nationalbibliografie; detaillierte bibliografische Daten sind im Internet über <http://dnb.ddb.de> abrufbar.

Karen Golembowski

Reichweiten und Grenzen von e-Recruitment

Eine kritische Analyse unter besonderer
Berücksichtigung von eignungsdiagnostischen
Online-Verfahren und deren Akzeptanz am Markt

Diplom.de

 Geboren wurde ich, Karen Golembowski, am 01.11.1974 im niedersächsischen Diepholz. 1994 verließ ich das Graf-Friedrich-Gymnasium mit dem Abitur und absolvierte eine Ausbildung zur Bankkauffrau bei der Deutsche Bank AG in Osnabrück. Nach dem Bestehen der Banklehre mit Auszeichnung wurde ich im Juni 1996 vom Geschäftsbereich Firmen und Institutionen der Ausbildungsfiliale übernommen. Im Februar 1997 kündigte ich meine Anstellung, um das Studium der Wirtschaftspädagogik an der Universität zu Köln aufzunehmen. Während der Semesterferien arbeitete ich regelmäßig als Finanzberaterin bei der Dresdner Bank AG in Köln und absolvierte diverse Praktika, u. a. bei der Dresdner Kleinwort Benson in New York. Im Februar 2002 konnte ich mein um zwei Semester erweitertes Studium mit dem Doppelabschluss Dipl.-Hdl. sowie dem 1. Staatsexamen für Lehramt Sek. II an beruflichen Schulen mit der Note 1,6 abschließen.

Gliederung

Abkürzungsverzeichnis

Abb.	=	Abbildung		sog.	=	sogenannte
AC	=	Assessment Center		Tab.	=	Tabelle(n)
Bd.	=	Band		u.a.	=	unter anderem
bspw.	=	beispielsweise		URL	=	Uniform Resource Locator
bzgl.	=	bezüglich		v.a.	=	vor allem
bzw.	=	beziehungsweise		vgl.	=	vergleiche
ca.	=	circa		vs.	=	versus
d.h.	=	das heißt		z.B.	=	zum Beispiel
Diss.	=	Dissertation		zit.	=	zitiert
e-Mail	=	elektronische Post		z.T.	=	zum Teil
et al.	=	et alii (und andere)		zugl.	=	zugleich
etc.	=	et cetera				
evtl.	=	eventuell				
f.	=	folgende				
ff.	=	fort folgende				
ggf.	=	gegebenenfalls				
Hrsg.	=	Herausgeber				
i.d.R.	=	in der Regel				
inkl.	=	inklusive				
Jhrg.	=	Jahrgang				
Kap.	=	Kapitel				
lat.	=	lateinisch				
Mio.	=	Million(en)				
Mrd.	=	Milliarde(n)				
Nr.	=	Nummer				
o.a.	=	oben angeführt				
o.Verf.	=	ohne Verfasser				
PC	=	Personal Computer				
S.	=	Seite				
s.	=	siehe				
s.o.	=	siehe oben				

Abbildungsverzeichnis

Tabellenverzeichnis

1 Einleitung

Das Internet ist „ein Verbund vieler Datennetze rund um die Welt. Zwischen allen angeschlossenen Computern können Daten [...] ausgetauscht werden" (CLASEN/WALLBRECHT 1996, S. 24). Von den Unternehmen schon seit einigen Jahren für Werbe- und Marketingmaßnahmen genutzt, durchdringt das Internet inzwischen die gesamte Wertschöpfungskette: Electronic Business (kurz: e-Business), der Einsatz von vernetzten Informations- und Kommunikationstechnologien zur Unterstützung und Abwicklung geschäftlicher Transaktionen, befindet sich auf Expansionskurs (vgl. FRAUNHOFER ELECTRONIC BUSINESS INNOVATIONSZENTRUM 2000; s. auch: BOLENDER 1999, S. 2). Auch im Personalgeschäft markiert e-Business eine einschneidende Veränderung. Bei der Digitalisierung dient der Computer nicht nur als Arbeitshilfe und Rationalisierungsinstrument, sondern es verändern sich auch die Prozesse selbst (vgl. STRAUB 2000, S. 3). Dies soll im folgenden anhand von e-Recruitment (auch: e-Recruiting, e-Cruiting), einem Musterbeispiel des e-Business Personal, gezeigt werden. Diente das Internet zunächst nur als Informationsmedium, wurde im nächsten Schritt die Interaktion über die unternehmenseigene Website möglich. Auf einer weiteren Stufe folgte die elektronische Geschäftsabwicklung, die für den Personalbereich bedeutete, den Bewerbungsprozess jetzt auch elektronisch abwickeln zu können (vgl. MEALL 2000, S. 42 ff.). Zum e-Recruitment gehören aber längst nicht mehr nur das Stellenposting auf der Unternehmenshomepage und der Umgang mit Online-Bewerbungen, sondern mittlerweile eine ganze Bandbreite weiterer Nutzungsmöglichkeiten.

1.1 Zielsetzung

Das Ziel dieser Arbeit besteht darin, die Nutzungsmöglichkeiten des Internets bei der Personalbeschaffung vorzustellen und die Vor- und Nachteile sowie Reichweiten und Grenzen von e-Recruitment auszuloten. Vertiefend soll der noch relativ junge Teilbereich e-Diagnostics, dessen Ziel in einer Bewerbervorselektion anhand eignungsdiagnostischer Online-Verfahren besteht, einer kritischen Analyse unterzogen werden. Im abschließenden Praxisteil gilt es, die Akzeptanz dieser onlinegestützten Evaluationstools bei Bewerbern als auch Unternehmen zu ermitteln, um konkrete Hinweise für die Optimierung des Einsatzes von e-Diagnostics zu geben.

1.2 Methodische Vorgehensweise

In Kapitel 2 wird basierend auf einer eigenen Definition des Begriffs „e-Recruitment" ein Überblick über die derzeitigen Möglichkeiten des Internets im Hinblick auf die Personalbeschaffung gegeben. Eine Strukturierung erfolgt dabei durch die Zuordnung der Nutzungsmöglichkeiten zu den drei Hauptanwendungs-feldern des e-Recruitments: „Bewerbersuche mittels Stellenposting und Research", „Bewerber(vor)selektion mit Hilfe online-gestützter Evaluationstools (e-Diagnostics)" sowie „Bewerberrelationship-Management via Internet" (vgl. Anhang I, S. XIII). Im Anschluss werden die Vor- und Nachteile von e-Recruitment auf einer generalistischen Ebene herausgearbeitet und sein Einsatz einer kritischen Bewertung unterzogen.

Das Anwendungsfeld e-Diagnostics wird in Kapitel 3 einer intensiveren Betrach-tung unterzogen: Nach einer Auseinandersetzung mit den Anforderungen an eignungsdiagnostische Online-Testverfahren (auch: Online-Assessments), die für die Qualität des Evaluationsprozesses von besonderer Bedeutung sind, werden Überlegungen zur bestmöglichen Integration von e-Diagnostic-Tools in den Personalauswahlprozess angestellt. Anschließend erfolgt eine Untersu-chung der Vor- und Nachteile von e-Diagnostics, wobei zudem die Reichweiten und Grenzen aufgezeigt werden sollen.

Da es sich bei dem Themenfeld e-Diagnostics um ein bisher nur sporadisch erforschtes Gebiet handelt, wird im 4. Kapitel eine Erhebung zur Akzeptanz von e-Diagnostics sowohl bei Bewerbern als auch Unternehmen durchgeführt. Als Erhebungsinstrument dient jeweils ein Fragebogen, dessen Ergebnis der Praxis neue Erkenntnisse im Hinblick auf den Einsatz und die Ausgestaltung von eignungsdiagnostischen Online-Verfahren liefern soll.

Kapitel 5 stellt eine Zusammenfassung der wesentlichen Ergebnisse dieser Arbeit dar, ergänzt um den Ausblick mit einigen Zukunftsvisionen.

2   E-Recruitment: Das Internet als Medium zur Personalbeschaffung

Der Erfolg eines Unternehmens ist maßgeblich von der Qualität seiner Mitarbeiter abhängig. Trotz hoher Arbeitslosenzahlen besteht seitens der Unternehmen ein Nachfrageüberhang nach qualifiziertem Personal. GIESEN vom Staufenbiel Institut für Studien- und Berufsplanung spricht sogar von einem „War for Talents", der geprägt sei durch die Konkurrenz um Bewerber mit vielfach ähnlichen Qualifikationsprofilen (vgl. GIESEN 2001, S. 140). Dieser Wettbewerb um qualifizierte Bewerber hat inzwischen auch vom Medium Internet Besitz ergriffen und lässt sich durch den Terminus „E-War for Talents" charakterisieren (HESSE/FRANKE 2001, S. 44). Um sich in den relevanten Personalmärkten zu profilieren, greifen Unternehmen zu immer neuen Ansprachemöglichkeiten gegenüber potenziellen Bewerbern und treiben den Fortschritt im Bereich des e-Recruiting unaufhaltsam voran.

2.1   Definition des Begriffs e-Recruitment

Noch vor wenigen Monaten war mit dem Begriff e-Recruitment lediglich die Veröffentlichung von Stellenanzeigen auf der Unternehmenshomepage und externen Seiten, insbesondere Stellenbörsen, sowie die Suche nach vielversprechenden Bewerberprofilen in Research- und Stellengesuchdatenbanken gemeint (vgl. O.VERF.: Online recruiting: What works, what doesn´t, 2000, S. 11). Mittlerweile sind unter e-Recruitment jedoch auch weitere Teilbereiche zu verstehen, welche in folgender Definition Berücksichtigung finden:

E-Recruitment (wörtlich: „elektronische Rekrutierung") bezeichnet die Personalbeschaffung via Internet. Neben dem Stellenposting sowohl auf unternehmensinternals auch -externen Seiten und der Recherche nach Lebensläufen bzw. Bewerberprofilen in Stellengesuchdatenbanken (auch: Sourcing) gehören die Bewerber(vor)selektion mittels online-gestützter Evaluationstools sowie das elektronische Bewerberrelationship-Management zu den Anwendungsfeldern von e-Recruitment.

2.2   Darstellung der Anwendungsfelder des e-Recruitments aus Unternehmenssicht

Aufbauend auf der unter Abschnitt 2.1 entwickelten Definition stellt der Verfasser im folgenden verschiedene Nutzungsmöglichkeiten des Internets bei der Personalrekrutierung vor, wobei diese jeweils nach Anwendungsfeldern gruppiert werden (vgl. Anhang I, S. XIII). Die Darstellung erfolgt aus Unternehmenssicht, da das Ziel dieser Arbeit u.a. darin besteht, aufzuzeigen, auf welche Weise Unternehmen das Internet für ihre Rekrutierungsbemühungen nutzen können.

2.2.1   Bewerbersuche mittels Stellenposting und Research

Da es sich beim Schwerpunktbereich Stellenposting und Sourcing um den ältesten Zweig des e-Recruitments handelt, ist der Aufbau der Infrastruktur hier zum jetzigen Zeitpunkt bereits relativ weit fortgeschritten. Genutzt werden für das Stellenposting insbesondere die Unternehmenshomepage sowie externe Stellenbörsen bzw. Karriereportale, wobei die beiden letzteren den Unternehmen zudem Sourcing-Möglichkeiten bieten.

2.2.1.1 Stellenposting auf der unternehmenseigenen Homepage

Der Webauftritt eines Unternehmens ist unter Personalmarketing-Gesichtspunkten von besonderer Bedeutung: Er repräsentiert die Unternehmung und hat wesentlichen Einfluss darauf, ob bei einem potenziellen Bewerber Interesse für das Unternehmen geweckt werden kann (vgl. GRIMM/DOHNE 2000, S. 36). Dies ist insbesondere vor dem Hintergrund zu bedenken, dass sich der Arbeitsmarkt zu einem Bewerbermarkt entwickelt hat. Wenn die Unternehmen im Wettbewerb bestehen wollen, so hat die Gestaltung der Unternehmenshomepage als Ganzes und insbesondere der Karriereseiten bestimmten Ansprüchen und Erwartungen seitens der Besucher zu genügen. Im folgenden werden die grundlegenden Erfolgsfaktoren der firmeneigenen Personalmarketingseiten herausgestellt.

1.   Auffindbarkeit der Karriereseiten

Hiermit ist zum einen gemeint, dass die Unternehmenshomepage sowohl über URL als auch über Suchmaschine gut auffindbar sein sollte. Zum anderen bezieht sich dieser Punkt auf die auffällige Platzierung des Karrierebuttons auf der Startseite, um auch nicht konkret wechselwillige Personen zu einem Besuch dieses Bereiches anzuregen (vgl. GIESEN 2001, S. 140).

2.   Aktualität und Informationsgehalt

Eine zielgruppenspezifische, detaillierte und stets aktualisierte Darstellung der Stellenangebote und Beschäftigungsmöglichkeiten ist ein absolutes Muss. Darüber hinaus können Hintergrundinformationen über das Unternehmen, seinen Werdegang, die verschiedenen Unternehmensbereiche, über Berufs-chancen und Karrieremöglichkeiten gegeben werden. Detailliertere Angaben und weiterführende Informationen fördern eine gezieltere Ansprache (vgl. GOEB/ MOSER 2001, S. 76).

3.   Navigation / Orientierungshilfen

Die Website sollte über ein übersichtliches Layout verfügen und Orientierungshil-fen anbieten. Freitextsuche oder ein Inhaltsverzeichnis sind bei der gezielten Informationssuche sinnvoll. Bei einem großen Umfang des unternehmensinter-nen Stellenmarktes spielt eine strukturierte Aufbereitung der Stellenangebote eine wesentliche Rolle (vgl. GIESEN 2001, S. 140). Eine Suchmaschine sollte dem Bewerber die Möglichkeit bieten, den von ihm gewünschten Tätigkeitsbe-reich gezielt einzugrenzen und gleichzeitig auf Wunsch mehrere Auswahlmög-lichkeiten zuzulassen (z.B. bei Interesse für verschiedene Geschäftsbereiche).

4.   Technische Funktionalität

Die technische Funktionalität betrifft das problemlose Laden der Website sowie die Aktivität der internen Links. Insbesondere bei den Großunternehmen, die bereits über einen längeren Zeitraum über einen Webauftritt verfügen, gibt es diesbezüglich kaum noch Probleme. Stellensuchende, die zur Einwahl ins Internet lediglich einen Analog-Telefonanschluss nutzen, müssen jedoch teilwei-se lange Ladezeiten in Kauf nehmen.

5. Datenschutz

Der Schutz der von Bewerbern übermittelten Lebenslauf-Daten sollte von den Unternehmen ernst genommen werden, wenn ein Interesse auch an Online-Bewerbungen sehr qualifizierter Arbeitskräfte besteht. Insbesondere der Aspekt der Datensicherheit beim Versand über das Internet lässt jedoch vielfach zu wünschen übrig: Nach Angaben von GIESEN bieten nur sehr wenige Unternehmen eine gesicherte Leitung bei der Übertragung der Bewerberdaten an bzw. weisen darauf hin, dass die Daten beim Versand ungeschützt sind (vgl. GIESEN 2001, S. 140).

6. Interaktion und Bewerbungsmöglichkeit

Einen weiteren Erfolgsfaktor stellt die Möglichkeit der direkten Kontaktaufnahme des Bewerbers mit Vertretern der Unternehmung, und zwar sowohl aus der Personalabteilung als auch aus dem Linienmanagement, dar (vgl. KÄNZIG 1998, S. 54). Die Kontaktaufnahme sollte nicht nur telefonisch, sondern auch per e-Mail erfolgen können. Wichtig ist zudem, dass eingehende e-Mails zügig beantwortet werden.

Die Möglichkeit zur Online-Bewerbung gehört bei Großunternehmungen inzwischen zum Standard. Wenn zudem darauf geachtet wird, dass der Bewerber auch außergewöhnliche Kenntnisse und Erfahrungen im Bewerbungsformular unterbringen kann, gelingt es dem Unternehmen, sich positiv aus der Menge hervorzuheben.

7. Mehrwertdienste / Zusatzangebote

Die Mehrwertdienste sind als zusätzlicher Service für den Bewerber zu verstehen. Hierzu gehören z.B. die Frequently Asked Questions oder ein Newsletter, der stets über die aktuellen Unternehmensinfos informiert. Eine Möglichkeit, um eine Identifikation des Bewerbers mit dem Unternehmen zu erreichen und die mit dem Internet einhergehende Anonymität zu verringern, sind Erfahrungsberichte aktiver Mitarbeiter (vgl. GIESEN 2001, S. 140). Hier geht z.B. die Boston Consulting Group GmbH mit einem sehr guten Beispiel voran, indem sie dem

Bewerber Mitarbeiter des Unternehmens mit vergleichbarem Profil präsentiert (vgl. THE BOSTON CONSULTING GROUP 2001).

Beliebt ist das Stellenposting auf der unternehmenseigenen Website v.a. aus drei Gründen: Sofern obige Anforderungskriterien erfüllt sind und die Erreichbarkeit der jeweiligen Zielgruppe über das Internet vorausgesetzt werden kann, ist es kostengünstiger, schneller und zielgerichteter als eine druckbasierte Anzeigenschaltung (vgl. CURRY 2000, S. 46 ff.).

Da jedoch i.d.R. nicht alle potenziellen Bewerber über einen Internetzugang verfügen und somit eine vollständige Erreichbarkeit nicht gewährleistet ist, ergibt sich in der Konsequenz, dass das Internet vorerst nur additiv zu Printmedien einsetzbar ist.

2.2.1.2 Stellenposting und Research bei externen Stellenbörsen und Karriereportalen

Mit fortschreitender Verbreitung des Mediums Internet gewinnen Stellenbörsen (auch: Jobbörsen) zunehmend an Akzeptanz über alle Berufsgruppen und Branchen hinweg. Eine Einteilung der Stellenbörsen ist aufgrund verschiedener Kriterien möglich. So lassen sich z.b. allgemeine Stellenbörsen, die sämtliche Arten von Berufen anbieten, sowie vertikale Börsen, die sich auf eine bestimmte Branche oder einen bestimmten Sektor spezialisieren (z.B. *StepStone-IT*, ehemals *DV-Job*), unterscheiden (vgl. KÄNZIG 1998, S. 54). Eine andere Möglichkeit besteht darin, die Stellenbörsen in kommerzielle und nicht-kommerzielle aufzuteilen. Nicht-kommerziell sind bspw. die „Virtual Placement Offices" der Universitäten.

Zu den großen Anbietern in Deutschland zählen neben der Bundesanstalt für Arbeit v.a. *JobVersum, Jobpilot.de, StepStone* und *Monster.de* (vgl. O.VERF.: Marktforschung, 2001, S. 24 ff.; s. auch CROSSWATER-SYSTEMS 2002b). Aufgrund der hohen Konkurrenz haben sich viele Stellenbörsen inzwischen zu sog. Karriereportalen weiterentwickelt. Diese zeichnen sich dadurch aus, dass sie potenziellen Bewerbern neben dem reinen Stellenmarkt auch Zusatzservices, d.h. Mehrwertdienste (auch: „Add-ons"), anbieten. Zum Standard der Mehrwertdienste, welche als Attraktoren für die Kandidaten dienen, ihr Bewerberprofil zu hinterlassen, zählen inzwischen Newsletter, Self-Assessments, z.T. auch Gehaltsrechner. Einige größere Karriereportale bieten darüber hinaus weitere Zusatzleistungen an, wie z.B. Veröffentlichungen und Studien, Umfragen, Diskussions-Foren oder eine persönliche Karriereberatung.

Im Vergleich zum internen Stellenmarkt auf der Unternehmenshomepage müssen externe Stellenbörsen und Karriereportale nicht nur den Anforderungen der potenziellen Bewerber, sondern auch denen der Unternehmen gerecht werden. Zu den Erfolgskriterien eines guten Karrieremarktes zählen deshalb:

1. Aktualität der Stellenangebote und Bewerberprofile

Sind die Stellenangebote veraltet, dann sind sie für potenzielle Bewerber nicht mehr attraktiv. Ebenso verhält es sich auf Unternehmensseite mit den Bewerberprofilen, bei deren Schaltungsdauer es beträchtliche Unterschiede gibt. Nach Aussage von SEEGMÜLLER stehen diese bei *Jobpilot.de* rund vier Wochen zur Auswahl, bei *StepStone* sind sie fast dreimal so lange geschaltet (vgl. SEEGMÜLLER 2000, S.33). Wichtig ist, dass die Angebote bzw. Profile stets nach absteigendem Datum sortiert sind und mehrmals täglich aktualisiert werden.

2. Anzahl der Stellenangebote

Je größer der Markt ist, desto höher ist die Wahrscheinlichkeit, dass sich der optimale Arbeitnehmer unter den Stellensuchenden befindet bzw. ein den Vorstellungen des Stellensuchenden exakt entsprechendes Arbeitsangebot in der Datenbank des Portals enthalten ist. Von der Anzahl der Stellenangebote in Deutschland her zählen (mit Ausnahme der Bundesanstalt für Arbeit) derzeit die Karriereportale *JobVersum* und *Jobpilot.de* zu den größten Anbietern. Nach eigenen Angaben bietet JobVersum per 11.01.2002 genau 59.918 Stellenangebote in Deutschland an, bei Jobpilot waren es im Dezember 2001 deutschlandweit 40.264 (vgl. JOBVERSUM 2002; s. auch JOBPILOT 2002b).

3. Technische Funktionalität

Bei Stellenbörsen und Karriereportalen stellt sich die technische Funktionalität im allgemeinen als relativ unproblematisch dar und kann vorausgesetzt werden, da die stellenvermittelnde Tätigkeit im Internet den Geschäftszweck eines Online-Stellenmarktes ausmacht.

Unterschiede zwischen den Portalen gibt es jedoch z.B. bei den Funktionalitäten der Suchmaschine. Wie erfolgreich die Suche nach einem Kandidaten ist, hängt nicht nur von der Anzahl der Stellenangebote (vgl. Nr. 2), sondern auch stark vom Suchmechanismus ab. StepStone bietet bspw. mit dem Instrument „Profile" eine effiziente Lösung an, die ein zielgenaues „Matching", d.h. eine möglichst große Entsprechung von Stellen- und Bewerberprofil, ermöglicht (vgl. CROSSWATER-SYSTEMS 2001a). Die Suchmaschine unterstützt den Personalentscheider bei der Suche nach dem geeigneten Kandidaten in Form eines interaktiven Frage- und Antwortprozesses, indem sie erkennt, welche Daten und Qualifikationen für das Profil von Bedeutung sind, welche Informationen noch fehlen und welche Abfragen überflüssig werden (vgl. CROSSWATER-SYSTEMS 2001a). Ein qualitativ hochwertigeres Matching ist nicht nur für die Unternehmen, sondern auch die Stellensuchenden von Vorteil, da ihre Individualität eine größere Berücksichtigung findet.

4.   Datenschutz

Lebensläufe und Bewerberprofile beinhalten sehr persönliche Daten. Besonders Führungskräfte scheuen sich daher, diese offen zu legen. Die namhaftenen Karriereportale sind sich der Sensibilität, die dieses Thema erfordert, bewusst und legen genau dar, welche Daten bei welcher Nutzungsfunktion (z.B. Registrierung, Eingabe des Lebenslaufes, Teilnahme am Gehaltstest) erhoben und gespeichert werden. Bei der Eingabe des Lebenslaufes hat der Kandidat außerdem die Möglichkeit, genau zu bestimmen, welche und wie detaillierte anonymisierte Daten er in den Lebenslauf eingibt. Tritt ein Unternehmen dann an einen Kandidaten heran, so obliegt es diesem selbst, seine Identität preis-zugeben.

Zur Gewährleistung der Datensicherheit werden bei vielen Portalen inzwischen aktive Vorkehrungen gegen Missbrauch getroffen. Dabei werden Maßnahmen wie Verschlüsselung, „Firewalls" sowie „Hacker-Abwehr-Programme" angewen-det (vgl. STEPSTONE 2002; s. auch JOBPILOT 2002a).

5. Navigation / Orientierungshilfen

Stellenbörsen und Karriereportale sollten sich durch Übersichtlichkeit und eine gute Benutzerführung auszeichnen. Dass diesbezüglich noch ein hohes Verbes-serungspotenzial besteht, zeigt ein Blick auf die Websites der gängigen Stellen-märkte.

6. Kosten des Karriereportals

Die Kosten der einzelnen Karriereportale variieren sehr stark. Auch die Abrech-nungsart ist unterschiedlich – z.B. kann eine monatliche Pauschale für das Auflisten der offenen Stellen verlangt werden oder aber ein fixer Satz pro veröf-fentlichtem Stellenangebot bestehen (vgl. KÄNZIG 1998, S. 54). Nach Aussage von LENBET und ERBELDINGER arbeiten Großunternehmen fast ausschließ-lich auf der Basis von pauschalisierten Rahmenverträgen mit den Jobboards zusammen (vgl. LENBET/ERBELDINGER 2001, S. 15).

Für Stellensuchende sind die Services i.d.R. kostenfrei, da das Ziel eines jeden Internetportals darin besteht, die Besucherzahlen auf seiner Website zu maxi-mieren. Viele Besucher steigern die Attraktivität des Portals bei Anzeigen- und Werbekunden („Banner-Schaltung").

7. Zusatzservices auf Bewerber- und Unternehmensseite

Um sich von der Konkurrenz abzugrenzen, bieten insbesondere die großen Internet-Portale weit mehr an als nur Eingabemasken für Profile (s.o.). *Monster.de*, aufgrund seines internationalen Angebotes auch für Weltkonzerne attraktiv, stellt in der jeweiligen Landessprache Informationen rund um das

Arbeitsleben im Zielland zur Verfügung. Bei *Jobpilot.de* erhalten Besitzer eines WAP-Handys die Stellenangebote unter der Adresse „wap.jobpilot.de". *StepStone* bietet hingegen eine Börse für Diplom- und Doktorarbeiten und gibt Tipps, die von Bildungsurlaub über Vorstellungsgespräche bis hin zu Versicherungen reichen (vgl. TOMORROW 2001).

Vereinzelt übernehmen Karriereportale auch Personalberaterfunktionen, indem sie für ihre Klienten eine Bewerber- und Datenbankanalyse durchführen, das e-Research übernehmen sowie eine Vorselektion geeigneter Kandidaten vornehmen. Als Vorreiter auf diesem Gebiet lässt sich die Karriere-Plattform *absolute-career.de* aufführen.

8.   Integration mit bestehenden Human Resources-Systemen

Wichtig für Unternehmen ist die Anbindung der Services der Karriereportale an bestehende Personalverwaltungssysteme. Ohne (zumindest ansatzweise) Systemintegration sind die Unternehmen vielfach nicht mehr in der Lage, die Menge eingehender Lebensläufe zu verarbeiten (vgl. ZALL 2000b, S. 8). Die Informationsflut ist zu strukturieren, bevor sie eine präzisere Entscheidungsfindung ermöglicht (vgl. CULLEN 2001, S. 22). Zur Lösung dieses Problems bietet z.B. das Karriereportal *Jobpilot.de* mit „jobpilot workflow" eine ASP-basierte Recruitment-Lösung an. Application Service Providing (ASP) ermöglicht es dabei, Software-Anwendungen zentral im Web zur Verfügung zu stellen, die direkt vom Dienstleister gepflegt werden (vgl. JOBPILOT 2001). „Jobpilot workflow" erstellt und steuert Anforderungsprofile, bearbeitet die Antworten der Bewerber (inkl. Vorauswahl und Bewerbung) und koordiniert die Bewerbungsgespräche.

Sofern ein Unternehmen mit mehreren Karriereportalen zusammenarbeitet, stellt die Koordination der Bewerbungen das Unternehmen vor eine neue Herausforderung. Hier stellt die *RefLine AG* mit einem integrierten Bewerbungsmanagementsystem eine neuartige Lösung zur Verfügung: Unterschiedliche Bewerbungseingänge werden digital vereinheitlicht, so dass der Personalverantwortliche im Unternehmen alle Dokumente einheitlich bearbeiten kann. Daneben werden internetbasiert Personalberater in den Auswahlprozess integriert und ein automatisches „Bewerbertracking" ermöglicht, welches jederzeit aktuelle Statusinformationen erlaubt (vgl. REFLINE 2002b). Mit dem Einsatz eines solchen integrierten Bewerbermanagement-Systems verliert die karriereportalgebundene Systemanbindung, welche im vorigen Absatz beschrieben wird, an Bedeutung, da diese Leistung ebenso von einem externen Anbieter eingekauft werden kann.

Das Stellenposting bei Stellenbörsen und Karriereportalen bietet den Unternehmen eine Reihe von Vorteilen: Ihre Stellenangebote sind global kommunizierbar und mit umfangreichen Unternehmensporträts verbindbar. Auf diese Weise erhält der Bewerber ein sehr genaues Bild von Unternehmung und Position und kann schon in einer sehr frühen Phase prüfen, ob eine Übereinstimmung seiner beruflichen Zielvorstellungen mit den Möglichkeiten des Unternehmens besteht. Für die Unternehmung erfolgt auf diesem Wege eine frühzeitige Selbstselektion der Bewerber mit einer entsprechenden Aufwandsreduzierung bei der Bewerberverwaltung (vgl. GIESEN/JÜDE 1999, S. 64). Durch das elektronische Matching von Anforderungs- und Bewerberprofil, das jeweils aufgrund von Fragebogenergebnissen erstellt wird, findet ein direkter Abgleich zwischen den Anforderungen des Arbeitgebers und den Qualifikationen des Bewerbers statt. Es ist jedoch zu beachten, dass die Aussagekraft des Matchings von Portal zu Portal sehr stark variieren kann – jeweils in Abhängigkeit vom Mechanismus der Suchmaschine sowie Qualität und Quantität des Fragenkataloges. Auf Bewerberseite fragen die meisten Karriereportale lediglich reine Lebenslaufinhalte ab (z.B. *Jobpilot*), andere (so *Futurestep* als Plattform eines Personalberatungsunternehmens) gehen tiefer ins Detail und verlangen bspw. eine berufliche Selbsteinschätzung des Kandidaten, bevor sie das Bewerberprofil generieren (vgl. SOBULL 2000, S. 75). Jedes Portal leitet nur die aus seiner Sicht vielversprechendsten Bewerber an das beauftragende Unternehmen weiter, so dass letzterem - anders als bei einer Zeitungsanzeige - eine Flut ungeeigneter Bewerbungen erspart bleibt (vgl. ROMETSCH-SANDT 2001). Insbesondere relativ unbekannte Unternehmen können von Internetportalen profitieren, da ihre Homepages von der relevanten Zielgruppe nicht ohne weiteres gefunden werden. Dagegen steuern die meisten Stellensuchenden eine oder mehrere Jobbörsen an, wobei das Unternehmen durch eine gezielte Verlinkung hier die Möglichkeit hat, Interessierte auf die eigene Homepage einzuladen.

Ein weiterer Vorteil der Karriereportale besteht darin, dass sie durch ihr Angebot an Mehrwertdiensten auch passiven Kandidaten einen Anreiz bieten, ihre Website zu besuchen (vgl. O.VERF.: Is online recruiting becoming a tidal wave?, 2001, S. 2). Die Möglichkeit der anonymen Hinterlegung ihrer Lebenslaufdaten, also eines Stellengesuches, nehmen auch solche Kandidaten wahr, welche sich nicht auf eine konkret ausgeschriebene Anzeige bewerben würden. Auf diese Weise wird eine „stille Reserve" an qualifizierten, in einem festen Arbeitsverhältnis stehenden Arbeitnehmern geschaffen (vgl. ZIMMER 2001, S. 17). Hiermit ist demzufolge aber auch der Nachteil verbunden, dass sich hinter vielen Stellengesuchen kein wirklich wechselwilliger Kandidat verbirgt, so dass das Sourcing für die Unternehmen mit sehr viel Aufwand verbunden sein dürfte.

Neben einer schnelleren Abwicklung des Bewerbungsprozesses bietet die Online-Schaltung auch enorme Preisvorteile im Vergleich zu Printmedien, insbesondere dadurch, dass die Schaltungsdauer zumeist mehrere Wochen beträgt (vgl. ARNTZEN 2000, S. 11). Dennoch werden über das Internet nicht alle interessanten Kandidaten erreicht, weil diese entweder über keinen Internetanschluss verfügen oder aber das Internet womöglich nicht für das geeignete Bewerbungsmedium halten. Wie bereits unter Punkt 2.2.1.1 im Hinblick auf die Karriererubrik auf der Unternehmenshomepage festgestellt wurde, kann das Internet deshalb die traditionelle Anzeigenschaltung sowie die Direktansprache (derzeit) lediglich ergänzen.

Doch das Stellenposting ist nur das eine Standbein für die Karriereportale. Ein weiteres befindet sich im Aufbau und besteht im Verkauf des Zugriffs auf die Stellengesuchdatenbanken, in denen sich die hinterlegten Bewerberprofile befinden. Bei den Stellengesuchen sind *Monster.de* und *Jobscout24* in Deutschland führend (vgl. CROSSWATER-SYSTEMS 2002c). So hat *Monster.de* per 15.01.2002 nach Aussage eines Mitarbeiters 191.256 Lebensläufe in seiner

Datenbank gespeichert (E-Mail-Auskunft von Herrn SCHULZE vom 15.01.2002), während Jobscout24 per 15.01.2002 über 66.024 Bewerberprofile verfügt (vgl. JOBSCOUT24 2002). Unternehmen oder Personalberater können in den anonymisierten Lebensläufen bzw. Bewerberprofilen recherchieren und direkt mit Interessenten in Kontakt treten (vgl. O.VERF.: Online-Recruiting – Von der Datenbank zum Karriereportal, 2001, S. 51 f.). Sind die Lebensläufe in einer Datenbank gespeichert, können die Personalverantwortlichen anhand von Schlüsselwörtern geeignete Kandidaten herausfiltern (vgl. CURRY 2000, S. 46 ff.). Mit immer besseren Recherchemöglichkeiten und größeren Anzahlen von Lebensläufen potenzieller Bewerber konkurrieren die Karriereportale um die Gunst der Unternehmen (vgl. O.VERF.: Online-Recruiting – Von der Datenbank zum Karriereportal, 2001, S. 51 f.). Zu bedenken ist allerdings, dass die Menge der Lebensläufe in der Datenbank noch nichts über deren Qualität und Aktualität aussagt.

Eines ist jedoch gewiss: Die Bedeutung der Jobbörsen bzw. Karriereportale nimmt kontinuierlich zu. Dabei schreitet die Regionalisierung unaufhörlich voran (vgl. KÄNZIG 1998, S. 55 f.), so dass es in wenigen Jahren vielleicht selbst im Handwerk Sinn machen könnte, das Dienstleistungsangebot der Jobportale zu nutzen.

2.2.2   Bewerber(vor)selektion mit Hilfe online-gestützter Evaluationstools (e-Diagnostics)

Die psychologische Eignungsdiagnostik spielt eine wichtige Rolle im Personalmanagement. Relevant wird sie v.a. bei Fragen der Personalauswahl, -beratung und -entwicklung (vgl. SARGES 2000a, S. XV). Das Ziel berufseignungsdiagnostischer Instrumente besteht darin, Menschen bei bedeutsamen und objektiv schwierigen Entscheidungen über andere Menschen oder sich selbst zu entlasten (vgl. HOSSIEP 1995, S. 24).

Es ergibt sich somit ein relativ breites Anwendungsfeld der Berufseignungsdiagnostik. In Bezug auf das Thema e-Recruitment ist jedoch eine Beschränkung v.a. auf den Bereich der Personalauswahl angebracht. Als Grundlage von Personalentscheidungen kommen praktisch alle über die Bewerber verfügbaren bzw. erreichbaren Informationen in Frage, von denen nicht auszuschließen ist, dass sie zu einer maximalen Reduzierung von Unsicherheit beitragen können (vgl. HOSSIEP 1995, S. 29). Diese Informationen lassen sich mit Hilfe verschiedener Methoden gewinnen, wie z.b. durch eine Analyse der Bewerbungsunterlagen, durch Einstellungsinterviews, biographische Fragebögen, psychologische Testverfahren, Arbeitsproben sowie situative Verfahren.

Auch im Bereich der Berufseignungsdiagnostik hält das Internet momentan als Unterstützungsmedium Einzug. Hier findet der Begriff „e-Diagnostics" Anwendung, unter welchem eine online-gestützte Evaluation eignungsdiagnostisch relevanter Personenmerkmale zu verstehen ist. Es geht darum, per Online-Assessment zu ermitteln, ob der Bewerber auf ein schon vorher definiertes Stellenprofil passt bzw. wo seine Stärken und Schwächen liegen. Dieses Online-Assessment (auch: eignungsdiagnostisches Online-Verfahren) kann aus einem oder mehreren e-Diagnostic-Tools bestehen, z.B. einem Online-Persönlichkeitstest, einer Online-Postkorbübung und einer Online-Fallstudie. Dabei bedient sich e-Diagnostics herkömmlicher eignungsdiagnostischer Instrumente, die so modifiziert werden, dass sie computer- und internetfähig sind. Es ist zu beachten, dass eine elektronische Umsetzung eignungsdiagnostischer Verfahren sowohl *computer-* als auch *webbasiert* erfolgen kann, wobei in dieser Arbeit unter e-Diagnostics stets die webbasierte Version zu verstehen ist.

Im folgenden geht es unter Punkt 2.2.2.1 um mögliche Einsatzbereiche von Online Assessments in der Personalauswahl. Anschließend werden im Abschnitt 2.2.2.2 exemplarisch eignungsdiagnostische Instrumente vorgestellt, wobei jeweils geprüft wird, ob diese Tools für den Einsatz in einem Online-Assessment geeignet sind.

2.2.2.1 Zum Einsatz von Online-Assessments bei der Personalauswahl

Eignungsdiagnostische Online-Verfahren in der Personalauswahl lassen sich sowohl separat zur Vorselektion als auch komplementär zu anderen eignungsdiagnostischen Übungen einsetzen. Hierbei kann es sich sowohl um eine feste Integration in den Bewerbungsprozess handeln als auch um ein freiwilliges Angebot für potenzielle Bewerber im Rahmen des Bewerberrelationship-Managements.

Mit der Nutzung von Online-Assessments als Pre-Selection-Instrument hat sich in Deutschland u.a. KONRADT beschäftigt. KONRADT geht von einem dreistufigen Prozess der Personalauswahl aus, der die Phasen der Orientierungs-, Kategorisierungs- und Präzisierungsmessung vorsieht (vgl. KONRADT/ FISCHER 2000, S. 48; s. auch KONRADT 2000). Im Rahmen der Orientierungsmessung findet zunächst eine „Cut-off-Prüfung" statt, in der geprüft wird, ob der Bewerber wichtige Kriterien erfüllt. Dabei kommen Ausschlusskriterien wie etwa biographiebezogene Personenmerkmale (Alter, Sprachen, Bildungsgang) zur Anwendung. Nur bei Erfüllung dieser Kriterien durchläuft der Bewerber im Anschluss verschiedene e-Diagnostic-Tools, die je nach Anforderungsprofil der angestrebten beruflichen Position ausgewählt und zu einem Verfahrensmix zusammengestellt werden. Bspw. kann das Online-Assessment aus einem biographischen Fragebogen, einem Persönlichkeitsfragebogen und einigen interaktiven Übungen bestehen. In der zweiten Stufe, der Kategorisierung, werden die Online-Ergebnisse ausgewertet und ein Bewerberprofil erstellt. Fällt dieses den Anforderungen des Unternehmens entsprechend aus, so werden die ausführlichen Bewerbungsunterlagen des Bewerbers angefordert und geprüft. Auf Grundlage der vorliegenden Informationen wird über eine Einladung des Bewerbers zu einem realen Assessment Center entschieden. Die Präzisierungsmessung als dritte Stufe ist nicht mehr Teil der computergestützten Diagnostik, sondern setzt auf das „face-to-face-Verfahren". Das eigentliche Assessment wird dabei nicht vollständig ersetzt, sondern auf unerlässliche Verfahrensbestandteile verkürzt, die eine direkte und subjektive Eindrucksbildung durch die Assessoren erfordern (vgl. KONRADT/ FISCHER 2000, S. 48; s. auch KONRADT 2000).

Eine Alternative zu dieser Vorselektion von Bewerbern aufgrund der Ergebnisse des Online-Assessments bildet der komplementäre Einsatz von eignungs-diagnostischem Online-Verfahren und herkömmlichem Personalauswahlverfahren im Anschluss an eine anderweitig getroffene Vorauswahl. Der Bewerber durchläuft zunächst das Online-Assessment, wobei er in einem persönlichen Gespräch anschließend die Möglichkeit erhält, zu eventuellen Diskrepanzen zwischen Anforderungs- und Bewerberprofil Stellung zu nehmen. Bei dieser Variante wirkt sich der Einsatz von e-Diagnostics zwar nicht zeitsparend aus, da ein Interview in jedem Fall erfolgt, doch erfährt die diagnostische Qualität des Personalauswahlprozesses sicherlich eine Steigerung.

Handelte es sich bei den beiden vorgestellten Möglichkeiten jeweils um eine erzwungene Teilnahme der Bewerber am Online-Assessment, so lässt sich letzteres auch auf freiwilliger Basis darstellen. Diese Variante kommt v.a. bei der Generierung von Kontakten zu potenziellen Bewerbern in Betracht und findet bereits bei einigen Unternehmen in Form eines Online-Spiels Anwendung. Der Kandidat nimmt auf eigene Veranlassung am Online-Assessment teil und ent-scheidet nach seiner Beendigung, ob er seine persönlichen Daten und Auswer-tungsergebnisse dem Unternehmen zur Verfügung stellt. Findet ein freigegebe-nes Bewerberprofil das Interesse des Unternehmens, so wird sich dieses bemü-hen, den Kontakt zum potenziellen Bewerber herzustellen und zu intensivieren.

Online-Assessments lassen sich natürlich auch in der Personalentwicklung einsetzen, doch soll dieser Bereich aufgrund der auf e-Recruitment begrenzten Themenstellung der Arbeit unberücksichtigt bleiben. Eines ist jedoch allen Einsatzbereichen gemeinsam: Das Online-Assessment hat bestimmten Gütekri-terien zu genügen, sofern es Anspruch auf Aussagefähigkeit erheben soll. Diese Kriterien und eine Bewertung der o.a. Einsatzbereiche berufseignungsdiagnosti-scher Online-Verfahren sind Gegenstand von Kapitel 3.1 bzw. 3.2.

2.2.2.2 Exemplarische Vorstellung eignungsdiagnostischer (Online-)Tools

Abgesehen von einzelnen Ausnahmen liegen im Personalmarketing und Recruiting derzeit erst verhältnismäßig wenige internetbasierte eignungsdiagnostische Anwendungen vor. Die zum Einsatz kommenden Instrumente, bei denen es sich überwiegend um psychologische Testverfahren handelt, wurden zum großen Teil in Papierform entwickelt und in eine computergerechte Form übertragen (vgl. KONRADT/FISCHER 2000, S. 45). Neben psychologischen Testverfahren gewinnen zunehmend auch Simulationssysteme und Problemlösungsszenarien im Hinblick auf eine Online-Umsetzung an Bedeutung.

Nachfolgend wird aus Gründen der Orientierung zunächst ein kurzer Überblick über eignungsdiagnostische Verfahren im allgemeinen gegeben, bevor gezielt einzelne Instrumente betrachtet werden, die im Hinblick auf eine Online-Transformation geeignet sein könnten.

Psychologische Testverfahren sind die am häufigsten verwendeten Instrumente wissenschaftlich kontrollierter Eignungsdiagnostik. Einer der entscheidenden Gründe für die Häufigkeit der Verwendung ist nach Aussage von HOSSIEP in der Methodologie der Konstruktion dieser Verfahren zu sehen, die mit der Intention erfolgte, möglichst objektive Bewertungsverfahren zur Verfügung zu haben, um die Qualifikation von neuen Mitarbeitern in Erfahrung bringen zu können. Psychologische Testverfahren sind im Hinblick auf Inhalt, Durchführung und Auswertung standardisiert, was den Kandidaten im berufseignungsdiagnostischen Prozess vor möglichen subjektiven Verzerrungen, wie sie z.B. im Vorstellungsgespräch Einfluss nehmen können, schützt. Im Unterschied zum Gespräch sind beim Test Durchführung und Urteilsbildung getrennt und der Verfahrensablauf ist voll strukturiert. In ihrer Konstruktion zeichnen sich psychologische Testverfahren durch eine Aneinanderreihung jeweils mehrerer ähnlicher Items oder Fragestellungen pro Merkmalsbereich sowie durch eine strenge psychometrische Überprüfung aus (vgl. HOSSIEP 1995, S. 36 f.). Psychologische Testverfahren sind auf vielerlei Art klassifizierbar, aber es hat sich laut HOSSIEP, PASCHEN und MÜHLHAUS inzwischen zumindest die Grobklassifikation in

Leistungs- und *Persönlichkeitstests* durchgesetzt. Es sind jeweils unterschiedliche Reaktionsweisen gefordert: Leistungstests sollen „maximales Verhalten", Persönlichkeitstests "typisches Verhalten" erfassen. Zu den Leistungstests, die Fähigkeiten und Fertigkeiten messen sollen, gehören Intelligenztests, sonstige kognitive Tests (z.B. Wissen, Sprachen) und allgemeine Leistungstests (z.B. Konzentrationstests). Zu den Persönlichkeitstests, deren Ziel darin besteht, Informationen über nicht-leistungsmäßige Eigenschaften zu generieren, zählen Persönlichkeits-Strukturtests, spezifische Persönlichkeitstests (z.B. Kontrollüberzeugungen, Empathie), aber auch Einstellungs-, Interessen- und Motivationstests (vgl. HOSSIEP/PASCHEN/MÜHLHAUS 2000, S. XVI-XVII).

Im Rahmen *situativer Verfahren* geht es darum, wichtige Erfolgsfaktoren, v.a. aus dem sozial-interaktiven Bereich, in geeigneter Weise situativ zu erfassen. Zu den am häufigsten verwendeten Einzelübungen zählen die Bearbeitung eines Postkorbs sowie die führerlose Gruppendiskussion. Weitere Verfahrensklassen sind Vorträge und Präsentationen, Fallstudien, Planspiele, simulierte Verhandlungssituationen, Manager-Disputationen und situative Aufgaben, die jeweils auf den spezifischen unternehmensbezogenen Kontext der Arbeitsverrichtungen bezogen werden können (vgl. SARGES/WEINERT 1991, S. 267 ff.).

Im Assessment-Center kommen neben psychologischen Test- und situativen Verfahren auch verschiedene Einzelmethoden zum Einsatz. Die einzelnen Übungen werden zu einem Verfahrenssystem kombiniert, das zur Einschätzung aktueller Kompetenzen, wie zur Prognose künftiger beruflicher Entwicklung, nach Aussage von HOSSIEP starke praktische Verbreitung erfährt (vgl. HOSSIEP 1995, S. 40). Wird nun ein solches Verfahrenssystem online umgesetzt, so ergibt sich ein Online-Assessment-Center. Natürlich sind nicht alle Verfahren bzw. Übungen für eine Online-Umsetzung und damit als e-Diagnostic-Tool geeignet. Es stellt sich deshalb die Frage, welche der eignungsdiagnostischen Verfahren online durchführbar sind. Dabei soll davon ausgegangen werden, dass auf den Einsatz von Webcam und Mikrophon verzichtet wird und der Kandidat lediglich per Tastatur bzw. Mausbutton in Interaktion mit der Unternehmung treten kann.

Eine Online-Bearbeitung der Übungen weist die Besonderheit der räumlichen Trennung zwischen Bewerber und beauftragendem Unternehmensvertreter sowie zwischen den einzelnen Bewerbern auf. Hierdurch entstehen nicht nur Probleme der Identifizierung und Bedingungskontrolle, sondern es fallen auch einige Beobachtungsdimensionen weg bzw. werden stark reduziert. Hierzu zählen z.b. Dimensionen der sozialen Kompetenz, des Durchsetzungsvermögens, des rhetorischen Geschicks, der Flexibilität, des spontanen Interagierens, des Einfühlungsvermögens sowie des Gruppenverhaltens, um nur einige zu nennen. Der Kreis der in Frage kommenden (situativen) Übungen wird hierdurch natürlich stark eingeengt. Das persönliche Interview und die Gruppendiskussion lassen sich unter den oben getroffenen Annahmen nun einmal nicht online durchführen. Gut geeignet scheinen dem Verfasser jedoch Übungen zu sein, die sich auf Organisations- und Koordinationsgeschick, zielgerichtetes Handeln, Entscheidungs- und Delegationsverhalten sowie Ausdauer beziehen.

Im folgenden werden einige eignungsdiagnostische Tools vorgestellt, für die eine Online-Umsetzung in Frage kommen könnte.

1.   Biographische Fragebögen

Biographische Fragebögen, die in einer reduzierten Form z.B. als Online-Bewerbungsformulare zum Einsatz kommen, bilden bei Verzicht auf schriftliche Bewerbungsunterlagen immer häufiger die Einleitung zu den eigentlichen tiefergehenden eignungsdiagnostischen Online-Verfahren. STEHLE (1995) versteht unter biographischen Fragebögen „standardisierte Instrumente zur Erfassung von soziodemographischen Variablen, Einstellungen, bisherigen Erfahrungen, schulischen und beruflichen Entwicklungen sowie Aktivitäten und Interessen" (S. 526). Biographische Fragebögen als standardisierte Selbstbeschreibungen beziehen sich damit auf alle berufserfolgsrelevanten Ausschnitte der Lebensgeschichte und stellen eine strukturierte Zusammenfassung dessen dar, was Bewerbungsunterlagen und Einstellungsinterview an prognostisch relevanter Information enthalten (vgl. HOSSIEP 1995, S. 35 f.). Durch eine systematische Exploration mittels werden diese lebensgeschichtlichen Daten erhoben und zu einem Profil verdichtet. Dieses wird anschließend den Profilen besonders erfolgreicher bzw. weniger erfolgreicher Mitarbeiter gegenübergestellt. Anhand des Übereinstimmungskoeffizienten kann dann eine Prognose über den künftigen Berufserfolg vorgenommen werden (vgl. INDERGAND 1995, S. 177 f.).

STEHLE geht davon aus, dass aufgrund der statistischen Urteilsbildung biographische Fragebögen im allgemeinen deutlich höhere Berufserfolgsprognosen als konventionelle Einstellungsinterviews erlauben (vgl. STEHLE 1995, S. 526). HOSSIEP kritisiert jedoch die Existenz eines mangelnden Erklärungswertes im Sinne einer fehlenden Theorie biographischer Daten – auch im Hinblick auf die Konstruktvalidität (zur Konstruktvalidität vgl. Punkt 3.1.3 (Nr. 2)). Es lässt sich also nicht ableiten, in welchem Kontext biographische Faktoren oder Datenkonfigurationen Berufserfolg erklären und welchen Einfluss sie auf Erfolg oder Misserfolg haben, so dass gelegentlich gedanklich nur schwer nachvollziehbare Verknüpfungsmodelle zustande kommen (vgl. HOSSIEP 1995, S. 36). Die Ursache dieser Problematik findet sich nach HOLLMANN in den speziellen Konstruktionsprinzipien und der Ergebnisermittlung im Rahmen biographischer Fragebögen, wobei das Resultat i.d.R. als Summe der entsprechend der Item-Analyse gewichteten Antwortausprägungen bestimmt wird (vgl. HOLLMANN 1991, S. 84). HOSSIEP weist darauf hin, dass somit das jeweilige Verfahren stark an die Stichprobe angepasst ist, was zu einer verminderten Generalisierbarkeit führt (vgl. HOSSIEP 1995, S. 36). Da die Fragebögen aufwändig auf die betreffende Funktion zugeschnitten werden müssen, lohnen sie sich auch nur bei entsprechend hohen permanenten Rekrutierungszahlen (vgl. SARGES 2000b, S. 6).

Neben einer berufs-, organisations- und eventuell sogar bereichsspezifischen Konstruktion und Eichung bedarf der Einsatz des Verfahrens einer standardisierten Durchführung. Sofern diese Anforderungen erfüllt und weiterhin notwendige Korrekturen während einer längeren Einsatzdauer in Kauf genommen werden, ist der Einsatz biographischer Fragebögen nach Ansicht des Verfassers durchaus gerechtfertigt.

Eine Online-Transformation dieser Fragebogenart erscheint dem Verfasser sehr gut möglich, weil sich die räumliche Trennung von Kandidat und Unternehmen kaum negativ auswirkt. Schließlich ist dem Kandidaten bewusst, dass auf ein Einstellungsinterview ohnehin nicht verzichtet wird. Dessen Inhalt ist jedoch mit den Inhalten des biographischen Fragebogens weitgehend identisch (vgl. STEHLE 1995, S. 526). Zudem dient der biographische Fragebogen v.a. der Abfrage weitgehend anhand von Dokumenten belegbarer Tatsachen (auch: „Hard Facts"), welche den Anreiz zur Täuschung durch den Kandidaten stark reduzieren und einen Einsatz als Vorselektionsinstrument ermöglichen.

2. Leistungstests

Der Anspruch von Leistungstests besteht darin, allgemeine Voraussetzungen der Leistungsfähigkeit zu erfassen. Der Proband soll ein im Sinne der Aufgabenstellung maximales Ergebnis erzielen, aus welchem „quantitative Aussagen über den Wert der individuellen Merkmalsausprägung" abgeleitet werden (LIENERT 1969, S. 7). In der Berufseignungsdiagnostik finden v.a. Testverfahren zur Erfassung allgemeiner kognitiver Fähigkeiten, z.B. der Intelligenz und ihrer Komponenten, sowie Verfahren zur Prüfung allgemeiner Leistungsdispositionen, wie etwa Aufmerksamkeit und Konzentration, Verwendung (vgl. HOSSIEP 1995, S. 37). Das Hauptmerkmal dieser Tests besteht darin, dass unter Zeitdruck eine bestimmte Aufgabe, die als Indikator für ein Leistungsmerkmal gilt, zu erfüllen ist (vgl. ROMPELTIEN 1999, S. 196). So sind bei Konzentrationstests beispielsweise einfache Rechenaufgaben über längere Zeit immer wieder durchzuführen oder aus einer Reihe von Zeichen und Symbolen unterschiedlicher Art ganz bestimmte Zeichen herauszufinden und durchzustreichen. Neben diesen *allgemeinen Leistungstest*s sind auch *spezielle Eignungstests* für die Berufseignungsdiagnostik von Interesse. Relevant sind hier insbesondere Tests zur Messung des räumlichen Vorstellungsvermögens sowie des technischen Verständnisses und Wissenstests (vgl. TROST/FAY 1995, S. 551 f.). Sofern Wissenstests zum Einsatz kommen, sollen mit ihrer Hilfe zumeist Allgemeinbildung und Fremdsprachenkenntnisse beurteilt werden.

Das charakteristische Merkmal von Leistungstests ist zugleich auch ihre größte Schwäche: Es werden i.d.R. nur sehr spezifische Anforderungsmerkmale erfasst, eine Tatsache, die die geringe Verbreitung von Leistungstests im Rahmen der

Managementdiagnostik erklären kann (vgl. HÖSCH 1995, S. 16). Es sollte deshalb Abschied genommen werden von der Jahrzehnte dominierenden Vorstellung, Leistungstests sollten möglichst „eindimensionale" Fähigkeiten prüfen (vgl. TROST/FAY 1995, S. 554). Bei künftigen Testverfahren sollte stärker das Ziel in den Vordergrund rücken, die jeweilige Anforderungssituation in ihrer Komplexität so getreu wie möglich in der Testsituation abzubilden.

Die *internetbasierte* Durchführung von Leistungstests ist möglich, wenngleich diese Art des Assessments mit erheblichen Problemen behaftet ist. Die bereits erwähnten Probleme der Identifikation und Bedingungskontrolle kommen bei Leistungstests besonders stark zum Tragen (vgl. PREUSS/KNOLL 2001, S. 128). Sofern – wie angenommen – auf den Einsatz einer Webcam verzichtet wird, ist nicht sicherstellbar, dass auch wirklich der Bewerber derjenige ist, der den Test absolviert. Außerdem ist nicht gewährleistet, dass alle Bewerber den Test unter gleichen Bedingungen absolvieren können. Dennoch werden die ersten Versuche unternommen, Tests als Bausteine von Online Assessments bzw. als Teil der Onlinebewerbung zu verwenden. So wendet die Schweizer Investmentbank UBS Warburg für die Rekrutierung von Hochschulabsolventen einen zahlenlogischen Verständnistest an. Die Aufgaben sind mit variablen Komponenten versehen, die verhindern, dass ein Kandidat bei mehrmaliger Beantwortung des Tests frühere Antworten übertragen und dadurch sein Testergebnis verbessern kann. Das Problem der Identifizierung wird gelöst, indem der Bewerber im Vorfeld darüber informiert wird, dass er im Falle einer Einladung zum Interview einen ähnlichen Leistungstest offline zu bearbeiten habe. Diese Vorgehensweise führt zwar zu keiner Zeitersparnis, erhöht aber die Wahrscheinlichkeit, dass aufgrund der Testergebnisse eine größere Anzahl geeigneter Bewerber eingeladen wird (vgl. UBS WARBURG 2001; s. auch PREUSS/KNOLL 2001, S. 128).

3. Persönlichkeitstests

Persönlichkeitstests im wirtschaftlichen Kontext sind nach wie vor umstritten. Gleichwohl zeichnet sich unter Forschern ein Konsens dahingehend ab, dass gut konstruierte Persönlichkeitsdimensionen positionsübergreifend als valide Prädiktoren für den Berufserfolg dienen können (vgl. HOSSIEP/PASCHEN/ MÜHLHAUS 2000, S. 261). Nach Aussage von HOSSIEP werden in Deutschland außer den reinen Leistungstests inzwischen vermehrt auch Persönlichkeitstests eingesetzt, um nicht-leistungsmäßige Eigenschaften zu erfassen, z.b. Emotionale Stabilität, Kooperationsbereitschaft oder Leistungsmotivation. Diese nicht-leistungsmäßigen Eigenschaften gewinnen immer mehr an Bedeutung: Experten schätzen sogar, dass über 90 Prozent der scheiternden Beschäftigungsverhältnisse nicht aufgrund von fachlichen oder sonstigen Könnens-Kompetenzen des Mitarbeiters beendet werden, sondern wegen Unstimmigkeiten von Merkmalen seiner Persönlichkeit mit den Anforderungsbedingungen der Position (vgl. HOSSIEP/PASCHEN/MÜHLHAUS 2000, S. XVI-XVII). Das ist nicht verwunderlich, wenn man bedenkt, dass Kenntnisse und Fähigkeiten eher aus den Bewerbungsunterlagen ersichtlich sind als Persönlichkeitscharakteristika. Dieses Informationsdefizit macht es notwendig, gezielt nachzuforschen, wie stark die durch das Anforderungsprofil der betreffenden Stelle vorgegebenen Persönlichkeitseigenschaften beim Kandidaten ausgeprägt sind. Persönlichkeitstests liefern Hinweise auf das Selbstbild eines Kandidaten, welches neben dem Fremdbild und objektiven Informationen über den Kandidaten eine der drei Quellen diagnostischer Information darstellt (vgl. HOSSIEP/PASCHEN/ MÜHLHAUS 2000, S. 53). In der Berufseignungsdiagnostik kommen v.a. Persönlichkeits*inventare* zum Einsatz, welche mehrere Merkmale erfassen, die im allgemeinen als psychologische Eigenschaften oder intertemporale Kompetenzen betrachtet werden. Die größte Bekanntheit weist sicherlich der „16-Persönlichkeits-Faktoren-Test" auf. Es handelt sich hierbei um einen auf empirischer Systematik basierenden, mehrdimensionalen Persönlichkeitstest von SCHNEEWIND, SCHRÖDER und CATTELL. Diese auf einer amerikanischen Grundversion aufbauende deutschsprachige Neukonstruktion besteht aus 192 Fragen bzw. Aussagen (Items) und soll mit je 12 Items die folgenden 16 Primärdimensionen erfassen: (A) Sach- vs. Kontaktorientierung; (B) Konkretes vs. abstraktes Denken; (C) Emotionale Störbarkeit vs. emotionale Widerstandsfähigkeit; (D) Soziale Anpassung vs. Selbstbehauptung; (E) Besonnenheit vs. Begeisterungsfähigkeit; (F) Flexibilität vs. Pflichtbewusstsein; (G) Zurückhaltung vs. Selbstsicherheit; (H) Robustheit vs. Sensibilität; (I) Vertrauensbereitschaft vs.

skeptische Haltung; (J) Pragmatismus vs. Unkonventionalität; (K) Unbefangenheit vs. Überlegenheit; (L) Selbstvertrauen vs. Besorgtheit; (M) Sicherheitsinteresse vs. Veränderungsbereitschaft; (N) Gruppenverbundenheit vs. Eigenständigkeit; (O) Spontaneität vs. Selbstkontrolle; (P) Innere Ruhe vs. Gespanntheit (vgl. HOSSIEP/PASCHEN/MÜHLHAUS 2000, S. 103 ff.; s. auch WEINERT 1995, S. 533 f.). Bedingt durch die Bipolarität der Skalen wird keine Persönlichkeitseigenschaft von vornherein negativ gewertet. Erst das Anforderungsprofil der spezifischen Stelle entscheidet, ob sich die Eigenschaften der Person positiv oder negativ auswirken. Weitere Standardverfahren, die nach HOSSIEP/ PASCHEN/MÜHLHAUS eine Rolle in der Berufseignungsdiagnostik spielen, sind bspw. das NEO-Fünf-Faktoren-Inventar (NEO-FFI), der Myers-Briggs Typenindikator (MBTI), der mehrdimensionale Persönlichkeitstest für Erwachsene (MPT-E), das California Psychological Inventory (CPI) sowie das Freiburger Persönlichkeitsinventar (FPI). Die Tests sind i.d.R. so konstruiert, dass sie eine Reihe von Statements enthalten, zu denen der Testkandidat seine Zustimmung oder Ablehnung (ggf. mit Abstufungen) bekennen muss. Diese Statements sollen jeweils bestimmte Persönlichkeitsmerkmale oder Verhaltensdimensionen repräsentieren. In der Auswertung werden die Antworten zu den einer Verhaltensdimension zugeordneten Statements zusammengefasst und in einen Wert umgerechnet, der wiedergibt, wie stark das jeweilige Merkmal ausgeprägt ist (vgl. ROMPELTIEN 1999, S. 192 ff.).

Die Auswahl eines geeigneten Persönlichkeitstests erweist sich allerdings als recht problembehaftet. Nach Angaben von HOSSIEP, PASCHEN und MÜHLHAUS existieren im deutschsprachigen Raum nur wenige Persönlichkeitstests, die durch gleichermaßen gute wissenschaftliche Fundierung und engen Bezug zu den praktischen Aufgabenstellungen des Eignungsdiagnostikers gekennzeichnet sind. Viele Persönlichkeitstests haben eine enge Verschränkung mit klinischen, d.h. pathologischen Ansätzen, so dass deren Einsatz im wirtschaftlichen Kontext nicht nur aus inhaltlichen, sondern auch aus rechtlichen und ethischen Gründen bedenklich erscheint (vgl. GREENE 1999, S. 52 ff.). Von Unternehmensberatungen und nicht-wissenschaftlichen Verlagen werden vielfach Instrumente vertrieben, die sich deutlich enger an den Anforderungen der

Praxis zu orientieren scheinen. Bei diesen Verfahren ist es aber besonders wichtig zu prüfen, ob Testkonstruktion und -bewährung genau nachvollziehbar sind (vgl. HOSSIEP/PASCHEN/MÜHLHAUS 2000, S. 50). Insbesondere direkte Bezüge zwischen den einzelnen Test-Items und den Anforderungskriterien in Bezug auf die vakante Position sind nach Aussage von HÖSCH jedoch nur in den seltensten Fällen klar ersichtlich. Es komme auch sehr häufig vor, dass die eingesetzten Instrumente der wissenschaftlichen Evaluation nicht zugänglich seien und aus diesem Grund keine Aussagen über Gütekriterien getroffen werden könnten (vgl. HÖSCH 1995, S. 17).

Eine weitere Gefahr liegt in der Anfälligkeit in Bezug auf spezifische Testsituationen: Bei der Bearbeitung von Persönlichkeitstests sind motivationale Einflüsse und Fehlerfaktoren nicht zu vernachlässigen (vgl. HÖSCH 1995, S. 17). Insbesondere Beantwortungen im Sinne sozialer Erwünschtheit und Zustimmungstendenzen spielen eine große Rolle. Der Aspekt der sozialen Erwünschtheit und der daraus folgenden Effekte wird häufig als größtes Problem von Persönlichkeitstests in Auswahlsituationen gesehen (vgl. HOSSIEP/PASCHEN/MÜHLHAUS 2000, S. 60). Bei relativ transparenten Testverfahren, die aus Items mit hoher Augenscheinvalidität bestehen, lassen sich auch vom Laien mit guter Treffsicherheit Hypothesen darüber bilden, was die jeweilige Frage erfassen will. Das eröffnet dem Bewerber die Möglichkeit zur Manipulation. Dieses Problem kann reduziert werden, wenn ein speziell auf die betreffende Stelle zugeschnittenes Testverfahren eingesetzt wird. Um einen solchen Test fälschen zu können, müsste dem Kandidaten nicht nur bekannt sein, welcher Item mit welcher einzelnen Anforderungsdimension korreliert ist, sondern auch, welches Gewicht der Dimension zukommt, wie das Anforderungsprofil sowohl der Stelle als auch der Unternehmung insgesamt aussieht (vgl. WILLIAMS 2001). Neben der sozialen Erwünschtheit findet auch die Zustimmungstendenz zu Item-Aussagen Kritik. Unter Zustimmungstendenz ist zu verstehen, dass ein Item weitgehend unabhängig von seinem Inhalt eher bejaht wird. Zustimmungstendenzen scheinen dann problematisch zu werden, wenn die Testkandidaten dem Inhalt indifferent gegenüberstehen. Bei der Auswahl der Items ist deshalb darauf zu achten, dass die Kandidaten mit dem Inhalt vertraut sind und diesen auf sich beziehen können.

Auch das Problem der sozialen Akzeptanz von Persönlichkeitstests ist nicht zu unterschätzen. Betriebsräte und Kandidaten artikulieren psychologischen Tests gegenüber immer wieder ein gewisses Misstrauen mit der Begründung, dass Persönlichkeit nicht messbar sei (vgl. HOSSIEP/PASCHEN/MÜHLHAUS 2000, S. 50). Um soziale Akzeptanz zu erreichen, erscheint es ratsam, Unternehmensvertreter bei der Testentwicklung und -durchführung miteinzubeziehen. Die Beurteilungsmaßstäbe sollten auch für den Kandidaten nachvollziehbar sein und es sollte ein wechselseitiger Informationsaustausch ermöglicht werden.

Insgesamt vertritt der Verfasser die Position, dass Persönlichkeitstests ein gutes Mittel sein können, um ergänzend Hinweise auf die Eignung eines Kandidaten zu erhalten – vorausgesetzt, es handelt sich um seriöse, leistungsfähige, unternehmens- und funktionsspezifische sowie sozial akzeptable Verfahren.

Computerbasierte Verfahren finden nach Aussage von HERTEL/NAUMANN/ KONRADT/BATINIC bereits Anwendung, bieten sie doch Vorteile der Kosteneffektivität, des Handlings größerer Item-Pools, der Ermöglichung des adaptiven Testens sowie Rückschlüsse auf das Antwortverhalten der Teilnehmer durch Messen und Auswerten der Entscheidungszeiten (vgl. HERTEL/NAUMANN/ KONRADT/BATINIC 2001, S. 1 ff.). Es besteht zudem die Vermutung, dass bei computerbasierten Persönlichkeitstests ein ehrlicheres Antwortverhalten, bedingt durch die erhöhte Anonymität, vorliegt. HERTEL/NAUMANN/KONRADT/ BATINIC stellen fest, dass computerbasierte Persönlichkeitstests gegenüber herkömmlichen Papier-und-Bleistift-Versionen die genannten Vorteile ohne eine bemerkenswerte Abnahme der psychometrischen Eigenschaften aufweisen. Zwecks Überprüfung der Anwendbarkeit *webbasierter* Persönlichkeitstests haben die genannten Autoren bereits eine empirische Studie durchgeführt, in der sie zu dem Schluss kommen, dass die Gütekriterien sowohl bei herkömmlichen als auch bei Online-Persönlichkeitstests im Großen und Ganzen vergleichbar gut erfüllt sind. Einschränkungen machen sie allerdings für den Bereich der Datenreliabilität. Gründe für möglicherweise schlechtere Reliabilitätsresultate der Internet-Version könnten die sich in diesem Fall negativ auswirkende höhere wahrgenommene Anonymität sein (insbesondere wenn die Teilnehmer nicht hochmotiviert sind), daneben fehlendes Vertrauen in die Computernutzung, fehlendes Bewusstsein für die Nützlichkeit der Mensch-Computer-Interaktion sowie nicht kontrollierbare Umweltfaktoren wie z.B. Hitze, Lärm oder Ablenkung des Probanden. Die Autoren der Studie betonen, dass weiteres Research zwingend erforderlich ist, auch im Hinblick auf die Frage, ob Internet-Daten womöglich eine größere Verwundbarkeit im Hinblick auf eine Beantwortung im Rahmen der sozialen Erwünschtheit aufweisen. Zudem machen sie auf das Problem des Schutzes entwickelter Skalen und Instrumente gegen unautorisierte Nutzung und Veröffentlichung aufmerksam, das bei papierbasierten Verfahren kaum eine Rolle spielt (vgl. HERTEL/NAUMANN/KONRADT/BATINIC 2001, S. 1 ff.).

Die Problematik der Identifikationskontrolle scheint bei Online-Persönlichkeitstests weniger stark ins Gewicht zu fallen als bei den Online-Leistungstests. Da die Antworten nicht von vornherein als richtig oder falsch klassifizierbar sind, besteht kaum ein Anreiz für den Kandidaten, eine andere Person den Test bearbeiten zu lassen. Eine Gefahr sieht der Verfasser eher in der Verwendung von (Online-)Persönlichkeitstests als alleiniges Vorauswahlinstrument, da in diesem Fall das Selbstbild des Kandidaten, das natürlich rein subjektiv ist, über das Erreichen der nächsten Stufe im Bewerbungsprozess entscheidet. Möglicherweise schätzen sich Personen trotz vorhandenen Potenzials unangemessen selbstkritisch ein, während andere sich bei weitem überschätzen. Ein tragfähiges Gesamtbild ergibt sich deshalb erst in Kombination mit den objektiven Informationen und den Fremdbilddaten. Sinnvoll erscheint dem Verfasser die Verwendung eines Persönlichkeitstests v.a. im Vorfeld eines persönlichen Interviews. Neben der Gewinnung von Fremdbilddaten besteht im Gespräch die Möglichkeit, eventuelle Unstimmigkeiten zwischen Anforderungs- und Persönlichkeitsprofil aufzuklären. Zum Beispiel könnte sich ein Kandidat als extrovertiert präsentieren, der Test jedoch das Gegenteil ausweisen. Bei einer Klärung könnte sich herausstellen, dass sich der Kandidat eine extrovertierte Verhaltensweise bei der beruflichen Tätigkeit angeeignet hat, obwohl er vom Naturell her eigentlich eher

als introvertiert einzustufen ist (vgl. GREENE 1999, S. 52). Der (Online-)Persön-
lichkeitstest ist aus diesen Gründen nicht als alleiniges Verfahren zu empfehlen,
sondern sollte als ein Instrument unter mehreren helfen, ein differenzierteres Bild
über den Kandidaten zu liefern.

4.   Postkorb-Übungen

Bei der Postkorb-Übung ist ein dem realen Geschehen im Unternehmen modell-
haft nachgebildeter Prozess vom Probanden zu bearbeiten. Letzterem wird
bspw. abverlangt, eingegangene Post, Berichte und Notizen, wie sie sich nach
einer längeren Abwesenheit im Postkorb eines Arbeitnehmers angesammelt
haben könnten, effizient zu sichten, möglichst rational zu strukturieren und
entsprechende Veranlassungen zu treffen. Hierbei sind insbesondere das subjektive Setzen von Prioritäten, die intellektuell-konzeptionellen Fähigkeiten sowie
die Berücksichtigung „schwacher Signale" gefordert (vgl. WOTTAWA/HOSSIEP
1997, S. 74). Beim herkömmlichen standardisierten Postkorbverfahren beruht die
Beurteilung des Kandidaten auf den Auswertungen ausgebildeter Beobachter
hinsichtlich der durchgeführten Handlungen (vgl. DOMMEL 1995, S. 584).
Mögliche Beobachtungsdimensionen aus dem zwischenmenschlichen Bereich
sind das Delegations-, Kontroll- und Entscheidungsverhalten. Bezüglich des
Leistungsverhaltens des Kandidaten sind Ausdauer, Anstrengungsbereitschaft
und Belastbarkeit gefragt, während bei den intellektuellen Fähigkeiten v.a.
konvergentes und divergentes Denken sowie Organisationsfähigkeit positiv
bewertet werden (vgl. WOTTAWA/HOSSIEP 1997, S. 77).

Für eine *computerbasierte* elektronische Umsetzung scheint die Postkorb-Übung
geradezu prädestiniert zu sein, werden doch die Probleme der Übertragbarkeit
der gewonnenen Erkenntnisse auf die Realsituation und eines mit Fehlern
behafteten Beurteilungsprozesses durch höhere Objektivität und Standardisie-
rung gemildert (vgl. DOMMEL 1995, S. 584 f.). Der Fortschritt in der Bürokom-
munikation macht es ohnehin notwendig, die neuen Medien wie e-Mail und
Internet bzw. Intranet in Übungen zu integrieren, um Realitätsnähe zu erreichen.
Die von der Kienbaum Management Consultants GmbH entwickelte computerbasierte elektronische Postkorbübung kann einen modernen Arbeitsplatz simulie-

ren, wobei virtuelle Telefonanrufe, e-Mails, Faxe und Briefe verschickt werden können (vgl. MEIFERT/DROSTE 2001, S. 56). Es ist weiterhin darstellbar, dass Termine verwaltet werden und interaktiv Störungen sowie Rückmeldungen wie im Arbeitsalltag erfolgen. Die verschiedenen Vorgänge sind in beliebiger Reihenfolge anwählbar, wobei die jeweilige Bearbeitungszeit gespeichert wird. Auf dem Bildschirm wird eine Prioritätenschätzung für den jeweiligen Vorgang angegeben, Zusammenhänge mit anderen Vorgängen werden ebenfalls durch einen Mausklick bestimmt und festgehalten. Alle Aktionen des Teilnehmers werden protokolliert und als e-Mail an eine festzulegende Adresse gesendet, durch welche die Daten aufbereitet werden und ein elektronisches Gutachten generiert wird (vgl. MEIFERT/DROSTE 2001, S. 56).

Ein großer Vorteil des elektronischen Postkorbs liegt insbesondere in seiner erhöhten Objektivität: Die Auswertung erfolgt nach festgelegten Kriterien durch einen Computer, und eine feste Bearbeitungszeit sorgt für eine bessere Vergleichbarkeit zwischen den Teilnehmern. Die elektronische Postkorb-Version eröffnet als weitere Auswertungsoptionen die Dauer der Bearbeitungszeit pro Vorgang sowie die gefundenen Bezüge der Vorgänge und des Organisationsstils anhand des Terminkalenders. Dies führt laut MEIFERT/DROSTE bei einer fachgerechten Umsetzung der Auswertung zu einer Steigerung der diagnostischen Qualität der Postkorbübung. Aufgrund der genannten Vorteile der computerbasierten elektronischen Version finde diese auch eine größere soziale Akzeptanz als das traditionelle Verfahren (vgl. MEIFERT/DROSTE 2001, S. 56).

Ein mögliches Problem besteht aus Sicht des Verfassers darin, dass die Beweggründe und Denkmuster des Kandidaten im Hinblick auf die getroffenen Entscheidungen nicht ergründet werden. Es stellt sich die Frage, ob eine Prioritätenliste der zu treffenden Entscheidungen sich so eindeutig festlegen lässt wie vom Entwickler der Software vorgegeben.

Die computerbasierte elektronische Version des Postkorbs lässt sich den Kandidaten auch online zur Verfügung stellen. Hierbei sieht der Verfasser allerdings gravierende Probleme bei der Identifikations- und Bedingungskontrolle, die gegen einen Einsatz der *webbasierten* Postkorb-Übung zur alleinigen Vorselektion bei der Personalauswahl sprechen.

5.   Planspiele / Computersimulierte Szenarien

Planspiele werden in der Literatur des häufigeren auch als Simulationsspiele bezeichnet (vgl. BUDDENSIEK 1992, S. 19). In einem solchen Plan- oder Simulationsspiel haben sich die Kandidaten mit einer bestimmten Rolle zu identifizieren und sind aufgefordert, in einer konkreten Situation Handlungen zu vollziehen, bei denen sie sowohl auf die Reaktionen der Mitspieler als auch auf künstlich erzeugte Situationsveränderungen reagieren müssen. Bei den in der Berufseignungsdiagnostik vorzugsweise eingesetzten Unternehmensplanspielen geht es um die Entwicklung eines Unternehmens oder Geschäftsbereiches, wobei das Ziel z.B. darin bestehen kann, die Gewinne des Unternehmens zu steigern oder den Umsatz zu erhöhen (vgl. ROMPELTIEN 1999, S. 187). Unter Berücksichtigung des Aspekts, dass für ein Online-Planspiel zur Personalauswahl hauptsächlich ein Einzel-Planspiel in Frage kommt, verzichtet der Verfasser bereits an dieser Stelle auf im Einzel-Planspiel weniger gut abtestbare Dimensionen der zwischenmenschlichen Ebene. Als gefragte Anforderungskriterien an die Kandidaten aus dem Bereich des zwischenmenschlichen Verhaltens verbleiben v.a. Selbständigkeit und Entscheidungsverhalten. Bezüglich der intellektuellen Fähigkeiten spielen konvergentes und divergentes Denken, Problemlösungsfähigkeit sowie heuristisches bzw. strategisches Wissen eine große Rolle, während beim Leistungsverhalten Ausdauer, Zielorientierung, Belastbarkeit und Leistungsmotivation gewünscht sind (vgl. WOTTAWA/HOSSIEP 1997, S. 78).

Durch Umfang und Realitätsnähe der simulierten Handlungssituation steht mit dem Planspiel ein Instrument zur Verfügung, das komplexe Denkhandlungsvollzüge auszulösen vermag, wobei die Aktivierung wichtiger affektiver und motivationaler Prozesse hinzukommt (vgl. FASSHEBER 1995, S. 615 f.). Die umfangreiche und realitätsnahe Umsetzung lässt sich mittels Computer besonders gut darstellen. Dabei ist der Übergang zwischen *computerunterstützten Planspielen* und *computersimulierten Szenarien* fließend. Nach Aussage von HASSELMANN/

STRAUSS wird mit Planspielen eher ein pädagogisches Anliegen verfolgt, indem bestimmte inhaltliche Fertigkeiten, Arbeitstechniken oder auch allgemeinere Handlungskompetenzen vermittelt werden sollen. Als Konsequenz werden Planspiele i.d.R. so konstruiert, dass sie ein präzises inhaltliches Realitätsmodell mit entsprechenden betriebswirtschaftlichen Größen darstellen. Komplexe Szenarien beabsichtigen hingegen, v.a. die intellektuellen Anforderungen von realen komplexen Problemstellungen abzubilden (vgl. STRAUSS/HASSELMANN 1997, S. 16 ff.). Bei gleicher Intention (Personalauswahl) dürften computersimulierte Szenarien und eignungsdiagnostische Planspiele jedoch keine gravierenden Unterschiede aufweisen. Dies könnte auch der Grund dafür sein, dass ein Großteil der Autoren auf eine Differenzierung verzichtet und beide Instrumente gleichsetzt, so z.B. MEIFERT und DROSTE (vgl. MEIFERT/DROSTE 2001, S. 57). Im folgenden bezieht sich der Verfasser aus Gründen der Exaktheit jedoch auf die für die Personalauswahl gängigeren computersimulierten Szenarien, wobei die Ausführungen nach Ansicht des Verfassers ebenfalls auf computerbasierte eignungsdiagnostische Unternehmensplanspiele anwendbar sind.

Computersimulierte Szenarien existieren bereits seit den 80-er Jahren und wurden vom Bamberger Psychologen Dörner als Antwort auf seine Forschung zum „Komplexen Problemlösen" ins Leben gerufen. Die wesentlichen Kennzeichen komplexer Probleme konstituieren auch die Anforderungsmerkmale computersimulierter Szenarien: Komplexität, Vernetztheit, Eigendynamik, Intransparenz, Polytelie und Unbestimmtheit (vgl. DÖRNER/KREUZIG/REITHER/ STÄUDEL 1983, S.10). FUNKE (1995) definiert: „Bei computergestützten Szenarien handelt es sich um spezielle, auf Computern implementierte Aufgaben, die die Kontrolle und Steuerung komplexer dynamischer Systeme oder Prozesse verlangen, welche mit einer mehr oder weniger realitätsnahen Rahmenhandlung versehen sind, z.B. die Leitung eines Unternehmens" (S. 145). In der Personalrekrutierung werden die Szenarien eingesetzt, um die *praktische Intelligenz* von Bewerbern zu diagnostizieren, welche sich u.a. in einem hohen impliziten Wissen, Denken in nicht-linearen Strukturen und der simultanen Bearbeitung von Problemen bzw. intuitivem Handeln ausdrückt. In der häufigsten Form erfolgt die Bearbeitung der Szenarien durch den Kandidaten an einem einzelnen Computerarbeitsplatz, von welchem bei einer Online-Umsetzung ebenfalls ausgegangen wird. Die Grundlage für die Beurteilung bildet ein Computerprotokoll, aus dem verschiedene Indizes (z.b. Güte der Problemlösung, Strategieparameter) je nach verwendetem Szenario berechnet werden (vgl. FUNKE 1995, S. 145). Als Beispiel für ein realitätsnahes betriebswirtschaftliches computersimuliertes Planspiel kann „Textilfabrik" von HASSELMANN und STRAUSS dienen. Der Kandidat soll als Geschäftsführer einer Textilfabrik das Firmenkapital steigern. Während der Dauer der Simulation sind hierzu Entscheidungen über den Einsatz verschiedener verfügbarer Maßnahmen zu treffen, die wiederum durch entsprechende, dem Bearbeiter nicht bekannte Variablenverknüpfungen, den Zustand des Unternehmens im jeweiligen Zeittakt beeinflussen (vgl. HASSELMANN/ STRAUSS 1995, S. 5 ff.).

Insgesamt bieten computersimulierte Szenarien in der Eignungs- und Potenzialdiagnostik vielversprechende Perspektiven. Ein Einsatz bietet sich v.a. dann an, wenn zu den Anforderungen der betrachteten Position das verantwortliche Treffen von Entscheidungen in einem komplexen Handlungsumfeld gehört. Durch einen inhaltlichen Bezug zum Anforderungsprofil der jeweiligen Stelle kann zudem eine hohe Akzeptanz bei den Kandidaten erreicht werden. Nach Aussage von HASSELMANN/STRAUSS gibt es allerdings noch Mängel in der Entwicklung und wissenschaftlichen Absicherung computersimulierter Szenarien. Auch KONRADT/FISCHER kritisieren, dass bei dieser Klasse von Systemen i.d.R. keine kriteriumsbezogene Entwicklung vorliegt und Dimensionalitäts-, Validitäts- und Reliabilitätsnachweise nur selten erbracht werden. Stattdessen würden die Angemessenheit und Zuverlässigkeit der Messung über Plausibilitätsüberlegungen und per Augenscheinvalidität abgeschätzt (vgl. KONRADT/ FISCHER 2000, S. 46).

Von der Offline-Version der computersimulierten Szenarien zur Online-Version ist es kein großer Schritt. Als problematisch erweist sich jedoch wiederum die Identifikations- und Bedingungskontrolle.

Zusammenfassend lässt sich feststellen, dass die vorgestellten eignungsdiagnostischen Instrumente für eine Online-Umsetzung generell geeignet zu sein
scheinen, wenngleich bei sämtlichen Instrumenten mit Ausnahme des biographischen Fragebogens Probleme der Identifikations- und Bedingungskontrolle einen
rein webbasierten Einsatz zu Zwecken der Personalvorauswahl stark beeinträch-
tigen.

2.2.3 Bewerberrelationship-Management via Internet

Die Bedeutung des Internets als zentrales Instrument der Personalbeschaffung
und des Personalmarketings ist innerhalb der letzten vier Jahre drastisch gestie-
gen, was insbesondere für die gezielte Ansprache von Fach- und Führungskräf-
te-Nachwuchs gilt (vgl. CRUSIUS 2000, S. 44 ff.). Unternehmen können sich
einer größeren Anzahl von potenziellen Kandidaten präsentieren, während
letztere die Möglichkeit haben, eine größere Anzahl von Unternehmen
kennenzulernen. Allein mit dem Umstieg auf Online-Medien lässt sich der
Wettbewerb um die Talente jedoch nicht gewinnen. Stattdessen verlangt die
Situation des Bewerbermarktes, dass statt des passiven Wartens auf Kandidaten
ein aktives Werben um prospektive Bewerber erfolgt (vgl. CRUSIUS 2000,
S. 44 ff.). Im Mittelpunkt steht dabei nicht die Auswahl der Bewerber, sondern
deren Gewinnung für und Bindung an das jeweilige Unternehmen (vgl.
EISELE/KÜHNLEIN 2001, S. 25). Man spricht in diesem Zusammenhang auch
von „Bewerber-" oder „Talent-Relationship-Management" (vgl. LENBET/
ERBELDINGER 2001, S. 13). Hierbei erweist es sich als erfolgversprechend, die
Kontakte zu potenziellen Bewerbern frühzeitig herzustellen (z.B. während des
Studiums) und den Kontakt intensiv zu pflegen. Diese Aktivitäten sollen dazu
beitragen, einen nachhaltigen Zugang zum Markt für Nachwuchskräfte, der
Hauptzielgruppe des Bewerberrelationship-Managements, zu gewinnen.

Das Bewerberrelationship-Management kann daneben auch erst durch eine
konkrete Bewerbung im Unternehmen initiiert werden, welche jedoch mangels
Stellenverfügbarkeit zu einer Ablehnung führt. Vielversprechende Bewerber

können in diesem Fall in einen Rekrutierungspool aufgenommen und bei künftigen Vakanzen direkt angesprochen werden (vgl. REFLINE 2002a).

Da die Affinität zum Internet bei den heutigen Nachwuchskräften bereits relativ stark ausgeprägt ist, bietet es sich an, das Medium Internet für das Bewerberrelationship-Management gezielt einzusetzen. Diesbezügliche Möglichkeiten sollen unter den Punkten 2.2.3.1 sowie 2.2.3.2 näher vorgestellt werden.

2.2.3.1 Generierung von Kontakten zu potenziellen Bewerbern

Die Option, Kontakte zu potenziellen Bewerbern über das Internet zu generieren, wird von Unternehmen in zunehmendem Maße über Online-Spiele und virtuelle Absolventenmessen wahrgenommen. Auf diese beiden Varianten soll im folgenden näher eingegangen werden.

1. Online-Spiele / Online-Assessments

Online-Assessments erfahren häufig in Form von Online-Spielen Anwendung. Ziel ist es, durch die Verknüpfung von Spiel, Testverfahren und Recruiting-Aspekten das Interesse potenzieller Bewerber für das Unternehmen zu wecken. Die neuen Möglichkeiten des Internets sollen erschlossen und das spielerische Element in den Rekrutierungsprozess integriert werden. Gleichzeitig soll mit diesem unkonventionellen Auftritt und der innovativen Gestaltung auch der kulturelle Unternehmenswandel nach außen kommuniziert werden (vgl. CRUSIUS 2000, S. 44 f.).

Vorreiter auf dem Gebiet der Online-Spiele ist die *Cyquest Internet AG*, die mit sog. „Recruitainment-Events" eine weitere Form der unternehmensübergreifenden Bewerberansprache im Online-Medium etabliert hat (vgl. WEBER/ JÄGELER/BUSCH 2001, S. 261 ff.). Recruitainment wird von den genannten Autoren als webbasiertes Konzept definiert, das die beiden Entwicklungen des e-Recruitments und des „Infotainments" in sich vereint. Die Infotainment-komponente ist dabei mehr als eine oberflächliche Verbindung von Information und Unterhaltung, sondern in erster Linie ein Marketingkonzept, um Teilnehmer durch Unterhaltungselemente zu binden, parallel Firmenimage, Produktvorteile oder andere Informationen zu vermitteln oder um Informationen zu erheben. Mit dem Marketingkonzept verknüpft ist ein e-Assessmentkonzept, in welchem als e-Diagnostic-Tools z.B. biographische Fragen, eine Postkorbübung, Planspiele und Wissensaufgaben zum Einsatz kommen. Die hieraus ermittelten Ergebnisse werden für die Verdichtung folgender Profilaspekte genutzt: Aktivitätspotenzial, Problemlösefähigkeit, Soziale Kompetenz und Persönliche Einstellung. Die aus Bewerberprofilen generierte Bewerberdatenbank bildet den Pool für das e-Recruitment (vgl. WEBER/JÄGELER/BUSCH 2001, S. 261 ff.). Das Unterhaltungselement bzw. die Rahmenhandlung bildet eine Abenteuergeschichte mit unterschiedlichen virtuellen Protagonisten. Während die Spieler der virtuellen Figur „Net Eddy" und seiner Wohngemeinschaft im Kampf gegen die finstere Internet-Macht „Darq" beistehen, surfen sie auch über die Websites der Partnerunternehmen, zu denen nach Auskunft eines Mitarbeiters der Cyquest Internet AG (E-Mail-Auskunft von Herrn PANCONCELLI vom 25.10.2001) momentan folgende Unternehmen zählen: Tenovis GmbH & Co. KG, Kienbaum Consultants International GmbH, Volkswagen AG, PricewaterhouseCoopers, Ernst & Young Deutsche Allgemeine Treuhand AG, Beiersdorf AG und Unilever Deutschland GmbH. Die Vorteile der Partnerunternehmen liegen insbesondere in der Kombination von Personalmarketing, Vorab-Assessment und e-Recruitment in einer Anwendung. Die Unternehmen können auf einen selbstselektierten Pool zugreifen und damit sowohl Streuverluste als auch die eingesetzten Zeit- und Kostenressourcen minimieren. Wie die Stammdaten der User der ersten zwei Online-Spiele der Cyquest Internet AG zeigen, ist es tatsächlich gelungen, die anvisierte Zielgruppe Führungsnachwuchs anzusprechen. Der Schwerpunkt der gesamten Kommunikationsstrategie basiert auf der Tatsache, dass die „Karrierejagd" ein spielerisches Assessment-Center im Internet ist und den Usern zu Jobs, Praktika oder Abschlussarbeitsthemen verhelfen soll. Zweitrangig werden Geld- und Sachpreise kommuniziert, mit denen insbesondere High-Potentials erreicht werden sollen, die aufgrund ihrer Qualitäten und Möglichkeiten am Arbeitsmarkt nicht aktiv nach Stellenangeboten suchen müssen (vgl. ERIKSDOTTER 2000, S. 85; s. auch CYQUEST 2001). Die Nachfrage nach dem ersten Teil der „Karrierejagd durchs Netz" war beträchtlich:

Innerhalb von vier Monaten, in denen das Spiel zur Verfügung stand, meldeten sich 43.328 User an, von denen 7.341 das gesamte Spiel, das sich über eine Zeitdauer von 2,5 bis 3 Stunden erstreckte, durchspielten. Aufgrund des großen Anklangs ging im Oktober 2001 ein zweiter Teil der „Karrierejagd" an den Start, welcher noch bis April 2002 unter der URL http://www.cyquest.de zur Anwendung bereit steht. Per 14.01.2002 hatten sich hierfür 13.830 Nutzer registriert, von denen 4.066 das Spiel beendeten (E-Mail-Auskunft von Herrn PANCONCELLI vom 14.01.2002).

Der Markt für *unternehmensübergreifende* Online-Assessments wurde durch die Cyquest Internet AG erschlossen. Etwa zeitgleich kamen auch *unternehmensindividuelle* Applikationen, wie z.B. das im Sommer 2000 von der Siemens AG eingesetzte Online-Spiel „Challenge Unlimited", zum Einsatz. Bei „Challenge Unlimited" sah sich der potenzielle neue Siemens-Mitarbeiter in der Rolle eines „Cyber Consultants" in einer Stadt der Zukunft, genannt „Nouvopolis", mit verschiedenen Herausforderungen konfrontiert. Dabei galt es, eine Reihe von Testverfahren zu bewältigen. So waren innerhalb von zwei Minuten möglichst viele Namen für einen Stadtteil von Nouvopolis anzugeben, Assoziationen zum Begriff „Cyber-Consultant" zu bilden und Fragen zur Selbsteinschätzung zu beantworten. Mit Hilfe dieser Aufgaben sollten sechs für die Siemens AG wichtige Kernkompetenzen spielerisch unter Beweis gestellt werden: Kreativität, Lernfähigkeit, Kundenorientierung, Teamfähigkeit, Ergebnisorientierung, Initiative. Um dem Datenschutz Rechnung zu tragen, hatten die Teilnehmer am Ende des Spiels die Option, ihr Profil für die Recruiting-Abteilung freizuschalten (vgl. O.VERF.: Der Kampf um die High Potentials – Online-Spiele sollen Bewerber anlocken, 2001, S. 98). Innerhalb der Laufzeit von sechs Wochen fanden sich statt der erwarteten 2.000 Teilnehmer 12.867 Mitspieler ein, von denen über 10.000 ihr persönliches Profil zur Prüfung durch die Personalverantwortlichen freigaben. Davon entsprachen 1.827 Teilnehmer exakt der von der Siemens AG anvisierten Zielgruppe.

„Hotstaff" nennt sich ein weiteres spielerisches Assessment-Center, das die Commerzbank AG zusammen mit der Bankakademie entwickelt hat. Unter der

URL http://www.hotstaff.de können sich Interessierte einloggen und testen, inwieweit sie für eine Karriere im internationalen Bankgeschäft geeignet sind. „Hotstaff" ist bewusst als Vorstufe zu Maßnahmen konzipiert, die gezielt auf das Recruiting konzentriert sind. Der Schwerpunkt liegt dabei auf dem unterhaltsamen Gewinnen von Informationen über sich und die Bank. Es handelt sich um einen spielerischen Potenzial-Check, der Informationsvermittlung und Spielspaß für den Interessenten mit Rekrutierungsvorbereitung für die Commerzbank AG verbindet (vgl. REGGENTIN-MICHAELIS 2000, S. 47 f.). REGGENTIN-MICHAELIS stellt den Beratungsaspekt als Kern des Angebots heraus und bezeichnet das Konzept als „Consultainment". Bei der virtuellen Umgebung handelt es sich um die Commerzbank-Zentrale in Frankfurt am Main. Die Aufgabe der Teilnehmer besteht darin, die der echten Architektur nachempfundenen Räume nach und nach zu erkunden und sowohl „Hard Skills" als auch „Soft Skills" bei der Lösung von Aufgaben unter Beweis zu stellen. Neben der Beantwortung von Multiple-Choice-Fragen zum Bankfachwissen sind auf dem Dachgarten des Hochhauses am Kaffeeautomaten mathematische Kenntnisse gefragt, wenn berechnet werden soll, wie hoch der Anteil des Milchkaffees am Gesamtumsatz ist. Daneben werden dem Kandidaten z.B. beim Einräumen der Möbel eines Büros systematische Vorgehensweise und analytisches Denken abverlangt (vgl. PUSCHER 2001, S. 76 f.). Ein Spieler, der das etwa 75-minütige Spiel bewältigt hat, erhält die Möglichkeit, seine Ergebnisse und auf Wunsch auch seine Adresse an die Commerzbank AG zu übermitteln.

Mehr Realitätsbezug wiesen hingegen die beim Recruiting-Spiel „BCG Strategy Cup" der Unternehmensberatung The Boston Consulting Group GmbH (BCG) im 4. Quartal 2000 sowie 2. Quartal 2001 zu lösenden Aufgaben auf. Hier wurden über einen Zeitraum von sieben Wochen sieben Jahre in der Führungsetage eines Unternehmens simuliert (in der 2. Auflage waren es fünf Jahre in fünf Wochen). In der Rolle von konkurrierenden Herstellern hatten fünf Teams um die Marktführerschaft auf einem Markt für Mobiltelefone (bzw. auf einem High-Tech-Markt) zu kämpfen. Als Vorstände für Marketing, Vertrieb, Fertigung oder Finanzen trafen die vier Mitspieler über die Spielperioden hinweg online strategische Entscheidungen. Alle Gewinnerteams nahmen an einer Endausscheidung teil,

bei der sie ihre Firmenstrategie einer Jury aus Experten der Unternehmensberatung und Vertretern eines führenden Mobilfunk- bzw. High-Tech-Unternehmens
präsentierten (vgl. O.VERF.: Der Kampf um die High Potentials – Online-Spiele
sollen Bewerber anlocken, 2001, S. 99; s. auch THE BOSTON CONSULTING
GROUP 2002).

Wie die Resonanz der Teilnehmer zeigt, scheinen Infotainment- und
Consultainmentkomponente sehr gut bei der Zielgruppe des Führungsnach-
wuchses anzukommen. Der Infotainment- oder auch „spielerische Aspekt" nutzt
ein natürliches Potenzial, dessen Antrieb aus Aktivität, Neugierde und Bewegung
besteht (vgl. WEBER/JÄGELER/BUSCH 2001, S. 283). Die im Spiel erlebte
Spannung wird durch verschiedene Motivatoren verstärkt, welche wiederum
selbstmotivierend rückwirken. Dies sind insbesondere Ungewissheit und Neugierde (was folgt als nächstes?), kognitive Diskrepanz (wie kann das Problem
gelöst werden?), Neuigkeit (Neues entdecken und schaffen) und Funktionslust
(Dinge in Bewegung setzen). In der Konsequenz wird das Online-Spiel mit
seinem Aktivierungsgrad als ausgesprochen angenehm und unterhaltsam erlebt.
Weiterhin werden die Handlungspotenziale der Teilnehmer aktiviert. Die Teilnehmer identifizieren sich jeweils mit einer virtuellen Figur und handeln nach
bestem Wissen. Dadurch gelingt es, das Moral-Hazard-Problem zu minimieren,
das in einem direkten Bewerbungsprozess durch unterschiedliche Eigeninteres-
sen von Bewerber und Unternehmen eher entsteht (vgl. WEBER/JÄGELER/
BUSCH 2001, S. 283). Zudem haben die Teilnehmer aller vorgestellten Online-
Spiele die Option, ihr Bewerberprofil in die Datenbank einstellen zu lassen, sind
aber nicht dazu verpflichtet. Dies lässt den Schluss zu, dass bei Online-Spielen
eine relativ hohe ehrliche Antworttendenz vorliegt. Bei der Cyquest Internet AG
kann selbst ein weniger positiv erscheinendes Profil vom Teilnehmer eingestellt
werden, ohne dass dieser negative Konsequenzen bezüglich seiner Zukunfts-
aussichten bei einem der Partnerunternehmen zu erwarten hätte – der „Worst
Case" besteht darin, dass der Teilnehmer von keinem Unternehmen aufgrund
seines Profils direkt kontaktiert wird. Ein weiterer kandidatenbezogener Vorteil
besteht darin, dass der Teilnehmer ein i.d.R. ausführliches Feedback über seine

Stärken und Schwächen erhält, welches er zur eigenen Orientierung nutzen kann – unabhängig davon, ob er sich in der Bewerberdatenbank registrieren lässt oder nicht.

In aller Online-Spiel-Euphorie, die derzeit herrscht, werden die Nachteile häufig übersehen. Es ergibt sich die Frage, ob Varianten mit einem sehr spielerischen Kontext wirklich Vorhersagen über den Berufserfolg erlauben. Ein gewisser Realitätsbezug sollte nach Ansicht des Verfassers gegeben sein, so wie es bspw. beim „BCG Strategy Cup" der Fall ist. In jedem Fall aber ist eine wissen-schaftliche Validierung der in den Spielen eingesetzten e-Diagnostic-Tools zwingend erforderlich, so wie sie z.b. beim Cyquest-Spiel und dem Siemens-Projekt durch psychologische Institute erfolgte. Als weiterer Nachteil vieler Spiele sieht der Verfasser den nicht unbeträchtlichen Zeitaufwand bei der Bear-beitung des Spiels, der sicherlich manchen potenziellen Kandidaten abschreckt. Eher sachlich orientierte Teilnehmer würden sich wahrscheinlich kürzere Unter-haltungsszenen zugunsten eines geringeren Zeitaufwands wünschen.

Insgesamt gesehen hält der Verfasser Online-Spiele bei wissenschaftlicher Absicherung, zumutbaren Bearbeitungszeiten und einem relativen Realitätsbe-zug für eine sehr gute Möglichkeit, interessante Kandidaten an das Unternehmen heranzuführen. Daneben kann das Unternehmen explizit sein Außenbild in Bezug auf Einstiegsmöglichkeiten und Karrieremanagement aufbauen.

2.   Virtuelle Absolventenmessen

Virtuelle Absolventen- oder Karrieremessen sind eine weitere Innovation zur Herstellung von Kontakten zu vielversprechenden Kandidaten. In Deutschland beschränkt sich das bisherige Angebot nach den Recherchen des Verfassers auf die seit März 2000 bestehende dreidimensionale Internet-Kontakt-Messe „jobfair24". Diese interaktive Personalrecruiting-Messe der *jobfair24 GmbH* dient als Kontakt- und Kommunikationsplattform für akademische Nachwuchskräfte und Unternehmen. Mittlerweile sind 57 Unternehmen mit einem eigenen Messe-stand vertreten, welcher von Bewerbern zwecks Abruf von Stellenangeboten, Firmenbroschüren und Informationsmaterial 24 Stunden täglich besucht werden

kann (vgl. JOBFAIR24 2001b). Mit bisher über 30.000 registrierten Messebesuchern und durchschnittlich ca. 2.300 Besuchern pro Messetag im Jahr 2001
scheint diese neue Form des e-Recruitments auch bei den Bewerbern auf
Resonanz zu stoßen (vgl. JOBFAIR24 2001a). Die Messebesucher bewegen
sich mit einem selbst gewählten Avatar (digitales Ebenbild einer Person) auf der
Messe und können per Mausklick auf das Avatar eines Unternehmensvertreters
mit diesem in Chat-Kontakt treten. Alle Bewerber haben vor dem Messebesuch
die Möglichkeit, eine digitale Bewerbungsmappe zu erstellen, welche mit einem
Online-Bewerbungsformular vergleichbar ist, und sich hiermit direkt bei den
Unternehmen auf einen Praktikumsplatz, eine Diplomarbeit oder ein
Stellenangebot bewerben. Neben ihrer Präsenz auf den monatlich stattfindenden
Messetagen ist es den ausstellenden Unternehmen überlassen, individuelle
Präsenzzeiten anzubieten, zu denen sich ihre Personalverantwortlichen am
Messestand befinden und Fragen der Kandidaten klären. Ein großer Vorteil
dieser Gruppen- und Einzel-Live-Chats besteht darin, dass nicht
anforderungsgemäße Bewerbungen von vornherein reduziert werden können
(vgl. JOBFAIR24 2001c). Neben der Chat-Möglichkeit können die Aussteller
Informationsveranstaltungen an ihrem virtuellen Messestand anbieten (vgl.
KNABL 2001, S. 47). Dieser Messestand trägt bei vorgegebener Architektur auf
der Außenseite das Firmenlogo, seine Ausstattung besteht aus einem Gruppen-
und unbegrenzt vielen Einzelchats sowie einem Kommunikationstool zur
Ansprache von sich in der Messehalle befindlichen interessanten Kandidaten.
Daneben wird die Standardausstattung durch zwei Beraterlizenzen, eine
Unternehmensdarstellung und einen Briefkasten zum Erhalt digitaler
Bewerbungsmappen komplettiert. Bei einer Laufzeit von zwölf Monaten beträgt
der Paketpreis 2.000 Euro pro Monat (vgl. JOBFAIR24 2001d). Dieser Preis
erscheint relativ günstig im Vergleich zu einem realen Messestand auf dem
Deutschen Absolventenkongress, welcher sich jeweils über zwei Tage erstreckt
und das Unternehmen nach telefonischer Auskunft einer Mitarbeiterin des
Forum-Verlages inklusive sämtlicher Nebenkosten je nach Standgröße und
Ausstattung zwischen 4.140 und 18.400 Euro kostet (Telefongespräch mit Frau
KIRCHNER vom 06.11.2001).

Der Hauptvorteil der virtuellen Karrieremesse besteht darin, dass sich die Reichweite der Ansprache durch das Medium Internet wesentlich gegenüber lokalen Messen erhöht. Darüber hinaus bietet das Internet die Möglichkeit, ortsunabhängig per Chat jederzeit Fachleute für spezielle Fragestellungen hinzuzuziehen, die Möglichkeit, Zugriffe zu dokumentieren sowie Zeit- und Kosteneinsparungen für Reisen. Zudem können die Personalverantwortlichen unmittelbar auf Bewerbungen reagieren, wodurch sich die Zeitspanne zwischen Erstkontakt und weiteren Gesprächen verkürzt. Als weiteren Vorteil stellt STEPHAN, verantwortlich für strategisches Personalmanagement bei PricewaterhouseCoopers, heraus, dass die Chat-Funktion die Spontaneität fördere und die Barrieren der Bewerber beim Erstkontakt senke. Durch regelmäßige Sprechzeiten, Veranstaltungen des Unternehmensnetzwerkes, geschütztes Login und digitale Bewerbungsmappen würde nicht nur Kundenbindung sehr erfolgreich betrieben, sondern auch ein Imagegewinn des Unternehmens erzielt. (vgl. O.VERF.: Spontane Gespräche im Messe-Chat, 2001, S. 48 f.).

Als Nachteil sind vor allem technische Probleme aufzuführen. Die dreidimensionalen Animationen verursachen Performance-Probleme bei leistungsschwächeren Grafikkarten, wie sie häufig bei Notebooks vorkommen. Daneben führen zu geringe Bandbreiten in der Übertragung zu langen Ladezeiten und Verzögerungen bei der Darstellung. Es kann nicht vorausgesetzt werden, dass alle Studenten über einen ISDN-Anschluss verfügen. Übertragungsschwierigkeiten wirken auf die Nutzer abschreckend und führen dazu, dass sich diese von der Kommunikationsplattform abwenden. Vorstellbar ist auch, dass es potenziellen Messebesuchern befremdlich erscheint, sich mit einem Avatar durch die virtuelle Halle zu bewegen und mit Personen in Kontakt zu treten, die ebenfalls durch ein digitales Ebenbild dargestellt werden. Diese Vorstellung könnte bei manchen Teilnehmern eine die Anonymität und Sterilität erhöhende Wirkung hervorrufen.

Ein weiterer Nachteil ist mit der Art der Kommunikation über die Tastatur des Computers verbunden. Sofern Bewerber einen umfassenden Dialog mit

Personalverantwortlichen wünschen, ist der Weg über die Internet-Karriere-messe sicherlich nicht optimal, da sich ein längerer Chat mit den Personal-verantwortlichen umständlicher als bspw. ein telefonisches Gespräch gestaltet.

Wie die Besucherzahlen von „jobfair24" zeigen, erreicht das Angebot dennoch eine beachtliche Anzahl von Studenten und Nachwuchskräften, die allerdings eine hohe Affinität zu den Neuen Medien und e-Business aufweisen, wie STEPHAN bestätigt (vgl. O.VERF.: Spontane Gespräche im Messe-Chat, 2001, S. 48 f.). Als ergänzendes Personalmarketing-Tool kann der Einsatz der virtuellen Messe daher durchaus Sinn machen, insbesondere deshalb, da sie hauptsächlich auf Kontaktgewinnung und Informationsvermittlung abzielt und einem ggf. stattfindenden persönlichen Gespräch lediglich vorausgehen sollte. Für Studenten und Young Professionals macht der Messebesuch v.a. dann Sinn, wenn diese sich konkret bei mehreren auf der Messe vertretenen Unternehmen bewerben möchten. In einem solchen Fall ist es sicherlich sehr effektiv, die jeweiligen Unternehmen auf der Messe zu kontaktieren und ihnen die digitale Bewerbungsmappe (die nur einmal zu erstellen ist) zu überreichen.

2.2.3.2 Schaffung eines Rekrutierungspools durch Pflege des Kontaktes zu interessanten Kandidaten

Ein einmal hergestellter Kontakt verlangt nach einer gewissen Pflege, wenn der Kandidat an das Unternehmen gebunden werden soll. Diese Festigung der Bindung wird über das Internet allein sicherlich kaum gelingen. Maßnahmen wie Einladungen zu realen Unternehmensveranstaltungen, wie z.B. Vorträgen, Workshops und Seminaren, sind sicherlich besser geeignet, um eine persönliche Beziehung zum potenziellen Bewerber aufzubauen und diesen für das Unter-nehmen zu gewinnen. Die sog. „Right-Potentials", zu denen eine intensivere Beziehung aufgebaut werden soll, bilden den Nachwuchskraft-Rekrutierungspool für die kommenden Jahre, der Ausdruck einer langfristig ausgelegten Personal-planung ist. Solche Rekrutierungspools existieren jedoch nicht nur unterneh-mensbezogen, sondern auch unternehmensübergreifend in Form von „Communities" bzw. Online-Netzwerken, welche im folgenden vorgestellt wer-den.

Communities/Online-Netzwerke

Die Beteiligung an einer „Virtual Community" kann für eine enge Bindung poten-zieller Mitarbeiter an das Unternehmen sorgen. Der Betreiber der Community bietet dabei ein Austauschforum an, das er nur behutsam steuern darf (vgl. KÖHLER 2000, S. 22). Er muss in bestimmten Bereichen die Kontrolle an die Community-Mitglieder abgeben, denn nur durch die Beiträge des Einzelnen wird die Community zum Leben erweckt. Das Konzept der Virtual Community ist insbesondere unter Personalmarketing-Gesichtspunkten von Interesse: Die rekrutierenden Unternehmen können in der Community auf Studenten, Hoch-schulabsolventen und Young Professionals treffen und sich mit ihnen austau-schen. Voraussetzung ist, dass sich das Unternehmen mit eigenen Beiträgen an der Community beteiligt, um als gleichberechtigtes Mitglied anerkannt zu wer-den. Um die Community für die Zielgruppe interessant zu machen, müssen die interaktiven Elemente z.b. durch eine Jobbörse, Unternehmensporträts oder eine Infothek ergänzt werden. Die Vielfalt der Angebote gewinnt unter dem Aspekt an Bedeutung, dass die qualifizierten Bewerber den Kontakt zu den Unternehmen als Dialog verstehen, sich als gleichberechtigte Partner sehen und hohe Erwar-tungen an Informationsfülle und –tiefe besitzen (vgl. KÖHLER 2000, S. 22).

Die Erfolgsfaktoren einer jeden Online-Community sind nach HAGEL und ARM-STRONG ein eigenes und eng gefasstes Thema, themenbezogene Foren und Chats, eine Reaktion auf Nutzerinhalte und ein Zusatznutzen (vgl. HAGEL/ ARMSTRONG 1997, S. 23 f.). Eine im Rahmen des Bewerberrelationship-Managements eingesetzte Online-Community sollte sich mit dem Thema „Studi-um, Bewerbung, Berufseinstieg" auseinandersetzen. Im redaktionell betreuten Teil der Community werden Informationen zur Bewerbung und Berufsplanung veröffentlicht, die für den Nutzer einen konkreten Zusatznutzen aufweisen. Neben redaktionellen Beiträgen zu branchenspezifischen Themen sind aktuelle Stellenangebote, aber auch langfristigere Informationen ein wichtiges Feature der Community. Die dauerhafte Präsenz über Unternehmensporträts stärkt das Image als attraktiver Arbeitgeber (auch: „Employer Branding") und den direkten Kontakt zur Zielgruppe. Einer der wichtigsten Bausteine der Community sind laut HAGEL und ARMSTRONG die Diskussions-Foren. In Experten-Foren, in denen z.B. Personalverantwortliche Fragen beantworten, kann genau kommuniziert werden, welche Profile gesucht werden und welche Entwicklungsmöglichkeiten im Unternehmen bestehen. Zudem entsteht ein direkter Kontakt zu den Nutzern. Darüber hinaus prägen die Foren das Gemeinschaftsgefühl der Nachwuchskräfte untereinander. Möglichkeiten für eine intensive Kommunikation mit den Bewerbern bieten auch Spiele, da das Unternehmen hierbei direkt auf interessante Kandidaten zugehen kann. Ein Newsletter, der ständig über aktuelle Inhalte der Community informiert, vervollständigt die interaktiven Elemente. Die Nutzer werden über Neuigkeiten informiert und haben einen Grund, die Community aufzusuchen und sich einzubringen (vgl. HAGEL/ARMSTRONG 1997, S. 23). Um eine ausreichende Anzahl von Bewerbern unterschiedlicher Fachbereiche an die Community zu binden, sollte eine umfassende Website zum Thema Bewerbung und Berufsplanung aufgebaut werden. Als gutes Beispiel für dieses Konzept kann nach Ansicht des Verfassers die Staufenbiel-Community aufgeführt werden, die unter der URL http://www.staufenbiel.de zu erreichen ist.

Dass auf einer solchen virtuellen Community eine sehr intensive Beziehung zum Kandidaten oder zwischen diesen aufgebaut werden kann, ist nach Meinung des Verfassers allerdings eher als Ausnahmefall einzustufen. Ein positiver Imagetransfer durch ein Unternehmen, mit dem der Kandidat im Chat in Kontakt gekommen ist, ist aber durchaus vorstellbar.

Nach dem Community-Konzept verfährt auch das größte deutsche Online-Netzwerk *e-fellows.net*, eine privatwirtschaftliche Hochschulinitiative von der Deutsche Telekom AG, McKinsey & Company sowie der Verlagsgruppe Georg von Holtzbrinck. E-fellows.net versteht sich als Kommunikationsplattform und knüpft ein Netzwerk zwischen den besten Studierenden und führenden Unternehmen der europäischen Wirtschaft (vgl. E-FELLOWS.NET 2001a). Mittlerweile nehmen auch zwölf Partnerunternehmen an der Initiative teil. Die Community als solche richtet sich an alle registrierten Studenten, während das durch stärkere Verbundenheit gekennzeichnete Netzwerk nur ausgewählte Studenten aufnimmt (vgl. PREECE 2000, S. 17 f.). Den 64.000 Community-Mitgliedern (Stand Oktober 2001) bietet die e-fellows.net-Website aktuell recherchierte Informationen rund um das Studium im In- und Ausland, daneben Tipps für den Karriereein-stieg, Online-Workshops und wöchentliche Berichte zu karrierebezogenen Themen. Die 7.500 Netzwerk-Mitglieder (Stand Oktober 2001) werden zudem mit einem speziellen Online-Stipendium gefördert, das von den Gesellschaftern und Partnerfirmen finanziert wird. Daneben können die Stipendiaten von folgen-den Leistungen profitieren: Recherchemöglichkeit in über 500 Datenbanken, Teilnahme am Mentorenprogramm, Einladungen zu exklusiven Events der Unternehmen, Teilnahme an Seminaren und Workshops der Unternehmen sowie guten Chancen bei Bewerbungen um Praktika, Abschlussarbeiten und Stellen-angeboten der teilnehmenden Unternehmen (vgl. E-FELLOWS.NET 2001b). Die Aufnahme als Stipendiat bei e-fellows.net erfolgt aufgrund folgender Kriterien: akademische Leistungen, Schulnoten, Praktika bzw. Auslandsaufenthalte und außeruniversitäres Engagement. Die teilnehmenden Unternehmen erhalten durch ihre Mitgliedschaft bei e-fellows.net Zugang zu einem Pool äußerst qualifi-zierter Studenten, die sie als Arbeitnehmer für ihr Unternehmen gewinnen können. Dies gestaltet sich i.d.R. so, dass die verschiedenen Unternehmen von Zeit zu Zeit fachrichtungsspezifische Events anbieten, wie z.B. ein Assessment Center, einen Workshop oder eine Round-Table-Diskussion mit Experten. Die persönlichen Daten und der Lebenslauf der Interesse bekundenden Stipendiaten werden von e-fellows.net an das veranstaltende Unternehmen weitergeleitet.

E-fellows.net begleitet die Studenten während ihres Studiums und bei einer eventuellen Promotion und stellt das Bindeglied zu den Unternehmen her. Eine Teilnahme an e.fellows.net ist nach Meinung des Verfassers für beide Seiten, Unternehmen und Stipendiaten, erstrebenswert. Die Partnerschaft muss für die Unternehmen allerdings auch ökonomisch Sinn machen. Es stellt sich die Frage, ob die durch die Mitgliedschaft bei e-fellows.net entstehenden Bindungskosten durch vermehrte Einstellung von Stipendiaten (und damit eine Einsparung von Rekrutierungskosten) wieder ausgeglichen werden. Nach den persönlichen Erfahrungen des Verfassers und der Auskunft anderer Stipendiaten gelingt es den Unternehmen eher selten, eine Bindung aufzubauen, die so intensiv ist, dass der Stipendiat sich aufgrund dieser nach Abschluss seines Studiums bei diesem Unternehmen wiederfindet. Doch selbst wenn eine Stipendiaten-

Unternehmens-Beziehung aufgebaut werden konnte, so muss das Unternehmen auch genau zum Studienabschluss des Stipendiaten eine Stelle zu besetzen haben, die genau dessen Ansprüchen und Qualifikationen entspricht. Kann das Unternehmen hiermit nicht dienen, so wenden sich die auf dem Arbeitsmarkt begehrten Kräfte einem anderen Unternehmen zu.

In letzterem Fall kann das Bewerberrelationship-Management natürlich auch weitergeführt werden, wenngleich bedacht werden muss, dass sich den mangels Stellenverfügbarkeit abgelehnten Stipendiaten auch in Konkurrenzunternehmen entsprechende Entwicklungsmöglichkeiten bieten, die einem zukünftigen Wechsel entgegenstehen könnten.

2.3   Kritische Reflexion über den Einsatz von e-Recruitment

Das Internet als Medium zur Personalrekrutierung eröffnet Unternehmen und Bewerbungswilligen immer weitreichendere Möglichkeiten. Dass die derzeitige Entwicklung nicht nur Vor-, sondern auch Nachteile mit sich bringt, bleibt in der Euphorie häufig unberücksichtigt. Nachfolgend sollen deshalb beide Seiten aus Unternehmens- und Bewerberperspektive einer analytischen Betrachtung unterzogen werden. Sämtliche Vor- und Nachteile bedingen sich zwar gegenseitig, sollen aber aus Gründen der Transparenz so weit wie möglich separiert werden. Dabei wird versucht, eine möglichst weitgehende Entsprechung auf Vor- und Nachteilsseite zu gewährleisten.

2.3.1   Vorteile und Nachteile von e-Recruitment aus Unternehmensperspektive

2.3.1.1 Vorteile aus Perspektive des Unternehmens

Im folgenden ist zu berücksichtigen, dass die Definition von Ressourcen im weiteren Sinne verwendet wird, die nicht nur auf die Produktionsfaktoren beschränkt ist, sondern eine genauere Spezifizierung erlaubt (vgl. WAHRIG 1986, S. 1063). Um die Ablaufebenen nicht zu verwischen, trennt der Verfasser zwischen der Einsparung von Ressourcen als solcher und der daraus folgenden Konsequenz der Kosteneinsparung.

1.   Einsparung von Ressourcen

Die Einsparung von Ressourcen ist aus Unternehmenssicht einer der wichtigsten Gründe für den Einsatz von e-Recruitment. Eingespart werden kann hauptsächlich beim *Personal* und bei den *einzukaufenden Dienstleistungen*.

Die *Personaleinsparung* resultiert aus einem geringeren Arbeitsaufwand pro Bewerber, da der Einsatz von Computertechnologie eine rationellere Gestaltung des Rekrutierungsprozesses erlaubt (vgl. GOEB/MOSER 2001, S. 76; s. auch BORCK 2000, S. 47). Die Anzeigenschaltung per Internet ist weniger zeitaufwändig, ein automatisches Matching von Stellen- und Anforderungsprofil lässt nur geeignete Kandidaten in die engere Wahl kommen, Bewerbermanagement-Systeme sorgen für eine effiziente Schnittstellenbewältigung. Auch virtuelle Karrieremessen führen zu einer Einsparung von Arbeitszeit gegenüber traditionellen Messen. Nicht zu vernachlässigen ist daneben der Self-Service-Aspekt, welcher ebenfalls zu einer Arbeitsentlastung auf Seiten des Personals führt. Bewerber informieren sich im Vorfeld auf der Homepage des Unternehmens bspw. über die sich ihnen bietenden Karrieremöglichkeiten im betreffenden Unternehmen und führen eine Selbstselektion durch, während sich das Personal auf den Ausleseprozess konzentrieren kann (vgl. ZALL 2000b, S. 11 f.).

Bei den *einzukaufenden Dienstleistungen* führt e-Recruitment ebenso zu einer Einsparung, da das Stellenposting im Internet preisgünstiger ist als die traditionelle Printmedienschaltung (vgl. KOLLER 2001, S. 2). Zudem ist die Schaltung im Internet nicht auf eine Zeitungsausgabe begrenzt, sondern erstreckt sich über einen längeren Zeitraum, wodurch eine neuerliche Anzeigenschaltung erspart bleibt. Weiterhin besteht aufgrund der im Internet publizierten Unternehmensinformationen eine geringere Nachfrage nach Unternehmensbroschüren, deren Produktionszahlen im Sinken begriffen sind (vgl. O.VERF.: Online recruiting: What works, what doesn´t, 2000, S. 12; s. auch KIRCHHOFER 2001, S. 1). Nicht zu vernachlässigen sind auch die dimensionsmäßig stärker ins Gewicht fallenden Einsparungen für Personalberater-Dienstleistungen (vgl. O.VERF.: Online recruiting: What works, what doesn´t, 2000, S. 12).

Sämtliche Ressourceneinsparungen führen in der Konsequenz zu einer Kosteneinsparung.

2. Reichweite des Internets

Die Nutzung des Internets als Rekrutierungsmedium ermöglicht den Zugang zu einem regional unbegrenzten Publikum und ist nicht, wie das Printmedium, auf eine bestimmte, vergleichsweise extrem kleine Region beschränkt. Insbesondere die Suche nach internationalem Führungskräftenachwuchs wird hierdurch stark erleichtert. Auch im Ausland befindliche Inländer haben die Möglichkeit, unkompliziert auf für sie relevante Stellenangebote zuzugreifen. Doch selbst wenn der Großteil des Angebotes nur regional für Kandidaten von Interesse ist, so kann eine größere Anzahl potenzieller Bewerber erreicht werden, einschließlich der passiven Kandidaten, die nicht aktiv auf der Suche nach einer neuen Position sind. Diese latent wechselwilligen Kandidaten würden zwar nicht auf eine Zeitungsannonce antworten, suchen jedoch aus Interessensgründen gelegentlich Karriereportale auf, um z.B. die Mehrwertdienste zu nutzen. Automatische fragebasierte Systeme, wie sie die Portale anbieten, verlangen den Bewerbern keinen fertigen Lebenslauf ab und sprechen daher passive Kandidaten eher an als Angebote, die einen traditionellen Lebenslauf erfordern.

3. Beschleunigung des Rekrutierungsprozesses

Im Wettbewerb um die qualifiziertesten und talentiertesten Bewerber wird Zeit ein immer wichtigerer Faktor. Das Internet ermöglicht eine Beschleunigung des Rekrutierungsprozesses und somit eine zeitnähere Stellenbesetzung. Laut KIRCHHOFER können Bewerbungen über das Internet in durchschnittlich 20 Tagen zur Anstellung führen, während die Suche über externe Firmen drei bis sechs Monate in Anspruch nimmt (vgl. KIRCHHOFER 2001, S. 1; s. auch ZALL 2000a). Im Vergleich zur Anzeigenschaltung in Printmedien erlaubt das Internet eine sofortige Schaltung des Angebotes. Auch die Bewerberreaktionen in Form von Online-Bewerbungen erreichen das Unternehmen bedingt durch den Wegfall von Postlaufzeiten innerhalb kürzerer Zeit. Bei Verwendung von Workflow-Systemen erfolgen Vorselektions-Maßnahmen (auch: „Prescreening") und automatisches Matching, noch bevor der Personalverantwortliche sich das erste Mal mit der Bewerbung beschäftigt hat. Eventuell ermöglicht ein Online-Assessment eine weitere Eingrenzung des relevanten Bewerberkreises.

Auch bei Kontakten auf Online-Messen entfallen lange Vorlaufzeiten, da die Bewerber ihre digitale Bewerbungsmappe unmittelbar am Messestand abgeben können, nachdem sie aufgrund der Informationen am Messestand eine Selbstselektion durchgeführt haben. Die digitalen Bewerbungsmappen stellen Online-Bewerbungen dar, die auf die gleiche Weise weiterbearbeitet werden können wie im vorigen Abschnitt beschrieben.

Ein beschleunigter Rekrutierungsprozess und die daraus folgende zeitnähere Stellenbesetzung bedeuten für das Unternehmen nicht nur, dass es der Konkurrenz im Wettbewerb um die qualifiziertesten Bewerber zuvorkommen kann, sondern auch einen Beitrag zur Stärkung der Reputation des Unternehmens als Arbeitgeber (Employer Branding) sowie eine bessere Unternehmensauslastung.

4. Zielgerichtetheit

Bedingt durch den umfangreichen Raum, den Unternehmen und Karriereportale im Web nutzen können, um sich und ihr Angebot zu präsentieren, erlaubt das Internet eine genaue Zielgruppenansprache (vgl. O.VERF.: Ergebnisse einer Analyse des virtuellen Stellenmarktes, 1997, S. 597). Auf gut gestalteten Websites findet die jeweilige Zielgruppe über eine gute Strukturierung und detaillierte Suchmöglichkeiten speziell auf sie zugeschnittene Informationen, z.B. in Form von Karrieremöglichkeiten oder Stellenangeboten. Besonders gefragte Zielgruppen können mit besonderen Features angesprochen werden. Für die Zielgruppe der Nachwuchskräfte eignet sich hierfür bspw. ein Online-Spiel oder eine Online-Absolventenmesse.

Die Zielgerichtetheit kann erhöht werden durch die Möglichkeit der Vorselektion über ein automatisches Matching von Anforderungs- und Bewerberprofil sowie

durch den Einsatz webbasierter diagnostischer Verfahren. Eine zielgruppen-
orientierte Ansprache allein bewahrt das Unternehmen nämlich nicht vor Bewerbungen, die den Anforderungen des Unternehmens nicht entsprechen.

5.   Vielzahl qualitativ hochwertiger Bewerber

Momentan, da noch nicht jeder Haushalt über einen Internetanschluss verfügt,
ist anzunehmen, dass diejenigen Bewerber, die ein Internet-Tool zur Stellensu-
che verwenden, in der Tendenz überdurchschnittlich gebildet und computerver-
siert sind (vgl. ZALL 2000b, S. 10; s. auch O.VERF.: Online recruiting: What
works, what doesn´t, 2000, S. 13). Zu erkennen ist dies auch an der Art der
Stellenangebote im Internet, welche sich hauptsächlich an qualifiziertes Personal
richten. Qualifizierte Bewerber nutzen verstärkt alle sich ihnen bietenden Informationsmöglichkeiten, zu denen auch das Internet gehört. Mit zunehmender
Verbreitung des Internets dürfte allerdings davon auszugehen sein, dass sich die
Unterschiede zwischen den Nutzern nivellieren.

Dennoch ist unter Berücksichtigung der Reichweite des Internets davon auszugehen, dass über das Internet im Vergleich zu Printmedien absolut gesehen
mehr Bewerber erreicht werden, die hohen Qualitätsansprüchen gerecht werden.
Eine größere Anzahl geeigneter Bewerber dürfte sich letztlich in einer höheren
Qualität der tatsächlich eingestellten Arbeitnehmer und deren Arbeitsleistung
niederschlagen.

6.   Imagegewinn des Unternehmens

Der Internet-Auftritt eines Unternehmens und die eingesetzten e-Recruitment-
Tools wirken sich prägend auf das Image eines Unternehmens als Arbeitgeber
aus (Employer Branding). Das webbasierte unternehmensbezogene Informati-
ons- und Kommunikationsangebot steigert nicht nur den Bekanntheitsgrad des
Unternehmens, sondern ist zugleich verantwortlich dafür, was ein potenzieller
Bewerber mit dem Unternehmen assoziiert. Der Einsatz innovativer Recruiting-
Tools wie z.B. von Online-Spielen ist deshalb auch unter Personalmarketing-
Gesichtspunkten von Bedeutung (vgl. WEBER/JÄGELER/BUSCH 2001, S. 276).

Vermag die Internet-Präsenz ein innovatives und einzigartiges Image zu transferieren, so hat dies positive Auswirkungen auf die Gewinnung attraktiver Bewerber.

2.3.1.2 Nachteile aus Perspektive des Unternehmens

Folgende Punkte sind von Unternehmen allerdings ebenfalls zu berücksichtigen:

1. Neuerlicher Ressourcenaufwand

Die Ressource Personal wird durch e-Recruitment nicht nur *ent-*, sondern auch neuerlich *be*lastet. Eine Homepage mit Karriererubrik ist zwar nur einmalig zu erstellen, doch verlangt ihre Pflege regelmäßigen Aufwand. Insbesondere bei den Stellenangeboten ist darauf zu achten, dass diese stets aktualisiert und nicht etwa veraltet sind. Sollte letzteres der Fall sein, so nimmt das Image des Unternehmens alsbald Schaden. Die Arbeitszeit, die das Personal pro Bewerber aufgrund von e-Recruitment einspart, wird andererseits durch die Vielzahl von Bewerbungen, die das Unternehmen in Folge der Reichweite des Stellenpostings erreichen, verstärkt beansprucht (vgl. SCHUMANN 2001, S. 64). Abhilfe können hier zwar automatische Bewerbermanagement-Systeme inklusive Matching leisten (vgl. GREENGARD 2000, S. 78), doch ist zu beachten, dass der Einkauf der Software ebenfalls einen Ressourcenaufwand bedeutet. Eine Reduzierung der Arbeitszeit des Personals ist aber auch dann nicht zwingend zu erwarten, wenn automatische Systeme zur Bewerberadministration eingesetzt werden. Stattdessen ist von einer Umschichtung der Arbeitsaufgaben auszugehen: Sourcing erlangt einen immer größeren Stellenwert in den Unternehmen. Personalverantwortliche durchsuchen aber nicht nur Datenbanken nach geeigneten Kandidaten, sondern wenden bei der Suche nach passiven Kandidaten zunehmend aktivere Methoden an, wie das US-amerikanische Unternehmen *Advanced Internet Recruitment Strategies (AIRS)*, nach eigener Aussage führender Innovator für aktive Personalsuchmethoden, angibt (vgl. AIRS 2001). Praktiken wie „FlipSearch", eine Taktik, die es den Nutzern erlaubt, Websites zu erreichen, die über die Unternehmenshomepage nicht zugänglich sind, oder der Gebrauch von Metasuchmaschinen, einst hauptsächlich von Personalberatern eingesetzt, werden im Rahmen der zunehmenden Automatisierung und damit vereinfachten Anwendung inzwischen auch von Personalverantwortlichen in den Unternehmen eingesetzt, um passive Kandidaten ausfindig zu machen (vgl. BOEHLE 2000, S. 67). Insofern handelt es sich teilweise um ein Insourcing von bisher extern erbrachten Dienstleistungen.

Neben dem Personalaufwand sind Aufwendungen für Technik und Software ebenfalls nicht zu vernachlässigen: Stellenposting, Datenbanknutzung, Bewerbermanagement-Systeme, e-Diagnostic-Tools, Online-Messen, etc. verlangen nach Investitionen, die sich rentieren müssen.

2.   Informationsüberlastung

Bei Anwendung von e-Recruitment muss das Unternehmen auf eine Vielzahl eingehender Bewerbungen eingestellt sein und diese auch bearbeiten können. Die Reichweite des Internets lässt zwar die absolute Anzahl qualifizierter Bewerbungen stark ansteigen, jedoch ist ebenfalls zu berücksichtigen, dass ein Großteil der eingehenden Bewerbungen nicht dem Anforderungsprofil der ausgeschriebenen Stelle entspricht (vgl. CURRY 2000, S. 47). Ein geringerer Zeit- und Geldaufwand auf Bewerberseite führt dazu, dass diese sich generell verstärkt bewerben, und zwar auch auf Stellen, deren Anforderungsprofil sie nicht vollkommen erfüllen. Es genügt daher nicht, das Internet zum Stellenposting zu nutzen sowie die Möglichkeit zur Online-Bewerbung einzuräumen, sondern auch die nachfolgenden Arbeitsprozesse im Unternehmen, insbesondere die Bewerbervorselektion, bedürfen einer Anpassung. Sofern letztere nicht gelingt, sind Probleme bei der Bewältigung größerer Bewerberzahlen absehbar. Dabei darf nicht übersehen werden, dass trotz Informationsüberlastung eine sehr schnelle Reaktion auf die Bewerbungen erforderlich ist, um im Wettbewerb bestehen zu können.

3.   Zwang zur Teilnahme am e-Recruitment durch wachsenden Wettbewerb

Der „War for Talents" macht es für die Unternehmen notwendig, besondere Bemühungen zu ergreifen, um qualifiziertes Personal zu finden und für das Unternehmen zu gewinnen (vgl. ZALL 2000b, S. 10). Sich nur auf traditionelle

Wege der Personalrekrutierung zu beschränken, hieße für die Unternehmen, gute Bewerber kampflos der Konkurrenz zu überlassen. Insbesondere die Großunternehmen versuchen, neue Tools zur Rekrutierung zügig umzusetzen, um dadurch Wettbewerbsvorteile zu erlangen oder zumindest mit anderen Unternehmen gleichziehen zu können (vgl. O.VERF.: Online recruiting: What works, what doesn´t, 2000, S. 13). Hierdurch wird der Fortschritt letztlich noch schneller vorangetrieben. Die Ausdehnung der Nutzungsmöglichkeiten von e-Recruitment innerhalb weniger Jahre verdeutlicht dies.

Als negativ am wachsenden Wettbewerb ist der Zwangscharakter der Teilnahme an e-Recruitment zu werten. Daneben könnte mit der Dynamisierung des Fortschritts eine Schnelllebigkeit einhergehen, welche einen offeneren Arbeitsmarkt und letztlich ansteigende Fluktuationskosten erzeugt (vgl. MILLER 2001, S. 16).

4. Nichterreichbarkeit bestimmter Zielgruppen

Die Bewerberansprache kann noch so zielgerichtet sein, bestimmte Zielgruppen sind über das Internet nur schwerlich zu erreichen. Hierzu zählt insbesondere die Top-Management-Ebene, die das Internet großenteils nicht als das geeignete Bewerbungsmedium betrachtet. Das höhere Management ist bei der Freigabe persönlicher Daten aus Sorge vor Missbrauch besonders sensibel (vgl. ZALL 2000b). Daneben kann vermutet werden, dass eine Online-Bewerbung in diesen Kreisen als nicht geeignet für einen Karrieresprung angesehen wird. Dieses Segment bleibt damit vom heutigen Standpunkt aus zunächst einmal noch die Domäne der Direktansprache über Personalberater.

Eine weitere momentan nur sehr schwer über e-Recruitment erreichbare Gruppe sind vermutlich auch die besonders gering qualifizierten, vorwiegend gewerblichen Arbeitskräfte. Mangelndes Interesse und das Nichtvorhandensein der technischen Möglichkeiten und Fähigkeiten mögen hier die Gründe sein. Daneben spielt bei dieser Personengruppe die Reichweite des Internets so gut wie keine Rolle, da für die in Frage kommende Arbeitsstelle ein Wohnungsumzug i.d.R. weder erachtet noch erwartet wird.

5. Zurücktreten der Persönlichkeit des Bewerbers

Die Persönlichkeit des Bewerbers wird durch das e-Recruitment erst zu einem späteren Zeitpunkt im Bewerbungsprozess relevant. Die Nicht-Erfüllung eines Muss-Kriteriums, welches dem Computersystem als Filter vorgegeben wird, ist nicht mehr durch die Persönlichkeit des Bewerbers zu kompensieren. Würden hingegen keine selektierenden Filter eingesetzt, so wäre die Anzahl der zu bearbeitenden Bewerbungen sicherlich kaum zu bewältigen (vgl. GILSTER 2001, S. 31). Es stellt sich die Frage, ob das Unternehmen sich auf diese Art und Weise den Zugang zu möglicherweise sozial kompetenteren, aber vielleicht in einem bestimmten Bereich noch anzulernenden Mitarbeitern selbst versperrt. Es sollte deshalb darauf geachtet werden, dass die eingesetzten Filter, z.b. bezüglich einer Altersgrenze, nicht zu eng gesetzt werden. Es mag entgegengehalten werden, dass auch bei postalischen Bewerbungen eine Vorauswahl anhand von Muss-Kriterien erfolgt, doch ist vorstellbar, dass eine gute Aufmachung der Bewerbungsunterlagen oder ein Foto den jeweiligen Personalverantwortlichen zu einer weiteren Beschäftigung mit einem Bewerber ermutigen, auch wenn dieser ein bestimmtes Muss-Kriterium nicht erfüllt.

Gerade die Bedeutung des Bewerbungsfotos sollte nach Ansicht des Verfassers nicht unterschätzt werden, stellt es doch ein wichtiges Element bei der Gewinnung eines Bildes über den Bewerber dar. Bei Online-Bewerbungen erhält der Personalverantwortliche als erste Beurteilungsgrundlage jedoch ein standardisiertes Formular, welches er lediglich aufgrund von „Hard Facts" mit anderen Bewerbungen vergleichen kann (vgl. EISELE 2001, S. 44).

2.3.2   Vorteile und Nachteile von e-Recruitment aus Bewerberperspektive

2.3.2.1   Vorteile aus Perspektive des Bewerbers

Folgende Vorteile bieten sich dem Bewerber durch die Nutzung von e-Recruitment-Angeboten:

1. **Einsparung von Ressourcen**

Die Bewerber erfahren Einsparungen bei ihrer Arbeitskraft bzw. -zeit. Der für ein Online-Bewerbungsformular erforderliche Aufwand beschränkt sich auf den Zeiteinsatz für das reine Ausfüllen, während eine aufwändige, individuelle Gestaltung entfällt. Wird der Lebenslauf bei einer Stellenbörse oder einer Online-Karrieremesse eingegeben, so kann mit einer Online-Bewerbung sogar eine Vielzahl von Unternehmen erreicht werden.

Eine weitere eingesparte Ressource stellt das Material dar: Auf Fotos, Bewerbungsmappen, Drucke, Kopien, Umschläge und Porti kann größtenteils verzichtet werden. Eine Bewerbung über das Internet ist mit Ausnahme der Einwahlgebühren für den Bewerber kostenlos.

Auch wenn von Bewerbern der engeren Wahl zu einem späteren Zeitpunkt des Bewerbungsprozesses zumeist schriftliche Bewerbungsunterlagen nachgefordert werden, so nimmt die Anzahl der zu erstellenden Bewerbungsmappen dennoch ab.

2. **Reichweite des Internets**

Das Internet eröffnet nicht nur den Unternehmen Zugang zu einem weltweiten Markt, sondern auch den Bewerbern. Letztere haben Zugriff auf weltweite Stellenangebote und Unternehmensinformationen. Über Suchmaschinen und Karriereportale wird der Bewerber nicht nur auf Vakanzen bei kleinen oder mittelständischen, ihm vorher unbekannten Unternehmen aufmerksam gemacht (vgl. GIESEN/JÜDE 1999, S. 65), sondern er erhält zudem auch innerhalb seines Einzugsgebietes ein größeres Angebot an Stellenangeboten als per Tageszeitung.

3.   Beschleunigung des Bewerbungsprozesses

Die Zeitspanne von der Bewerbung bis zum Vertragsabschluss ist kürzer als noch vor wenigen Jahren (vgl. KIRCHHOFER 2001, S. 1; s. auch ZALL 2000a). Ursachen hierfür sind aber nicht nur die wegfallenden Postlaufzeiten bei Online-Bewerbungen, sondern auch die stromlinienförmigere Gestaltung des Rekrutierungsprozesses seitens der Unternehmen u.a. durch den Einsatz von Bewerbermanagement-Systemen und Online-Assessments (SAMSON 2000, S.63 ff.).

Der Vorteil für den Stellensuchenden besteht darin, dass er sich kurzfristiger auf eine Position bewerben kann und weniger Zeit einplanen muss.

4.   Unabhängigkeit von Zeit und Raum

Die Internetnutzung ist zu jeder Zeit und von jedem Ort aus möglich. Das bedeutet für den Bewerber einen Zuwachs an Flexibilität. Das Internet ermöglicht es dem Bewerber, von beinahe jedem Punkt der Welt aus auf aktuelle Stellenangebote zuzugreifen und zu reagieren. Der Vorteil wird bei einem Vergleich mit Zeitungsanzeigen besonders deutlich: Selbst wenn die relevante Zeitung im Ausland verfügbar ist, so ist sie i.d.R. bereits veraltet. Hat eine sich im Ausland befindende Person die Absicht, sich auf eine Zeitungs-Stellenannonce im Heimatland zu bewerben, so ist neben dem Verlustrisiko des Briefes eine längere Postlaufzeit als im Inland zu berücksichtigen. Bedingt durch die verlangsamte Reaktionszeit des Stellensuchenden ist die Erfolgswahrscheinlichkeit der Bewerbung als relativ gering einzustufen. Diesem Problem kann mit einem Online-Stellengesuch bzw. einer Online-Bewerbung begegnet werden.

5.   Wahrung der Anonymität

Relevant ist dieser Punkt bei der Hinterlegung von Lebenslauf bzw. Bewerberprofil in der Datenbank bspw. eines Karriereportals oder eines unternehmensübergreifenden Online-Spiel-Anbieters. Wünscht ein Unternehmen, welches in der betreffenden Datenbank recherchiert hat, Kontakt zum Kandidaten aufzunehmen, so wendet es sich per e-Mail über den Anbieter der Anwendung an diesen. Die Preisgabe seiner Identität liegt dann im Ermessen des Kandidaten (vgl. JOBPILOT 2002a; s. auch MONSTER 2002).

6. Angebot von Services / Mehrwertdiensten

Die Mehrwertdienste, welche Jobbörsen und Unternehmen anbieten, um potenzielle Bewerber zum Besuch ihrer Website zu verleiten, sind für diese z.T. von
nicht unerheblicher Nützlichkeit. Chat-Möglichkeiten mit Unternehmensvertretern, Gehaltsvergleiche, Online-Assessments, etc. stehen dem Kandidaten
kostenfrei zur Verfügung.

2.3.2.2 Nachteile aus Perspektive des Bewerbers

Als Nachteile aus Perspektive des Bewerbers sind die folgenden Punkte aufzuführen:

1. Erfordernis der Nutzungsmöglichkeit von Internet / e-Mail

Um das Internet als Bewerbungsmedium verwenden zu können, muss zunächst
einmal eine Nutzungsmöglichkeit vorhanden sein. Eine Online-Bewerbung ist
sehr wahrscheinlich nur für geübtere Internet-User von Interesse. Das Angebot
im Bereich e-Recruitment richtet sich somit v.a. Personen, die über einen privaten Internetanschluss verfügen. Für Studenten und internetkundige Arbeitssuchende ohne eigenen Internetanschluss ist auch denkbar, dass sie öffentliche
und private Einrichtungen, wie z.B. PC-Pools oder Internet-Cafés, zur Information und zum Versand von Bewerbungen nutzen.

Bevölkerungsgruppen, die keine Internet-Anwenderkenntnisse besitzen, können
hingegen nicht von den Angeboten im Bereich des e-Recruitment Gebrauch
machen und haben somit insbesondere schlechtere Informationsmöglichkeiten
im Hinblick auf potenzielle Arbeitgeber und ausgeschriebene Stellen.

2. Informationsüberlastung / Mangelnde Transparenz des Angebotes

Das Angebot an Websites zur Karriereplanung und -gestaltung ist für den Nutzer
schlichtweg unüberschaubar (vgl. STYPPA/VOGEL 1998, S. 119). Die Dynamik,
die den Markt für e-Recruitment-Lösungen kennzeichnet, schlägt sich auch auf
das Internetangebot nieder. Das reine Stellenposting auf der Unternehmenshomepage oder bei externen Anbietern spiegelt bei weitem nicht mehr das

vollständige Marktangebot wider, wie die Ausdehnung der Nutzungsmöglichkeiten von e-Recruitment zeigt. Für den Bewerber ist es kaum möglich, aus dem Internet geeignete Anbieter und Anwendungen herauszufiltern. Erschwerend wirken die mangelnde Transparenz des Angebots und die Uneinheitlichkeit der verwendeten (z.T. neu geprägten) Begriffe. Eine Beurteilung der Qualität des Angebotes ist daher durch Außenstehende sehr wahrscheinlich nicht zu leisten.

3. Erfordernis der schnellen Reaktion auf Stellenangebote

Die durch e-Recruitment ermöglichte Beschleunigung des Rekrutierungsprozesses und damit zeitnähere Besetzung offener Stellen erfordert auch auf Bewerberseite verkürzte Reaktionszeiten. Bewerber, die sich aufgrund eines konkreten Angebotes die Zeit für eine Bewerbung nehmen, müssen darauf gefasst sein, dass die Stelle zu diesem Zeitpunkt bereits vergeben sein könnte, sofern das Angebot bereits einige Tage zuvor in das Internet eingestellt wurde. Dies liegt jedoch nach den Recherchen des Verfassers nicht nur an der zügigeren Stellenbesetzung, sondern auch an der z.T. mangelhaften Pflege der Stellenangebote durch die Karriereportale. So sind bei letzteren bspw. noch Stellen abrufbar, die auf der Homepage des inserierenden Unternehmens bereits entfernt wurden. Da es bei den meisten Stellenbörsen allerdings nicht wie beim Printmedium einen festen Ausgabetag für neue Anzeigen gibt, erweist es sich für Stellensuchende als ratsam, die verwendete Informationsquelle in relativ kurzen Abständen auf neue Angebote zu prüfen.

4. Zurücktreten der Persönlichkeit des Bewerbers

Als großen Nachteil sieht der Verfasser den Verlust an Individualität, der mit e-Recruitment einhergeht. Deutlich wird dieser bei der Eingabe von Lebenslauf-Daten sowohl bei Unternehmen als auch Karriereportalen, da standardisierte Eingabemasken individuelle Gestaltungsmöglichkeiten stark einengen (vgl. EISELE 2001, S. 44). Des öfteren lassen die vorgegebenen Auswahlmenüs noch nicht einmal die Eingabe weniger geläufigerer Studiengänge, wie z.B. der Wirtschaftspädagogik, zu. Durch das Ausweichen auf verwandte Begriffe werden individuelle Charakteristika, aufgrund derer eigentlich eine Differenzierung zwischen den Bewerbern vorgesehen sein sollte, im Vorfeld angeglichen. Das vom System aufgrund der Eingaben generierte Bewerberprofil ist daher möglicherweise zu schematisch.

Bei einem anschließenden Matching von Anforderungs- und Bewerberprofil besteht daneben das Risiko, dass Bewerber die vom Anforderungsprofil einer bestimmten Stelle vorgegebenen Hard Facts nicht erfüllen und somit nicht in die engere Wahl des betreffenden Unternehmens gezogen werden. Dass die Persönlichkeit geringe fachliche Defizite ausgleichen oder sogar überkompensieren kann, bleibt unberücksichtigt. Daneben kann es für die Nichterfüllung bestimmter Kriterien auch einen guten Grund geben, welcher aber ungeklärt bleibt. Aufgrund der Vielzahl von Bewerbungen ist das Unternehmen (wie auch bei traditionellen schriftlichen Bewerbungen) im Rahmen einer Cut-off-Prüfung gezwungen, bestimmte Musskriterien bzw. Filter einzusetzen, um erst im Kreise derjenigen Bewerber, welche die harten Faktoren vollständig erfüllen, Persönlichkeitseigenschaften in die Bewertung miteinzubeziehen. Der Grund für dieses Vorgehen ist sicherlich darin zu sehen, dass harte Faktoren einfacher als Soft Skills abzutesten sind und daher eine bessere Eignung zur Vorselektion aufweisen. Es muss allerdings allen Beteiligten bewusst sein, dass bei einer solchen Verfahrensweise bestimmte Faktoren wie z.B. das Alter eines Bewerbers oder seine Abschlussnote aufgrund des Ausschlusscharakters einen höheren Stellenwert erlangen als die Persönlichkeit. Außerdem stellt sich die Frage, was mit denjenigen Bewerbern geschieht, die aufgrund der Nichterfüllung von Hard Facts scheitern, wobei dieses Thema zunehmend an Relevanz gewinnt, je mehr Unternehmen sehr restriktive Filter einsetzen.

Als ebenfalls kennzeichnend für den Verlust an Persönlichkeit ist die Abnahme der persönlichen Interaktion zwischen Personalverantwortlichen und Bewerbern zu betrachten. Persönliche Interaktion setzt hauptsächlich erst nach Abschluss der Vorselektion ein und verleitet somit gleichfalls zu dem Schluss, dass Persönlichkeit eine nachgeordnete Rolle spielt.

Bewerberprofile werden allerdings nicht nur auf Basis der bei Karriereportalen eingegebenen Lebenslauf-Daten generiert, sondern teilweise auch zusätzlich aufgrund eines bei Online-Assessments gezeigten Verhaltens. Hierbei werden auch die Soft Skills des Bewerbers einer Überprüfung unterzogen. Auf die jeweiligen Vor- und Nachteile dieser zum Vertiefungsbereich e-Diagnostics gehörenden Verfahren wird explizit unter Kapitel 3.3 eingegangen.

5.   Mangelhafte Datensicherheit

Laut Aussage eines Mitarbeiters des Bundesamtes für Sicherheit und Informationstechnik stellt der Verlust der Vertraulichkeit durch ein Mitlesen der versandten Daten eine der größten Gefährdungen bei der Benutzung des Internets dar. Viele der im Internet benutzten Dienste übertragen Benutzernamen und Passwörter offen, so dass jeder, der privilegierten Zugang zu einem der an der Übertragung beteiligten Gateways, Router oder Server hat, diese Daten lesen oder verändern kann (vgl. FUHRBERG 1997). Auch Verschlüsselungstechniken und der Einsatz von weiteren Schutzkonzepten, insbesondere von Internet-Firewalls, können keine vollkommene Datensicherheit gewährleisten.

Vor diesem Hintergrund dürften wesentliche Befürchtungen vieler Stellensuchender in einem Verlust ihrer Anonymität und missbräuchlichen Verwendung der persönlichen Daten bestehen. Hierzu zählt z.b. auch die Zusendung unerwünschter Werbepost.

6.   Fragliche Qualität der Mehrwertdienste

Mit Hilfe von Mehrwertdiensten versuchen Unternehmen und Karriereportale, potenzielle Bewerber zum Besuch ihrer Website zu verleiten. Ein „Mehrwert" ist allerdings nicht in jedem Fall gegeben, wie eine genauere Begutachtung zeigt. Des häufigeren werden bspw. Potenzialanalysen und Persönlichkeitstests angeboten, deren Aussagekraft nach Meinung des Verfassers relativ begrenzt ist, da sich bei einem Zeitaufwand von wenigen Minuten sicherlich kein aussagefähiges Persönlichkeitsprofil generieren lässt. Der Nutzer sollte sich auf jeden Fall die mit den Mehrwertdiensten verfolgte Intention bewusst machen und die Qualität des genutzten Dienstes hinterfragen.

2.3.3 Bewertung des Einsatzes von e-Recruitment unter Aufzeigung seiner Reichweiten und Grenzen

Das Internet eröffnet der Personalbeschaffung bisher kaum vorstellbare Möglichkeiten: Innerhalb kürzester Zeit können weltweite Personalressourcen rund um die Uhr angesprochen und mobilisiert werden. Im Idealfall lassen sich offene Stellen mittels e-Recruitment schneller, passgenauer und letztlich kostengünstiger besetzen als auf herkömmlichem Wege (vgl. ZALL 2000b, S. 11 f.). Im Wettbewerb um immer bessere e-Recruitment-Tools greift eine sich selbst verstärkende Dynamik um sich. Ein Wettbewerbsvorteil besteht für ein Unternehmen nur solange, wie es Vorreiter beim Einsatz eines bestimmten Tools ist und dadurch z.B. Zugang zu sehr qualifiziertem Personal erlangt. Wird dieses e-Recruitment-Instrument im Laufe der Zeit von der Mehrzahl der Unternehmen eingesetzt, so sind die Ansprachemöglichkeiten sämtlicher Unternehmen vergleichbar. Wenn jedoch alle Unternehmen auf den Kreis der begehrten Talente zugreifen können, so ist der Wettbewerbsvorteil verloren. Der Konkurrenzkampf wird daher auf der nächsten, innovativeren Ebene ausgetragen. Diese sich immer stärker beschleunigende Dynamik lässt sich auch anhand von Beispielen belegen: War das Stellenposting auf der Unternehmenshomepage vor wenigen Jahren noch ein echter Wettbewerbsvorteil, so gehört es mittlerweile zum Standard. Heute gilt es, sich bspw. über das Angebot von Online-Spielen oder über einen virtuellen Messeauftritt zu profilieren, wobei dem „Relationship Management" eine immer größere Bedeutung zukommt. Es gilt, geeignete potenzielle Bewerber schon früh an das Unternehmen zu binden und der Konkurrenz damit später vorzuenthalten. Dem Wettbewerb um die Bewerber kann sich kaum ein Unternehmen entziehen, wenn es diese der Konkurrenz nicht kampflos überlassen will.

Der sich zuspitzende Wettbewerb prägt das Handeln der Unternehmen nicht unwesentlich. SULLIVAN, Chief Talent Officer bei *Agilent Technologies*, spekuliert nach Angaben von BOEHLE darüber, dass Stelleninteressierten künftig Fragen bezüglich ihrer Hobbys, Lieblingsgerichte und politischen Neigung gestellt werden könnten, um eine ihren Neigungen entsprechende Atmosphäre, z.B. durch das Einspielen der von ihnen favorisierten Musikrichtung, zu schaffen.

Dadurch könnte der Eindruck bei den Interessenten hervorgerufen werden, dass die Unternehmenskultur im Einklang mit ihren persönlichen Vorstellungen stehe (vgl. BOEHLE 2000, S. 66 ff.).

Andere Unternehmen greifen im „War for Talents" auch zu aktiven Sourcing-Methoden wie z.b. Flip-Searching, Metasuchmaschinen und der Durchsicht von Communities nach interessanten Beiträgen bzw. Teilnehmern. Die Firma *AIRS* hat dieses aktive Sourcing inzwischen vereinfacht: Mittels der „AIRS Search Station" wurden die einst in speziellen Seminaren vermittelten Kandidaten-Suchtechniken automatisiert (vgl. AIRS 2001). Ob es sich bei dieser Art der Generierung von Arbeitnehmer-Daten um den Verstoß gegen eine ethische Grenze handelt, ist sicherlich eine Frage des Standpunktes.

Die Beispiele demonstrieren, dass sowohl Anbieter als auch Nachfrager von e-Recruitment-Lösungen im Kampf um Wettbewerbsvorteile die Dynamisierung stetig vorantreiben. Dies bleibt folglich auch nicht ohne Auswirkungen auf der Bewerberseite: Die Schnelllebigkeit erzeugt nach Ansicht von MILLER einen offeneren Arbeitsmarkt und macht Arbeitnehmer bezüglich ihres Marktwertes stärker von externen Kriterien abhängig als von internen Kriterien, wie z.B. der Dauer der Firmenzugehörigkeit. Hierdurch und aufgrund der erleichterten Möglichkeiten zur Umorientierung bzw. Karriereförderung wird jedoch die Loyalität erodiert (vgl. MILLER 2001, S. 16). Die Folge ist das Ende jener Zeiten, in denen Arbeitnehmer ein Leben lang bei einem Arbeitgeber beschäftigt waren. Ein aus Sicht des Verfassers wenig erstrebenswertes Extremszenario hierfür stellt die Veranstaltung von Auktionen dar, bei denen es um die Versteigerung menschlicher Arbeitskraft geht, wie sie in den USA bereits angeboten werden. Das größte virtuelle menschliche Auktionshaus bietet das Karriereportal *Monster.com* über seinen „Talent Market" mit 58.819 Live-Auktionen (Stand 05.11.2001) an. Personen aller Branchen und Funktionsstufen können ihre Arbeitskraft sowohl kurz- als auch langfristig dem Meistbietenden zur Verfügung stellen (vgl. MONSTER 2001).

Wenn die Verweildauern der einzelnen Arbeitnehmer bei einem Unternehmen jedoch zunehmend sinken, so zieht dies drastisch anschnellende Fluktuationskosten und folglich ständig neu erforderlich werdende Rekrutierungen nach sich. Diese verursachen dank des Internets zwar geringere Kosten, fallen dafür aber sehr wahrscheinlich auch weit häufiger an als zu jenen Zeiten, in denen das Internet noch nicht als Rekrutierungsmedium diente.

Letztlich stellt sich die Frage, ob angesichts der sich verkürzenden Verweildauern von Arbeitnehmern in einem Unternehmen überhaupt ein Effizienzgewinn erzielt werden kann. Unternehmen im Wettbewerb um qualifiziertes Personal haben allerdings kaum die Option, sich dem Fortschritt zu verwehren. Einen Ausweg aus dem Dilemma könnte nach Meinung des Verfassers eine stärkere Betonung der Mitarbeiterbindung weisen, da ein sich mit seinem Unternehmen identifizierender Mitarbeiter sicherlich nur begrenzt das Bedürfnis nach einem Unternehmenswechsel verspürt.

3   Überlegungen zum Leistungsvermögen von e-Diagnostics

Was vermögen eignungsdiagnostische Online-Verfahren tatsächlich zu leisten? Vorstellbar sind sowohl eine Steigerung der diagnostischen Qualität als auch der (betriebswirtschaftlichen) Effizienz. Ein eignungsdiagnostisches Online-Verfahren sollte die Vorteile von situativen Verfahren (Realitäts- und Verhaltensnähe) sowie von standardisierten Verfahren wie z.b. psychologischen Tests (Objektivität und Ökonomie) in einem einzigen Instrument miteinander verbinden (vgl. ETZEL 1999, S. 33).

Um die angeführten Ziele erreichen zu können, haben die eingesetzten e-Diagnostic-Tools bestimmten Anforderungen zu genügen. Im folgenden wird ein Anforderungskatalog aufgestellt, der in möglichst allen Punkten von einem e-Diagnostic-Tool erfüllt werden sollte, wenn dieses den Anspruch auf ein hohes Leistungsvermögen erhebt.

3.1   Anforderungen an eignungsdiagnostische Online-Verfahren

Aus wissenschaftlicher Sicht sind die Erfüllung von Objektivität, Reliabilität, Validität, Normierung und Vergleichbarkeit von großer Bedeutung. Zu weiteren Erfordernissen eher praktischer Natur zählen Praktikabilität, ökologische sowie soziale Validität. Die beiden letztgenannten Validitäten zählen nicht zur Validität im eigentlichen Sinne und werden daher gesondert aufgeführt.

Wenn nachfolgend der Begriff *Test* bzw. *Testverfahren* Anwendung findet, so bezieht er sich auf sämtliche eignungsdiagnostischen Verfahren, die in dieser Arbeit thematisiert werden.

3.1.1   Objektivität

Unter Objektivität ist die Unabhängigkeit des Testresultates von den situativen Testbedingungen, v.a. von den Testleitern, welche den Test durchführen, auswerten und die Resultate interpretieren, gemeint (vgl. GIEGLER 1988, S. 782 f.).

Dies impliziert, dass Durchführung, Auswertung und Interpretation des Tests weitgehend standardisiert sind.

Bezogen auf eignungsdiagnostische Online-Verfahren ist die Objektivität bezüglich der Unabhängigkeit vom Testleiter in höchstem Maße gewährleistet, da Durchführung, Auswertung und Interpretation maschinell erfolgen. Ein Problem stellt bei Online-Tests hingegen die geforderte Unabhängigkeit von den situativen Testbedingungen dar, da die Testpersonen während der Bearbeitung des Tests unterschiedlichen äußeren Einflüssen (etwa Lärm, zu hohe oder zu niedrige Raumtemperatur) ausgesetzt sind. Sofern den Teilnehmern jedoch bekannt ist, welcher Stellenwert dem Testergebnis beizumessen ist, bleibt zu hoffen, dass sich sämtliche Teilnehmer im eigenen Interesse bestmögliche Arbeitsbedingungen verschaffen.

Nach Meinung des Verfassers überwiegt die Unabhängigkeit vom Testleiter die begrenzte Unabhängigkeit von den situativen Bedingungen, so dass generell von einer erhöhten Objektivität von e-Diagnostic-Tools gegenüber nicht-webgestützten eignungsdiagnostischen Testverfahren ausgegangen werden kann.

3.1.2 Reliabilität

Unter Reliabilität eines Tests verstehen LIENERT und RAATZ (1994) den „Grad der Genauigkeit, mit dem er ein bestimmtes Persönlichkeits- oder Verhaltensmerkmal misst, gleichgültig, ob er dieses Merkmal auch zu messen beansprucht" (S. 9). Der Grad der Reliabilität lässt sich mit einem Reliabilitätskoeffizienten angeben, welcher ausdrückt, in welchem Maße unter gleichen Bedingungen gewonnene Messwerte über ein und denselben Probanden übereinstimmen. Da eine direkte Beobachtung weder der „wahren" Werte noch ihrer Messfehler möglich ist, müssen ihre Varianzen geschätzt werden, was mittels verschiedener Methoden erfolgen kann: Paralleltests, Testwiederholung, Testhalbierung, Konsistenzanalyse (vgl. ETZEL 1999, S. 22).

Bei der Konstruktion und Bewertung von eignungsdiagnostischen Online-Verfahren kommt insbesondere der inneren Konsistenz, welche mittels Testhalbierungs- und Konsistenzanalyse ermittelt werden kann, eine große Bedeutung zu. Dies liegt darin begründet, dass mit Hilfe dieser Analysen eine Aussage über die Qualität eines Testverfahrens getroffen werden kann. Hier sind die Fehlerkomponenten Situation und zeitliche Einflüsse ausgeschlossen, so dass der Test allein als Messinstrument für einen möglichen Fehler verantwortlich ist (vgl. ETZEL 1999, S. 22).

1.   Testhalbierungs-Reliabilität

Bei der Testhalbierung wird ein Test nur einmal einer Stichprobe von Probanden vorgelegt, um dann die Elemente des Tests in zwei gleichwertige Hälften zu teilen und das Testergebnis jedes Probanden getrennt für beide Testhälften zu ermitteln. Die so erhaltenen Hälften werden korreliert und der Reliabilitätskoeffizient so aufgewertet, dass er für den ganzen Test Geltung beanspruchen kann. Je höher die Korrelation der Testhälften, desto höher die Reliabilität (vgl. GIEGLER 1988, S. 784).

2.   Konsistenz-Reliablität

Die Konsistenz-Reliabilität kann als Weiterführung der Testhalbierungs-Reliabilität betrachtet werden. In ihr wird ein Test nicht nur in zwei, sondern in genau so viele Teile zerlegt, wie er Items enthält (vgl. GIEGLER 1988, S. 784).

Paralleltest- und Retest-Reliabilität fokussieren hingegen hauptsächlich auf die Testpraxis, indem sie Aussagen über die Bedingungskonstanz sowie die zeitliche Stabilität eines Merkmals treffen (vgl. ETZEL 1999, S. 22).

Die Reliabilitäten der eignungsdiagnostischen Online-Verfahren schwanken in Abhängigkeit vom betrachteten Konstrukt, der Testart und der Testlänge. Prinzipiell sind keine Vorteile durch webbasiertes Testen zu erwarten. Eine Ausnahme stellt gemäß ETZEL die adaptive Testvorgabe dar, mit der bei gleicher Itemzahl das jeweilige Konstrukt wesentlich messgenauer erfasst werden kann (vgl.

ETZEL 1999, S. 22). Bei den übrigen Testverfahren besteht hingegen das Risiko schlechterer Reliabilitäten aufgrund einer möglicherweise höheren (wahrgenommenen) Anonymität, insbesondere wenn die Kandidaten nur wenig motiviert sind oder gern mit verschiedenen Identitäten spielen (vgl. HERTEL/NAUMANN/ KONRADT/BATINIC 2001, S. 3). Im Rahmen eines Bewerbungsverfahrens oder von Self-Assessments ist allerdings anzunehmen, dass die erforderliche Motivation und ein gewisser Ehrgeiz vorausgesetzt werden können.

Damit stellt die Reliabilität von eignungsdiagnostischen Online-Verfahren generell kein Problem dar, sondern ist vom einzelnen e-Diagnostic-Tool abhängig. Bei der Auswahl eines solchen Instrumentes sollte ebenso wie bei einem herkömmlichen eignungsdiagnostischen Verfahren im Hinblick auf die Reliabilität eine Analyse der inneren Konsistenz im Vordergrund stehen.

3.1.3 Validität

Der Grad der Validität trifft eine Aussage darüber, in welchem Maße inhaltlich tatsächlich das gemessen wird, was der Test zu messen beabsichtigt (vgl. HÄCKER 1987, S. 720 f.). Auch bezüglich der Validität lassen sich verschiedene Aspekte unterscheiden, welche unterschiedliche methodische Zugänge erfordern.

1. Kontentvalidität (auch: Inhaltsvalidität)

Nach KLAUER (1987) ist ein Test kontentvalide, wenn er „die Gesamtheit einer Menge von Aufgaben enthält oder repräsentiert" (S. 12). Bei der Konstruktion eines Testverfahrens ist es wünschenswert, dass nicht nur ein kleiner Aspekt des zu erfassenden Merkmals in den Aufgaben, Items bzw. Fragen berücksichtigt wird, sondern dass diese einen repräsentativen Querschnitt darstellen. Ziel ist also die Entwicklung eines ziel- und kontentvaliden Tests, der entweder die Gesamtheit einer Menge von Aufgaben enthält oder diese repräsentiert (vgl. ETZEL 1999, S. 69). Bei eignungsdiagnostischen Testverfahren enthält der Inhaltsbereich Aufgaben, Kenntnisse, Fähigkeiten und Fertigkeiten, die mit dem Arbeitsplatz zusammenhängen (vgl. HÄCKER/LEUTNER/AMELANG 1998,

S. 106). Die verwendeten Methoden zur Bestimmung der inhaltsbezogenen Validität basieren oftmals auf Expertenurteilen, um die Beziehung zwischen den Bestandteilen des Tests und der definierten Grundgesamtheit zu bestimmen, aber auch bestimmte logische und empirische Techniken finden Anwendung (vgl. HÄCKER/LEUTNER/AMELANG 1998, S. 12 f.).

Bei der Auswahl eines geeigneten eignungsdiagnostischen (Online-)Verfahrens sollte darauf geachtet werden, dass sämtliche relevanten Arbeitsaufgaben erfasst werden und somit die spätere Tätigkeit möglichst präzise abgebildet wird.

2. Konstruktvalidität

Eine hohe Konstruktvalidität liegt vor, wenn der entsprechende Testwert den Ausprägungsgrad der interessierenden psychologischen Eigenschaft möglichst genau widerspiegelt. Beispiele für solche psychologischen Konstrukte sind nach HÄCKER, LEUTNER und AMELANG logisches Denkvermögen, räumliche Vorstellungsfähigkeit sowie Persönlichkeitseigenschaften wie Geselligkeit oder Introversion. Wird bspw. der Führungsstil untersucht, so könnten Konstrukte wie Wertschätzung gegenüber Mitarbeitern (z.B. Anerkennung ausdrücken, eigene Handlungen begründen, andere Meinungen erfragen) oder Strukturbildung (Ziele setzen, planvoll handeln) enthalten sein. Diese Konzepte stellen theoretische Konstruktionen dar und werden daher als Konstrukte bezeichnet. Das Konstrukt, auf das sich ein Test bezieht, sollte in einen theoretischen Rahmen eingebettet sein, welcher die Bedeutung des Konstrukts spezifiziert. Der Prozess der Konstruktvalidierung eines Tests beginnt mit der Testentwicklung und wird fortgeführt, bis das Muster der empirisch ermittelten Zusammenhänge zwischen den Testwerten und anderen Variablen eindeutige Aussagen über die Bedeutung des Testwertes zulässt (vgl. HÄCKER/LEUTNER/AMELANG 1998, S. 10 ff.).

Damit ein (Online-)Assessment Anspruch auf Aussagekraft erheben, ist die Konstruktvalidität zwingend zu erfüllen.

3 Überlegungen zum Leistungsvermögen von e-Diagnostics

3. Kriteriumsbezogene Validität (auch: Prognostische Validität)

Hinweise auf eine hohe Kriteriumsvalidität zeigen, dass Testwerte in einer systematischen Beziehung zu einem oder mehreren Kritierien stehen. Unter einem Kritierium ist in diesem Zusammenhang die vorrangig interessierende Variable zu verstehen (vgl. HÄCKER/LEUTNER/AMELANG 1998, S. 10 ff.). Bei dem betreffenden Kriterium kann es sich im Rahmen der Eignungsdiagnostik z.B. um Leistungsindizes wie Position und Gehalt oder Leistungsratings wie Rangplatz und Entwicklungsfortschritt handeln, welche auf einem Vorgesetzten-urteil basieren können (vgl. FUNKE 1995, S. 187). Die Auswahl des Kriteriums und der Messvorgänge, um Kriteriumswerte zu erhalten, sind von zentraler Bedeutung. Somit hängt der Wert einer Untersuchung zur Kriteriumsvalidität von der Bedeutsamkeit des verwendeten Kriteriumsmaßes ab. Der Zusammenhang zwischen Testwerten und Kriteriumsmaßen kann auf vielfältige Weise dargestellt werden, im Mittelpunkt steht jedoch immer die Frage, wie genau eine Kriteriums-ausprägung durch die Testwerte vorhergesagt werden kann (vgl. FUNKE 1995, S. 187).

Die kriterienorientierte Validierung sollte den Kern einer Evaluation von eig-nungsdiagnostischen Verfahren bilden, da sie den unmittelbaren Bezug des diagnostischen Verfahrens zum Berufserfolg prüft (vgl. FUNKE 1995, S. 186). Die kriteriumsbezogene Validität, aufgrund derer Berufserfolgsprognosen gestellt werden können (deshalb auch: *prognostische* Validität), ist damit ein unverzicht-bares Anforderungsmerkmal an eignungsdiagnostische (Online-)Testverfahren.

Generell bestehen nach Angabe von ETZEL keine beträchtlichen Unterschiede bezüglich der Validität von eignungsdiagnostischen Online-Verfahren und nicht-webgestützten eignungsdiagnostischen Verfahren. Eventuell könnte jedoch aufgrund neuer Möglichkeiten hinsichtlich der verwendeten Item- und Reaktions-formate sogar eine konstruktnähere und somit adäquatere Messung zu Validi-tätssteigerungen führen (vgl. ETZEL 1999, S. 26). Aufgrund der immensen Bedeutung der kriteriumsbezogenen Validität für die Aussagefähigkeit von e-Diagnostic-Tools ist eine Überprüfung dieser bei jedem eignungsdiagnosti-schen (Online-)Verfahren unumgänglich.

3.1.4   Normierung

Um den Punktwert, den ein Proband in einem Testverfahren erzielt, interpretieren zu können, wird eine Norm als Vergleichsmaßstab benötigt. Für die berufliche Eignungsdiagnostik sind aussagekräftige Normgruppen z.b. Personen mit demselben Bildungsgrad oder derselben Funktion im Unternehmen (vgl. KRALL 2001a). Je mehr Personen an einem Testverfahren teilgenommen haben, deren Ergebnisse als Bewertungsgrundlage dienen, desto verlässlicher stellt sich die Norm dar.

3.1.5   Vergleichbarkeit

Die Vergleichbarkeit eines Testverfahrens gibt an, ob andere Testverfahren existieren, welche dieselben Eigenschaften und Fähigkeiten erheben und zu vergleichbaren Ergebnissen führen. Durch solche Vergleiche können Testergebnisse abgesichert werden (KRALL 2001b).

3.1.6   Praktikabilität

Das Testgütekriterium der Praktikabilität bzw. wissenschaftlichen Ökonomie fordert, dass ein Testverfahren in Durchführung, Auswertung und genereller Handhabung möglichst wenig Aufwand bereitet (vgl. HÄCKER 1987, S. 457). Optimal sind solche Tests, die mit dem geringsten Aufwand, d.h. möglichst wenigen Items bzw. Aufgaben, den testtheoretisch größten Ertrag erbringen, d.h. u.a. relativ hohe Reliabilitäten und Validitäten aufweisen (vgl. GIEGLER 1988, S. 785 f.).

Durch den Einsatz des Computers als Beurteilungsinstrument können Durchführung und insbesondere Auswertung von Übungen vereinfacht und beschleunigt werden, ohne dabei auf die Qualität der Aussagen verzichten zu müssen. Gerade bei sehr komplexen Aufgabentypen, die eine detaillierte Analyse einer Vielzahl von Daten sowie die differenzierte Betrachtung der Strategie eines Teilnehmers erfordern, verringert der PC den Auswertungsaufwand erheblich (HARTUNG/SCHNEIDER 1995, S. 219). In das ökonomische Kalkül einzubeziehen ist allerdings auch die kostenintensive Entwicklung qualitativ hochwertiger, stellenspezifischer Online-Assessments, die einen breit angelegten Einsatz erforderlich macht.

3.1.7 Ökologische Validität

Die ökologische Validität definiert den Zusammenhang zwischen der Aufgabenstellung im eignungsdiagnostischen Verfahren und den realen Anforderungen am Arbeitsplatz. Nach FRANKE ist ein Testverfahren als ökologisch valide zu bezeichnen, wenn es sich durch Situations- und Populationsangemessenheit auszeichnet (vgl. FRANKE 1969, zit. nach ETZEL 1999, S. 394). Hierunter ist zu verstehen, dass das Testverfahren realitätsnah im Hinblick auf die jeweilige abzuprüfende berufliche Anforderungsdimension sowie auf die Zielgruppe ausgerichtet ist. Man könnte daher auch von Anforderungs- und Zielgruppenorientierung sprechen.

Die Anforderungsorientierung ist insbesondere für die Vorhersagegenauigkeit des Berufserfolgs von Bedeutung, damit die stellenspezifischen Anforderungen beim Kandidaten überprüft werden. Erreicht werden kann sie über eine unternehmensspezifische Anforderungsanalyse, welche mindestens folgende Aktivitäten umfasst: eine Identifikation einer eingegrenzten Gruppe von Positionen als Zielebene, eine Analyse der in dieser Gruppe relevanten Eignungssituationen sowie eine Erhebung der in diesen Situationen geeigneten Verhaltensbandbreiten (vgl. O.VERF: Standards der Assessment-Center-Technik, 1995, S. 58 ff.).

Nur bei einer hohen Anforderungsnähe kann ein eignungsdiagnostisches (Online-)Verfahren überhaupt einen Anspruch auf Aussagekraft erheben. Eine unpräzise Anforderungsanalyse zerstört selbst den Erfolg eines ansonsten optimal konstruierten Testinstrumentes. Beim Einsatz eines eignungsdiagnostischen (Online-)Verfahrens darf deshalb keinesfalls auf die Überprüfung der ökologischen Validität verzichtet werden.

3.1.8 Soziale Validität

Das Konzept der „sozialen Validität" wurde von SCHULER und STEHLE eingeführt. Es zielt darauf ab, eine hinreichende Akzeptanz der verwendeten Verfahren durch die Probanden zu gewährleisten und kann deshalb als ein Maß für die
Akzeptanz eines eignungsdiagnostischen Verfahrens definiert werden (vgl.
SCHULER/STEHLE 1983, S. 35 f.).

Der Ausdruck soziale Validität fasst folgende Aspekte zusammen, welche die
eignungsdiagnostische Situation zu einer akzeptablen sozialen Situation machen:

1. Berücksichtigung sozialpsychologischer Anforderungen
Hierunter verstehen SCHULER und STEHLE zum einen die sozialen Fertigkeiten
des Probanden bzw. Bewerbers, die sich aus Verfahren der Anforderungsanalyse ergeben, zum anderen die Erfassung und diagnostische Verwertung relevanter Informationen über das Sozialgefüge der Organisation. Für die Erstellung
eines Anforderungsprofils müssen demnach nicht allein die individuellen Anforderungen, sondern auch organisatorische Variablen erfasst werden, um einen
„Person-Organisation-Fit" herstellen zu können (vgl. SCHULER/STEHLE 1983,
S. 33 ff.).

2. Partizipation
Gemäß SCHULER und STEHLE sollten alle von den diagnostischen Maßnahmen Betroffenen soweit wie möglich die Gelegenheit erhalten, sich an der
Entscheidung über die angemessenen Instrumente und deren Entwicklung zu
beteiligen. Da der Bewerber selbst jedoch schlecht einbezogen werden kann,
sollte alternativ der Prozess der Entscheidung, Entwicklung sowie der Implemen-
tierung (von der Aufgabenanalyse bis zum Einsatz des eignungsdiagnostischen
Verfahrens) unter Beteiligung von Mitarbeitern der Personalabteilung, des
Fachvorgesetzten und der zukünftigen Kollegen erfolgen (vgl. SCHULER/
STEHLE 1983, S. 33 ff.).

3. Transparenz

Transparenz sollte sowohl hinsichtlich der diagnostischen Situation als auch der Bewertung herrschen.

Somit müssen in der diagnostischen Situation die wichtigsten Elemente des gesamten Verfahrens als auch der einzelnen e-Diagnostic-Tools für die Teilnehmer von erkennbarer Relevanz sein, damit die Akzeptanz des Verfahrens auf Seiten der Probanden erhöht wird. Die Transparenz gehört laut ETZEL zu den besonders wichtigen Aspekten der sozialen Validität, da nur so Beurteilungskriterien, Prinzipien des diagnostischen Schlusses sowie die Urteilsaggregation für die Betroffenen einsichtig werden (vgl. ETZEL 1999, S. 24 f.). Auch aus Gründen des Personalmarketings kann es für ein Unternehmen wichtig sein, seinen Bewerbern eine nachvollziehbare eignungsdiagnostische Prozedur zu präsentieren. Selbst bei einer Ablehnung könnte auf diese Weise das Gefühl einer unfairen Behandlung vermieden oder zumindest reduziert werden.

4. Kommunikation

Der Aspekt der Kommunikation bezieht sich sowohl auf den Inhalt als auch auf die Form des diagnostischen Verfahrens.

Hinsichtlich des Inhalts liegt soziale Validität der Kommunikation auf der Unternehmensseite dann vor, wenn das Unternehmen offene und realistische Informationen über sich selbst anbietet, damit der Bewerber seinerseits in die Lage versetzt wird, sich aufgrund dieser Informationen, die ausführlich über Umsatz, Betriebsklima, Führungsstil, etc. Aufschluss geben sollten, für oder gegen das Unternehmen zu entscheiden (vgl. ETZEL 1999, S. 24 f.). Bezüglich der Form des diagnostischen Verfahrens gilt es, dem Probanden seine Beurteilung in verständlicher und nachvollziehbarer Weise mitzuteilen, wobei Verhaltensgegenüber Eigenschaftszuschreibungen überwiegen sollten. Hier sollte demnach Wert auf eine qualifizierte Gutachtenerstellung, auch bei maschineller Generierung, gelegt werden.

5. Benutzerfreundlichkeit

Dieser Aspekt, für SCHULER und STEHLE zu ihrer Zeit noch nicht relevant, gehört nach Ansicht des Verfassers ebenfalls zur sozialen Validität und spielt bei Online-Verfahren eine wichtige Rolle. Nur wenn das Online-Assessment selbsterklärend ist, kann es Anspruch auf Akzeptanz bei den Nutzern erheben. Letztere sind ansonsten sicherlich nicht gewillt, sich mit diesem Instrument weiter auseineinanderzusetzen. Auch aus Perspektive des Personalmarketings wirkt sich eine mangelhafte Benutzerführung negativ aus.

Die einzelnen eignungsdiagnostischen (Online-)Verfahren treffen bei den Kandidaten auf unterschiedliche Akzeptanz. Ein deutliches Misstrauen besteht insbesondere gegenüber Persönlichkeitstests (vgl. HOSSIEP/PASCHEN/MÜHLHAUS 2000, S. 50; s. auch Abschnitt 4.1.4.4). Wird der Einsatz eines solchen sozial weniger akzeptablen eignungsdiagnostischen Online-Verfahrens erwogen, so sollte ein besonderes Augenmerk auf die Bedingungsfaktoren der sozialen Validität gerichtet werden.

3.2 Anmerkungen zur Integration von e-Diagnostic-Tools in den Personalauswahlprozess

Bei der reinen Personalauswahl können e-Diagnostic-Tools als Vorselektionsinstrumente oder aber im komplementären Einsatz mit traditionellen eignungsdiagnostischen Instrumenten zum Einsatz kommen (vgl. Anhang II, S. XIV). Diese beiden - bereits unter Abschnitt 2.2.2.1 vorgestellten - Methoden sollen im folgenden auf ihre Konsequenzen hin untersucht werden.

I. Herkömmliches Personalauswahlverfahren

Bezüglich des *herkömmlichen Personalauswahlverfahrens*, das als Vergleichsgrundlage dient, werden folgende Annahmen getroffen: Die Personalverantwortlichen führen eine erste Vorselektion anhand einer Analyse der Bewerbungsunterlagen durch und laden vielversprechende Bewerber zu einem persönlichen Gespräch in das Unternehmen ein. Sofern der Bewerber auch auf dieser zweiten

Vorselektionsstufe einen positiven Eindruck hinterlässt, wird er zu einem Assessment Center gebeten, im Anschluss dessen die Entscheidung über ein Arbeitsangebot getroffen wird.

II.   Vorselektion auf Grundlage eignungsdiagnostischer Online-Verfahren

Für den *Einsatz eignungsdiagnostischer Online-Verfahren zur Vorselektion* soll gelten: Zunächst findet eine Cut-off-Prüfung (1. Vorselektion) statt, bei der geprüft wird, ob der Bewerber bestimmte, zumeist biographiebezogene, Ausschlusskriterien erfüllt. Ist dies der Fall, durchläuft er direkt im Anschluss stellenspezifische e-Diagnostic-Tools, wobei die Ergebnisse zu einem Bewerberprofil verdichtet werden (2. Vorselektion). Nur wenn sich dieses mit dem Anforderungsprofil der spezifischen Stelle deckt, erhält der Bewerber eine Einladung zu einem realen Assessment Center, ansonsten scheidet er aus dem Verfahren aus. Dabei ersetzt das Online-Assessment im Vergleich zu I. das erste persönliche Gespräch. Letztlich werden etwa gleich viele reale Assessment Center wie bisher im Unternehmen durchgeführt (trotz der im Zuge des e-Recruitments höheren zu bearbeitenden Bewerberzahlen), weil das Unternehmen bei gleicher Zahl von Stellenangeboten nur diejenigen Bewerber zum realen AC einlädt, die laut Online-Assessment am besten auf das Anforderungsprofil passen. Das reale Assessment Center behält seine Länge in etwa bei, da zwar aufgrund von Aufgabenüberschneidungen mit dem Online-AC bestimmte Übungen wegfallen, dafür aber ein oder zwei Interviews eingefügt werden, weil ein persönliches Gespräch bisher nicht stattfand.

Für das Unternehmen ergeben sich die folgenden positiven Konsequenzen: Da pro Bewerber eine Zeiteinsparung in Länge des ersten persönlichen Gesprächs möglich ist, kann das Personal in der gleichen Zeit größere Bewerberzahlen bewältigen. Zudem ist es möglich, dass bei der Cut-off-Prüfung (1. Vorselektion) weniger restriktive Filter eingesetzt werden, da das Online-Assessment die Zeit des Personals vernachlässigbar gering beansprucht und somit mehr Bewerber zur zweiten Vorselektionsstufe zugelassen werden können. Daneben wird der Rekrutierungsprozess beschleunigt, da alle Bewerber die zwei ersten Teile des Auswahlprozesses unmittelbar von zu Hause aus durchlaufen können und die

Terminvereinbarung für ein persönliches Gespräch entfällt. Zusätzlich werden die Reisekosten, die für ein separates persönliches Gespräch entstehen würden, für jeden Bewerber eingespart. Negative Folgen ergeben sich insoweit, als dass ein eignungsdiagnostisches Online-Verfahren als alleiniges Instrument zur Vorselektion womöglich eine nur begrenzte Aussagefähigkeit besitzt. Sofern dies der Fall sein sollte, würden sowohl geeignete Kandidaten ausselektiert als auch ungeeignete Kandidaten als geeignet ausgewiesen. Statt einer besseren Qualität der Entscheidungsfindung wären sogar eine höhere Zahl von Fehlbesetzungen sowie eine höhere Fluktuation denkbar. Die hieraus resultierenden Kosten sind allerdings schwer quantifizierbar und werden deshalb von vielen Unternehmen bei ihrem Kalkül, e-Diagnostic-Tools zur Bewerber-Vorselektion aus Gründen der ökonomischen Effizienzsteigerung einzuführen, vernachlässigt.

Auf Bewerberseite finden sich folgende Vorteile: das Bewerbungsverfahren wird aus o.a. Grund nicht nur beschleunigt, sondern der Bewerber spart auch die Fahrzeit für das erste Gespräch im Unternehmen ein, welches nun durch das Online-Assessment ersetzt wird. Die Nachteile überwiegen nach Meinung des Verfassers jedoch: Insbesondere tritt das Problem des Zurücktretens der Persönlichkeit auf (vgl. hierzu Abschnitt 2.3.2.2. (Nr. 4)), wenn Kandidaten bei Nichtbestehen der Online-Testverfahren nicht die Möglichkeit erhalten, von ihrer möglicherweise tatsächlich vorhandenen Eignung in einem Auswahlverfahren mit persönlichem Kontakt zu überzeugen.

Aufgrund der angeführten Konsequenzen hält der Verfasser den Einsatz von e-Diagnostic-Tools als alleiniges Vorselektionsinstrument für nicht sinnvoll, insbesondere vor dem Hintergrund, dass die Einhaltung der unter Punkt 3.1 geforderten Gütekriterien, und dabei insbesondere der prognostischen Validität, von der Mehrzahl der derzeit auf dem Markt erhältlichen eignungsdiagnostischen Online-Verfahren vermutlich nicht gewährleistet werden kann.

III. Komplementärer Einsatz von e-Diagnostic-Tools und anderen eignungs-
     diagnostischen Verfahren

Für den Einsatz von *e-Diagnostic-Tools im komplementären Einsatz mit anderen
eignungsdiagnostischen Verfahren* werden folgende Annahmen getroffen: Nach
erfolgreich bestandener zweistufiger Vorselektion durchläuft der Bewerber
zunächst ein oder mehrere e-Diagnostic-Tools, im anschließenden realen
Assessment Center besteht im Rahmen von persönlichen Interviews die Möglichkeit, auf vom Anforderungsprofil abweichende Eigenschaften des Bewerbers
näher einzugehen und diese ggf. zu hinterfragen. Da Online-AC und reales AC
aneinander gekoppelt sind, kann das Unternehmen aus Kapazitätsgründen nicht
jeden Bewerber hierzu auffordern. Es muss eine Vorselektion durchgeführt
werden, wobei im folgenden zwei Möglichkeiten Berücksichtigung finden sollen:

III a: Die erste Vorselektion findet wie beim herkömmlichen Personalauswahlverfahren auf der Grundlage der biographischen Daten statt. Um auf einer
zweiten Stufe vorselektieren zu können, werden vielversprechende Kandidaten
zu einem persönlichen Gespräch in das Unternehmen eingeladen, im Anschluss
dessen die Entscheidung über die Aufforderung zur Bearbeitung eines Online-
Assessments getroffen wird, das mit einer Einladung zu einem realen AC im
Unternehmen verbunden ist. In diesem Fall kann beim realen Assessment
Center nicht nur auf die Interview-Bestandteile verzichtet werden, sondern auch
auf sich überschneidende Aufgabentypen, die bereits Bestandteil des Online-
Assessments sind.

Diese Variante wirkt sich folgendermaßen aus: Das Unternehmen kann die
Zeitdauer des realen Assessments durch den Ausschluss von sich überschnei-
denden Bestandteilen verkürzen. Eine Beschleunigung des Rekrutierungsprozesses kann nicht erreicht werden, da das Unternehmen dem Kandidaten erst
nach der Bewährung in einem persönlichen Gespräch den Startschuss für das
Online-Assessment erteilt. Der Gewinn auf Unternehmensseite liegt in einer
qualitativ hochwertigeren Entscheidungsfindung begründet, die sich auf den
komplementären Einsatz verschiedener Personalauswahlverfahren stützt und
potenziell geeignete Bewerber nicht allein aufgrund der Ergebnisse eines Online-

Verfahrens ausgrenzt. Die Folge ist ein besserer „Fit" zwischen Unternehmen und Arbeitnehmer, welcher letztlich in geringeren Fehlbesetzungs- und Fluktuationskosten quantitativ messbar sein dürfte (vgl. hierzu Abschnitt 3.3.1.1 (Nr. 1)).

III b: Die Vorselektion findet auf Basis der biographischen Daten sowie eines telefonischen Vorab-Interviews statt. In diesem Fall werden die Bewerber zur Vorselektion für die Teilnahme an den beiden Assessment Centern nicht in das Unternehmen gebeten. Im Vergleich zu Variante III a ergeben sich die folgenden Unterschiede: Das Unternehmen spart die Zeitdifferenz zwischen persönlichem Gespräch und Telefon-Interview ein, da angenommen wird, dass ein Telefonat weniger Zeit beansprucht als ein persönliches Gespräch. Daneben fallen die Fahrkosten weg, welche für das erste Gespräch im Unternehmen zu berücksichtigen sind. Da jedoch kein ausführliches persönliches Gespräch bei der Vorselektion stattfindet, ist dieses in das reale Assessment Center zu integrieren. Letzteres soll vom zeitlichen Aufwand her mit dem herkömmlichen AC vergleichbar sein, da die aufgrund von Aufgabenüberschneidungen eingesparte Zeit durch das Hinzufügen von Interview-Bestandteilen etwa gleich bleibt. Für die Bewerber vermindert sich die insgesamt aufzuwendende Zeit deshalb lediglich um die Zeit der ersten Fahrt ins Unternehmen.

Beim Vergleich der beiden Hauptvarianten des Einsatzes von e-Diagnostic-Tools fällt auf, dass sowohl bei II. als auch III. eine zweistufige Vorselektion durchgeführt wird. Die erste Vorselektion anhand der biographischen Daten ist bei II. und III. vergleichbar, so dass nachfolgend das Augenmerk auf die zweite Vorselektion gerichtet wird. Diese wird bei II. auf der Grundlage eines Bewerberprofils getroffen, welches aufgrund der Ergebnisse des Online-Assessments generiert wird. Bei III. trifft ein Personalverantwortlicher aufgrund seines Eindrucks bei einem (telefonischen) Gespräch diese zweite Vorselektionsentscheidung. Die unter II. beschriebene Variante mag zwar objektiver sein, doch bestehen auf Seiten des Verfassers erhebliche Zweifel an der generellen Aussagefähigkeit und prognostischen Qualität von Online-Assessments. Sofern diese gewährleistet wären, was dem Verfasser allerdings zum gegenwärtigen Zeitpunkt nicht möglich erscheint, könnte sich ein Online-Assessment zur alleinigen Vorselektion als durchaus geeignet erweisen. Obwohl das Urteil bei III. auf einer subjektiven Einschätzung beruht, ist es nach Meinung des Verfassers bei einer besseren Verteilung der Chancen dennoch aussagekräftiger. Die Bewerber erhalten eher die Möglichkeit, durch Betonung ihrer Stärken bestimmte Schwächen auszuglei-chen und aufgrund ihrer Persönlichkeit zu überzeugen. Die Selbstpräsentation des Bewerbers, hinter der auch Persönlichkeitscharakteristika stehen, wird zunehmend wichtiger. Gerade, weil Ausstrahlung und der richtige Umgang mit Menschen im Berufsleben eine immer größere Bedeutung erlangen, sollte nicht der Versuch unternommen werden, diese Eigenschaften nachrangig gegenüber besser abtestbaren Fähigkeiten zu behandeln. Diese Gefahr sieht der Verfasser jedoch insbesondere, wenn lediglich die Ergebnisse eines Online-Assessments über das weitere Fortkommen des Bewerbers entscheiden.

Für Unternehmen, die sich mit der Integration eines eignungsdiagnostischen Online-Verfahrens in ihren Personalauswahlprozess beschäftigen, stellt sich auch die Frage, auf welche Akzeptanz die jeweiligen Formen bei den Bewerbern treffen. Nur wenn die im Prozess verankerte Form bei den Bewerbern auf Akzep-tanz trifft, sind diese bereit, sich einem solchen Verfahren zu unterziehen. Dieser Frage soll unter Punkt 4.1.4.6 nachgegangen werden.

3.3 Kritische Reflexion über den Einsatz von e-Diagnostics

Nachfolgend werden, entsprechend der Vorgehensweise bei e-Recruitment im allgemeinen, die Vor- und Nachteile von e-Diagnostics aus Unternehmens- und Bewerberperspektive einer analytischen Betrachtung unterzogen.

3.3.1 Vorteile und Nachteile von e-Diagnostics aus Unternehmensperspektive

3.3.1.1 Vorteile aus Perspektive des Unternehmens

Der Einsatz von e-Diagnostic-Tools bietet Unternehmen die folgenden Vorteile:

1. Einsparung von Ressourcen

Für Unternehmen ist die Einsparung von Ressourcen einer der wichtigsten Gründe für die Einführung eignungsdiagnostischer Online-Verfahren. Je nach Art der Integration des Verfahrens in den Personalauswahlprozess ergeben sich unterschiedliche Einsparungsmöglichkeiten:

Wenn das *Online-Assessment zur Vorselektion* eingesetzt wird, brauchen sich die Unternehmen nur mit denjenigen Bewerbern näher zu beschäftigen, deren Bewerberprofil laut computergeneriertem Gutachten ihrem Anforderungsprofil annähernd entspricht. Hierdurch wird ein erstes persönliches Gespräch ersetzt, so dass Personal bzw. Arbeitskraft eingespart werden. Je nach Anzahl der offenen Stellen werden nur diejenigen Bewerber zum realen AC eingeladen, deren Profil am besten auf das entsprechende Stellenprofil passt. Da die Vorselektion über das Online-Assessment vollständig maschinell erfolgt, erhöht sich der Zeitaufwand des Personals auch bei einer steigenden Anzahl von Online-Bewerbungen nur unwesentlich. Die Personalverantwortlichen der Unternehmen befassen sich erst dann mit den Bewerbern, wenn diese das Online-Assessment erfolgreich absolviert haben. Weitere Einsparungen ergeben sich bei den Fahrkosten der Bewerber, weil das Online-Assessment ein erstes persönliches Gespräch ersetzt, sowie beim Einsatz von Raum und Material.

Beim *komplementären Einsatz von Online-Assessment und realem Assessment* werden die Fahrkosten der Bewerber zum ersten persönlichen Gespräch nur dann eingespart, wenn dieses durch ein Telefoninterview ersetzt wird (vgl. Kap. 3.2 (IIIb)). In jedem Fall muss das Unternehmen aber Personal für die Durchführung der Vorselektion bereitstellen, dessen Kosten mit steigenden Bewerberzahlen ebenfalls ansteigen. Wenn jedoch eine erhöhte diagnostische Qualität der Entscheidung erreicht wird, so sind die Haupteinsparungen in verringerten Fehlbesetzungs- und Fluktuationskosten zu erwarten (vgl. CALLEN 2001).

Fehlbesetzungskosten setzen sich zusammen aus Aufwendungen für Anzeigenschaltung, Verwaltung, Anreise der Bewerber, Interviews, entgangene Produktivität, Training/Einführung und eine eventuelle Umsetzung (vgl. ADVANTAGE HIRING 2001b). Quantitativ veranschlagt wird eine Fehlbesetzung je nach Position mit USD 25.000 bis USD 500.000 (vgl. O.VERF.: Online recruiting: What works, what doesn't, 03/2000, S. 13). Gemäß einer Studie der WILLIAM M. MERCER INC. im Mai 1998 bezifferten 45 Prozent von 206 befragten mittleren und großen US-amerikanischen Unternehmen ihre *Fluktuationskosten* mit mehr als USD 10.000, 21 Prozent sogar mit mehr als USD 30.000 pro Person (vgl. ADVANTAGE HIRING 2001a). Auch wenn sich die Zahlen nicht direkt auf Deutschland übertragen lassen, so wird die Bedeutung dieser Kosten für den Unternehmenserfolg offenkundig. Fluktuations- und Fehlbesetzungskosten bedürfen bei Veränderungen im Bereich der eignungsdiagnostischen Personalauswahlverfahren einer verstärkten Kontrolle, da sie letztlich einen Indikator für den Nutzen der eingesetzten Verfahren darstellen.

2.   Bearbeitung größerer Bewerberzahlen

E-Diagnostic-Tools stellen eine Antwort auf den Umgang mit größeren Bewerberzahlen dar, welche ein Resultat der für Bewerber weniger zeitaufwändigen und vereinfachten Art der Bewerbung im Rahmen des e-Recruitments sowie der zielgruppenabhängig größeren Reichweite des Internets sind. Um die durch e-Recruitment erhöhten Bewerberzahlen bearbeiten zu können, sind Instrumente nötig, welche die Datenmengen auf das Wesentliche reduzieren (CULLEN 2001, S. 23).

Dieser Vorteil lässt sich realisieren, wenn Online-Assessments als Hilfsmittel zur Vorselektion eingesetzt werden. Mit dem gleichen Personalstamm kann eine größere Anzahl von Bewerbungen bewältigt werden, da das Online-Assessment dem Unternehmen nur diejenigen Bewerber präsentiert, deren Fähigkeiten und Eigenschaften am besten mit den Unternehmensanforderungen zu harmonieren scheinen. Je mehr Bewerberprofile per Online-Assessment ermittelt werden, desto stimmigere Kandidaten kann das Unternehmen zum realen Assessment Center einladen. Diese Folgerung basiert auf der (womöglich nicht unbedingt zutreffenden) Annahme, dass das Online-AC über eine sehr hohe Aussagefähigkeit verfügt.

3.   Beschleunigung des Rekrutierungsprozesses
Bei einer ausschließlichen Vorselektion via Cut-off-Prüfung und Online-Assessment (vgl. Kap. 3.2 (II.); s. auch Anhang II, S. XIV) wird der Rekrutierungsprozess dadurch beschleunigt, dass die Vorselektion maschinell und ohne Terminvereinbarung auf Initiative des Bewerbers erfolgt.

Unabhängig von der Integrationsart des Online-Assessments sind die Auswertungsergebnisse zudem innerhalb kürzester Zeit verfügbar. Die Beschleunigung des Rekrutierungsprozesses ist erforderlich, um im Wettbewerb um die qualifiziertesten Bewerber bestehen zu können (vgl. Abschnitt 2.3.1.1 (Nr. 3)).

4.   Zielgerichtete Ansprache und frühzeitige Bindung (Bewerberrelationship-Management)
Hervorragend geeignet scheinen Online-Assessments v.a. zur zielgerichteten Ansprache von Studenten, Hochschulabsolventen und Young Professionals zu sein, und zwar insbesondere in Form von Online-Spielen (vgl. ERIKSDOTTER 2000, S. 85). Durch das Angebot dieser Assessment-Möglichkeit ergibt sich für Unternehmen die Möglichkeit, mit vielversprechenden Spielern bzw. Kandidaten in Kontakt zu gelangen.

5. Verbesserung der Entscheidungsfindung

Unter einer Verbesserung der Entscheidungsfindung ist zu verstehen, dass sowohl der Prozess dieser als auch das Ergebnis in Form einer besseren Bewerberendauswahl qualitativ hochwertiger sind als dies bei alleiniger Verwendung traditioneller Verfahren der Fall wäre. Eine verbesserte diagnostische Urteilsbildung wird z.B. aufgrund einer weniger fehleranfälligen Durchführung und Auswertung erreicht, was einem Zuwachs an Objektivität entspricht. Ferner sind die Auswertungsmöglichkeiten gegenüber einer handgestützten Auswertung erheblich erweitert und lassen neben Einzelauswertungen auch Profilvergleiche zwischen Bewerbern und Bewerbergruppen zu. Außerdem besteht die Möglichkeit zur Registrierung von Zusatzdaten wie Latenzzeiten, Fehlerreaktionen und Korrekturen (vgl. KONRADT/FISCHER 2000, S. 46). Sofern ein eignungsdiagnostisches Online-Verfahren auch sämtlichen anderen Gütekriterien (vgl. Kap. 3.1), und nicht nur der verfahrensbedingt generell erhöhten Objektivität, gerecht wird, ist sicherlich ein qualitativ hochwertiges Ergebnis zu erwarten. Letzteres sollte insbesondere in Kombination mit herkömmlichen Verfahren zur Bewerberauswahl der Fall sein.

6. Imagegewinn des Unternehmens

Über das Angebot von Online-Assessments vermag ein Unternehmen das Image der Innovation, Dynamik und Aufgeschlossenheit zu vermitteln (vgl. WEBER/ JÄGELER/BUSCH 2001, S. 276). Insbesondere die bei Online-Spielen eingesetzte Komponente des Infotainments (vgl. Abschnitt 2.2.3.1 (Nr. 1)) ist Teil eines Marketingkonzepts, dessen Ziel darin besteht, Teilnehmer durch Unterhaltungselemente zu binden und parallel im Rahmen des Employer Brandings das Firmenimage zu transferieren.

3.3.1.2 Nachteile aus Perspektive des Unternehmens

Aus Unternehmensperspektive sind die folgenden Nachteile zu berücksichtigen:

1.   Neuerlicher Ressourcenaufwand

Aufwendungen entstehen insbesondere für die Online-Assessment-Software, welche unternehmens- und stellenspezifisch zu entwickeln bzw. anzupassen ist. Daneben wird das Personal neuerlich in Anspruch genommen, wobei das Ausmaß der Inanspruchnahme von der Integrationsvariante des Online-Tools abhängig ist:

Bei einem Einsatz des Online-Assessments zur alleinigen Vorselektion ergibt sich für das Personal nur eine geringe zusätzliche Belastung. Ein wenig valides e-Diagnostic-Tool könnte jedoch in diesem Fall erhöhte Fehlbesetzungs- und Fluktuationskosten nach sich ziehen.

Sofern ein kombinierter Einsatz von e-Diagnostic-Tool und herkömmlichem Assessment Center erfolgt, sind die Personalverantwortlichen in den Unternehmen auch in den Vorselektionsprozess involviert, da das Online-Assessment erst auf einer späteren Stufe zum Einsatz kommt. Insbesondere bei infolge von e-Recruitment möglicherweise ansteigenden Bewerberzahlen wird die Ressource Personal in diesem Fall verstärkt beansprucht (vgl. Kap. 3.2 (III.); s. auch Anhang II, S. XIV).

2.   Nichterreichbarkeit bestimmter Zielgruppen

Hier gilt das bereits generell zu e-Recruitment Festgestellte (vgl. Abschnitt 2.3.1.2 (Nr. 4)): Schwer erreichbar sind v.a. die höhere Managementebene und geringer qualifizierte Arbeitskräfte. Vermutlich ist der Kreis derjenigen Personen, welche für eignungsdiagnostische Verfahren zugänglich sind, gegenüber den Nutzern von gebräuchlicheren Nutzungsmöglichkeiten des e-Recruitments, wie z.B. der Online-Stellensuche, weiter eingeschränkt. Die Gründe könnten z.B. in Vorbehalten bezüglich der Aussagekraft von Online-Assessments sowie der bisher nicht zwingend erforderlichen Absolvierung dieser gesucht werden. Inwieweit die Hauptzielgruppe der Studenten, Hochschulabsolventen und Young

Professionals mittels e-Diagnostic-Tools erreicht wird, soll eine empirische Untersuchung (vgl. Kap. 4.1) aufzeigen.

3.   Mängel in der Entwicklung und wissenschaftlichen Absicherung

Die Mehrzahl der derzeit auf dem Markt angebotenen eignungsdiagnostischen Online-Verfahren dürfte nicht dem in Kapitel 3.1 vorgegebenen hohen Standard genügen. Gerade das Internet ermöglicht es diversen Anbietern, scheinbar nützliche Assessment-Verfahren anzubieten, welche ganz erhebliche Mängel in Entwicklung und wissenschaftlicher Absicherung aufweisen (vgl. PREUSS/ KNOLL 2001, S. 129; s. auch KONRADT/FISCHER 2000, S. 45 f.). Doch selbst wissenschaftlich abgesicherte Verfahren sind lediglich als Hilfsmittel zur Prognose der beruflichen Eignung zu verstehen und können diese nicht mit vollständiger Sicherheit diagnostizieren:

Bereits in der Anforderungsanalyse ist es unschwer möglich, bei der Bestimmung und Gewichtung der Hauptanforderungen einer Position zu verschiedenen Profilen zu gelangen. Ob die Anforderungen der spezifischen Stelle nur durch eine Person erfüllt werden können, deren Bewerberprofil dieselben prozentualen Gewichtungen wie das erstellte Anforderungsprofil aufweist, ist zu bezweifeln. Das „einzig wahre" Anforderungsprofil gibt es definitiv nicht. Vielleicht sind die spezifischen Aufgaben der Stelle auch mit einer anderen Fähigkeitenkombination gut zu bewältigen, die aber nicht berücksichtigt wird und damit Bewerber fälschlicherweise als weniger geeignet bzw. ungeeignet klassifiziert.

Im Vergleich zur Erstellung des Anforderungsprofils scheint die Generierung des Bewerberprofils jedoch noch problemlastiger zu sein. Die Items bzw. Aufgaben des Online-Assessments sind so zu konstruieren, dass sie die jeweilige Anforderungsdimension beim Kandidaten genau erfassen und somit ein Höchstmaß an Reliabilität und Validität erreicht wird. Zum einen ist nicht sicher, ob die verwendeten Aufgaben tatsächlich die angestrebte Anforderungsdimension erfassen, zum anderen ist kaum von einer vollkommenen Messgenauigkeit auszugehen. Die Antwort eines Kandidaten ist nicht nur von situativen Faktoren abhängig, sondern auch von der persönlichen Verfassung. Daneben spielt auch der Bezug des Kandidaten zur Fragestellung eine Rolle: Sofern dieser nicht gegeben ist, wird der Kandidat vermutlich eine beliebige Antwort wählen (vgl. HOSSIEP/ PASCHEN/MÜHLHAUS 2000, S. 64). Beantwortungen im Rahmen der sozialen Erwünschtheit, wie sie v.a. bei Verfahren der Personalauswahl zum Tragen kommen, verfälschen die Messgenauigkeit ebenfalls. In der Konsequenz ist eine verminderte Aussagefähigkeit zu erwarten.

Grundsätzlich gilt auch, dass es noch zu wenige Studien über die Stärken und Schwächen der auf dem Markt angebotenen eignungsdiagnostischen Verfahren gibt. Längst nicht bei allen Varianten sind z.B. die Konstruktionsprinzipien dokumentiert und damit für den Diagnostiker transparent und überprüfbar (vgl. STRAUSS/HASSELMANN 1997, S. 19). Insbesondere fehlt häufig der empirische Nachweis der prognostischen (genauer: prädiktiven) Validität.

Für das Unternehmen bedeutet dies, beim Einkauf einer Online-Assessment-Software darauf zu achten, dass das Verfahren in ausreichendem Maße dokumentiert und evaluiert wurde. Aufgrund der begrenzten Aussagekraft eines jeden Verfahrens sollte eventuell ein kombinierter Einsatz mit einem herkömmlichen eignungsdiagnostischen Verfahren in Erwägung gezogen werden.

4.   Zurücktreten der Persönlichkeit des Bewerbers

Generell wird computergenerierten Gutachten, welche nach dem Absolvieren eines Online-Assessments automatisch erstellt werden, vorgeworfen, zu schematisch zu sein und die Individualität des Kandidaten zu vernachlässigen (vgl. MEIFERT/DROSTE 2001, S. 58). Die Gegenargumentation lautet: Wenn in einem Assessment Center fünf Übungen mit jeweils vier Dimensionen bewertet würden, welche jeweils mit fünf Verhaltensankern unterlegt seien, so ergäbe sich, wenn jeder Verhaltensanker auf einer Skala von eins bis fünf eingeschätzt würde, eine Zahl von 95 Billionen verschiedener Gutachtenmöglichkeiten (vgl. MEIFERT/DROSTE 2001, S. 58 f.). Auch wenn die Wahrscheinlichkeit, dass ein gleiches Gutachten generiert werden könnte, damit vernachlässigbar gering ist, besteht nach Ansicht des Verfassers die Gefahr, dass es zu einer Überinterpre tation der Daten kommt. In diesem Fall würde ein verzerrtes Persönlichkeitsbild erstellt, welches nur beschränkte Aussagekraft besitzt.

Die begrenzte Aussagefähigkeit hat zur Folge, dass geeignete Kandidaten z.T. als ungeeignet eingeordnet werden (und umgekehrt). Sofern den scheinbar ungenügenden Bewerbern nicht die Möglichkeit gegeben wird, von ihrer möglicherweise tatsächlich vorhandenen Eignung in einem weiteren eignungsdiagnostischen Verfahren mit persönlichem Kontakt zu überzeugen, fügt sich das Unternehmen selbst Schaden zu. Insbesondere vor dem Hintergrund der zunehmenden Bedeutung von Ausstrahlung und verkäuferischen Fähigkeiten sollte intensiv geprüft werden, ob letztlich nicht ein komplementärer Einsatz von Online-Assessment und bspw. persönlichem Gespräch vorteilhafter ist als der Einsatz von Online-Assessments zur reinen Vorselektion.

5.   Problem der Kontrolle von Täuschung und Irreführung

Täuschung und Irreführung durch den Kandidaten kann in Abhängigkeit vom jeweiligen e-Diagnostic-Tool auf verschiedene Art und Weise erfolgen. Bei Leistungstests, Postkorb-Übungen sowie Planspielen bzw. computersimulierten Szenarien ist v.a. das Problem der Identifikations- und Bedingungskontrolle von Relevanz, da nicht festgestellt werden kann, wer den Test unter Rückgriff auf welche Hilfsmittel bearbeitet. Bei Persönlichkeitstests steht hingegen eher das Problem der Beantwortung von Fragen im Sinne der sozialen Erwünschtheit im Vordergrund: Dass sich der Bewerber immer bemühen wird, Antworten zu geben, die seiner Meinung nach erwünscht sind, räumt selbst die Firma *Eligo Psychologische Personalsoftware GmbH* ein, welche Software zur Personalvorselektion entwickelt (vgl. ELIGO 2001). Auch wenn Eligo behauptet, dass der Großteil der Persönlichkeitstests in seiner gleichnamigen Software „ELIGO" kaum manipulierbar ist, so hat der Verfasser mit dem von Eligo und der Siemens AG in Kooperation entwickelten Potenzial-Management-System „PERLS", welches z.T. auf „ELIGO" aufbaut, im Selbstversuch gegenteilige Erfahrungen gemacht. Sofern das Anforderungsprofil des jeweiligen Unternehmens bzw. der betreffenden Stelle offenkundig ist, fällt es nicht schwer, die gesuchten Persönlichkeitseigenschaften zu demonstrieren.

Ein weiteres Problem ergibt sich durch eine Verfälschung der Norm, wenn einige Kandidaten ihre Antworten bewusst verändern. Ein ehrlich antwortender guter Kandidat kann dadurch in einem schlechteren Bild erscheinen.

In der Konsequenz ergibt sich, dass in Fragebögen erbetene Selbstdarstellungen stets in Beziehung zu objektiven Informationen oder Fremdbilddaten gesetzt und nicht für sich allein gewertet werden sollten (vgl. HOSSIEP/PASCHEN/ MÜHLHAUS 2000, S. 54 f.).

6.   Erfordernis der Akzeptanz des Verfahrens bei den Kandidaten

Damit die Kandidaten das zur Anwendung kommende eignungsdiagnostische Verfahren zu durchlaufen bereit sind, muss dieses auf ihre Akzeptanz stoßen. Vor dem Hintergrund, dass die überdurchschnittlich qualifizierte Zielgruppe der Hochschulabsolventen und Young Professionals häufig zwischen verschiedenen Arbeitsangeboten und indirekt auch den Auswahlverfahren der verschiedenen Unternehmen die Wahl hat, können sich Online-Assessments nur dann durchsetzen, wenn sie auf eine relativ breite Akzeptanz treffen.

Inwieweit die Akzeptanz bei der genannten Zielgruppe derzeit vorhanden ist, soll in Kapitel 4.1 untersucht werden.

3.3.2   Vorteile und Nachteile von e-Diagnostics aus Bewerberperspektive

3.3.2.1 Vorteile aus Perspektive des Bewerbers

Für den Bewerber können sich – je nach Variante des eignungsdiagnostischen Online-Verfahrens – die folgenden Vorteile gegenüber herkömmlichen Verfahren ergeben:

1.   Einsparung von Ressourcen

Sofern das Online-Assessment ein erstes persönliches Interview im Unternehmen ersetzt, wie dies z.B. bei einem Einsatz des Assessments zur Vorselektion der Fall ist, spart der Bewerber die Fahrzeit zum Unternehmen ein (vgl. Kap. 3.2 (II.)) .

2. Unabhängigkeit von Zeit und Raum

Ein Online-Assessment ist weltweit von jedem Internet-Arbeitsplatz aus durchführbar, der gewissen technischen Mindestanforderungen gerecht wird. Daneben lässt es sich vom Kandidaten vom Durchführungszeitpunkt her flexibel in sein Tagesprogramm integrieren. Bei einigen Online-Assessments sind sogar Unterbrechungen erlaubt, so dass der Kandidat das Assessment zu einem späteren Zeitpunkt weiterführen kann.

3. Möglichkeit der Selbsteinschätzung

Die Kandidaten überlassen ihr computergeneriertes Profil nicht ungesehen den Unternehmen, sondern erhalten i.d.R. ein ausführliches Feedback über ihre Stärken und Schwächen. Mit Hilfe des Gutachtens wird es den Kandidaten ermöglicht, ihr eigenes Verhalten einzuordnen und ggf. neue Strategien zu entwickeln.

4. Möglichkeit der Profilfreigabe

Diese Option steht v.a. bei Online-Assessments in Form von Online-Spielen zur Verfügung. Der Kandidat hat die Option, sein erspieltes Profil an das bzw. die das Spiel initiierenden Unternehmen freizugeben. Die Teilnahme am Online-Spiel verpflichtet den Bewerber jedoch nicht, sich auch auf diesem Wege bei dem betreffenden Unternehmen zu bewerben. Ihm bleibt es unbenommen, sich mit seiner Bewerbung auf dem traditionellen Wege an das Unternehmen zu wenden.

5. Möglichkeit zur Aufnahme in den Rekrutierungspool namhafter Unternehmen

Auch die Möglichkeit zur Aufnahme in den Rekrutierungspool namhafter Unternehmen wird häufig an das erfolgreiche Bearbeiten eines Online-Assessments bzw. -Spiels gekoppelt. Für denjenigen Teilnehmer, dessen Profil den Anforderungen des Unternehmens entspricht, ist diese Art der Kontaktgenerierung unterhaltsam, aufschlussreich und karriereförderlich. Sofern der Kontakt tatsächlich zu einem Arbeitsvertrag führt, bleibt dem Kandidaten sogar ein aufwändiges Bewerbungsverfahren erspart.

6. Wahrung der Anonymität

Dieser Aspekt bezieht sich ebenfalls auf zumeist als Online-Spiele ausgestaltete Assessments. Je nachdem, wie das Profil des Kandidaten ausfällt, kann er selbst entscheiden, ob er dieses dem Unternehmen zur Verfügung stellt. Bei unternehmensübergreifenden Assessments, wie z.b. der „Cyquest Karrierejagd", hat ein herausragender Assessment-Teilnehmer bei mehreren Unternehmensanfragen die Wahl, ob und ggf. welchem Unternehmen gegenüber er seine Identität preisgeben möchte. Dem Datenschutz wird somit ausreichend Rechnung getragen.

3.3.2.2 Nachteile aus Perspektive des Bewerbers

Im folgenden werden einige Nachteile aus Bewerbersicht einer näheren Betrachtung unterzogen.

1. Erfordernis der Nutzungsmöglichkeit von Internet / e-Mail sowie Erfüllung der sonstigen technischen Voraussetzungen

Diesbezüglich lassen sich die entsprechenden Ausführungen zu e-Recruitment auch auf e-Diagnostics anwenden (vgl. Abschnitt 2.3.2.2 (Nr. 1)). Hinzuzufügen ist jedoch, dass Online-Assessments nicht nur die Nutzungsmöglichkeit des Internets voraussetzen, sondern auch erhöhte Mindestanforderungen an Betriebssystem, Speicher und Grafikkarte stellen. Betroffen von dieser Restriktion sind Besitzer älterer und nicht aufgerüsteter Rechner, die nicht dem derzeitigen Stand der Technik entsprechen.

2. Mangelnde Transparenz bezüglich des Angebotes und der Erfüllung der an das Verfahren gestellten Güteansprüche

Für den User ist das Angebot an eignungsdiagnostischen Online-Verfahren nur schwer zu überblicken und v.a. zu beurteilen. Die hohe Intransparenz macht es dem Nutzer schwer, zwischen unseriösen und wissenschaftlich fundierten Tests zielsicher zu unterscheiden (vgl. GÖHS/DICK 2001, S. 47). Zu den Anbietern von Online-Assessments zählen nicht nur Unternehmen, sondern auch Internetportale jeglicher Art, welche Online-Assessments als Mehrwertdienste zur

Verfügung stellen, um ihre Besucherzahlen auf der Website zu erhöhen. Da keinerlei Mindeststandards vorgegeben sind, ist die Bandbreite in der Qualität der Testverfahren immens. Über die erforderlichen Kenntnisse, das eingesetzte Testinstrumentarium hinsichtlich Qualität, Angemessenheit und Rechtmäßigkeit zu beurteilen, verfügen hingegen nur die wenigsten Nutzer, zumal die wenigsten Testanbieter über die Hintergründe des eingesetzten eignungsdiagnostischen Verfahrens aufklären. Der Berufsverband Deutscher Psychologen (BDP) fordert deshalb zu Recht, dass – zumindest für psychologische Testverfahren – Qualitätskriterien und -standards festzulegen sind, welche die Entwicklung, Durchführung, Auswertung und Interpretation von psychologischen Testverfahren verbindlich regeln. Somit könnte der Einsatz nicht fachgerechter, den entsprechenden Qualitätserfordernissen nicht genügender Testverfahren minimiert werden (vgl. DGPs ONLINE 2001). Anwender sollten nur bei denjenigen Online-Assessments auf Aussagekraft hoffen, bei denen klar ersichtlich ist, dass die eignungsdiagnostischen Güteansprüche durch den Anbieter des Verfahrens berücksichtigt wurden und eine wissenschaftliche Absicherung gegeben ist.

3.   Mängel in der Entwicklung und wissenschaftlichen Absicherung
Die bereits unter den Nachteilen eignungsdiagnostischer Online-Verfahren aus Unternehmensperspektive beschriebenen Entwicklungs- und Absicherungsmängel (vgl. Abschnitt 3.3.1.2 (Nr. 3)) lassen sich auch auf die Kandidatenseite übertragen.

Der aus den Mängeln resultierenden verminderten Aussagefähigkeit von Online-Assessments sollten sich die Kandidaten bei der Absolvierung eines solchen Verfahrens stets bewusst sein. Besondere Vorsicht ist bei wenig erläuterten, undurchsichtigen Verfahren geboten.

4.   Zurücktreten der Persönlichkeit des Bewerbers
Die Gefahr des Verlustes an Individualität tritt insbesondere dann auf, wenn Online-Assessments zur reinen Vorselektion verwendet werden. Mit einem Großteil der Bewerber tritt das Unternehmen nicht mehr in persönliche Interaktion, sondern erteilt per e-Mail eine Absagenachricht. Ob das Kontaktbedürfnis

der abgelehnten Bewerber damit ausreichend abgedeckt wird, erscheint fragwürdig. Ein computergeneriertes Gutachten allein entscheidet über das Erreichen der nächsten Selektionsstufe, und das, obwohl die Aussagekraft eines eignungsdiagnostischen Online-Verfahrens durchaus angezweifelt werden kann (vgl. Nr. 3). Durch das Computersystem abgelehnte Bewerber erhalten nicht die Möglichkeit, von ihrer möglicherweise tatsächlich vorhandenen Qualifikation im persönlichen Gespräch zu überzeugen.

Bei einem Einsatz des Online-Assessments zur Vorselektion muss jedem bewusst sein, dass die Persönlichkeit erst nach der Vorauswahl zum Tragen kommt und somit zweitrangig behandelt wird. Das streitet auch die Eligo GmbH nicht ab: „ELIGO ist ein Instrument der Personalvorauswahl. Ob eine Person ein gutes Auftreten hat, sympathisch oder sprachlich geschickt ist, kann mit ELIGO nicht festgestellt werden" (ELIGO 2001).

Welche Bedeutung die Kandidaten dem Zurücktreten der Persönlichkeit des Bewerbers beimessen, soll unter Punkt 4.1.4.8 in Erfahrung gebracht werden.

5.   Mangelhafte Datensicherheit
Hier lassen sich die allgemein zu e-Recruitment getroffenen Aussagen übertragen (vgl. Abschnitt 2.3.2.2 (Nr. 5)): Eine vollständige Datensicherheit kann bei der Versendung von Daten über das Internet nicht gewährleistet werden. Es ist davon auszugehen, dass dieser Nachteil mit zunehmendem beruflichen Stellenwert einer Person als schwerwiegender betrachtet wird.

Wie stark die Sorge vor Datenmissbrauch auf Bewerberseite tatsächlich ausgeprägt ist, wird unter Punkt 4.1.4.8 ermittelt.

3.3.3 Bewertung des Einsatzes von e-Diagnostics unter Aufzeigung der Reichweiten und Grenzen

Mit e-Diagnostics eröffnen sich der beruflichen Eignungsdiagnostik weitreichende Möglichkeiten: Per Computer werden bei einem außerordentlich hohen Maß an Objektivität menschliche Fähigkeiten einer Überprüfung unterzogen, die Ergebnisse zu Profilen verdichtet und Prognosen darüber erstellt, wie gut eine Person für die Ausübung einer bestimmten Tätigkeit geeignet ist. Das Unternehmen grenzt auf diese Weise den Kreis der Bewerber auf die idealen Kandidaten ein, und das bei einem Erreichen der höchstmöglichen ökonomischen Effizienz.

Diesen Erwartungen kann leider kein eignungsdiagnostisches Online-Verfahren vollends gerecht werden, da selbst die Aussagekraft von qualitativ sehr hochwertigen Verfahren eine gewisse Begrenzung erfährt. Diese liegt letztlich in der Heterogenität der Menschen begründet, welche sich in unterschiedlichen Denk- und Verhaltensmustern widerspiegelt und zu unterschiedlichen Ergebnissen sowohl auf der Konstruktions- als auch auf der Beantwortungsseite von Online-Assessments führt. Weiterhin wird die Aussagefähigkeit von eignungsdiagnostischen Online-Verfahren durch die Möglichkeit der bewussten Manipulation von Antworten durch den Kandidaten gemindert, sei es durch diesen selbst oder aber die Mitbewerber, welche die Norm verfälschen können.

Jede Person sollte sich darüber im Klaren sein, dass auch das Online-Assessment nur eine Hilfskonstruktion zur Bestimmung der menschlichen Fähigkeiten und Neigungen darstellt. E-Diagnostic-Tools liefern sicherlich interessante Hinweise auf die Eignung einer Person, doch sollten sie nicht als einzige Entscheidungsgrundlage für eine Bewerbervorselektion dienen. Ein gewichtiger Grund hierfür ist das Zurücktreten der Persönlichkeit, welcher bei zur alleinigen Vorselektion eingesetzten Online-Assessments zum Tragen kommt: Nur diejenigen Probanden, welche die Aufgaben und Fragen bestmöglich im Sinne des durchführenden Unternehmens beantworten können, rücken auf die nächste Stufe des Auswahlprozesses vor. Andere Kandidaten, die von ihrer Ausstrahlung und Menschlichkeit her vielleicht wesentlich geeigneter für die betreffende Position wären und eventuelle anderweitige Defizite mit ihrer Persönlichkeit kompensieren könnten, erhalten allerdings nicht die Möglichkeit, im face-to-face-Verfahren von sich zu überzeugen. Dieser Punkt wirkt sich umso gravierender vor dem Hintergrund der nur in begrenztem Maße aussagekräftigen Ergebnisse von Online-Assessments aus.

Im komplementären Einsatz mit traditionellen eignungsdiagnostischen Verfahren ist der Einsatz eines den Gütekriterien entsprechenden Online-Verfahrens hingegen zu befürworten. Auch gegen Online-Spiele ist nichts einzuwenden, da mit ihnen hauptsächlich das Ziel der Kontaktgenerierung verfolgt wird. Ein Teilnehmer stellt sich durch die Teilnahme am Online-Spiel bei einer späteren Bewerbung nicht automatisch schlechter, zumal die Profilfreigabe optionalen Charakter aufweist.

Generell ist darauf zu achten, dass nur solche eignungsdiagnostischen Online-Verfahren zum Einsatz kommen, die den in Kapitel 3.1 aufgestellten Gütean-sprüchen bestmöglich gerecht werden. Um sich den Zugang zu potenziell geeig-neten Bewerbern nicht durch eine zu einseitige Vorselektion zu versperren, sollten Unternehmen, die sich für eine Einführung von e-Diagnostics entschieden haben, unter Berücksichtigung von Fehlbesetzungs- und Fluktuationskosten sorgfältig prüfen, ob sich der alleinige oder aber der komplementäre Einsatz von e-Diagnostic-Tools auf einer Selektionsstufe letztlich durch die größere Effizienz auszeichnet.

4 Empirische Erhebung zur Akzeptanz von e-Diagnostics am Markt

Die nachfolgend beschriebene Erhebung zielt darauf ab, den derzeitigen Stand der Akzeptanz (lat. *acceptare*: annehmen) von e-Diagnostic-Tools sowohl auf Seiten der stellenanbietenden Unternehmen als auch auf Seiten der arbeitsnachfragenden Bewerber zu ermitteln.

4.1 Empirische Erhebung zur Akzeptanz von e-Diagnostics auf Bewerberseite

Damit ein Unternehmen durch den Einsatz von e-Diagnostic-Tools überhaupt zu einer ökonomisch effizienteren und qualitativ hochwertigeren Entscheidungsfindung bei der Bewerberauswahl gelangen kann, müssen die verwendeten Instrumente zunächst einmal auf die Akzeptanz der Bewerber treffen. Nur wenn die Bewerber bereit sind, sich einem Online-Assessment zu unterziehen, kann sich seine Einführung für das jeweilige Unternehmen als effizient erweisen. Damit die Grundvoraussetzung der Akzeptanz erfüllt wird, sollten Anforderungen und Bedenken der Bewerber, die es in der Untersuchung zu ergründen gilt, ernst genommen und bei der Konstruktion von e-Diagnostic-Tools berücksichtigt werden.

4.1.1 Problemdefinition

Zur Ermittlung der Akzeptanz auf Bewerberseite geht es im einzelnen um die Klärung folgender Fragen:

Frage 1: Welchen Bekanntheitsgrad weisen e-Diagnostic-Tools generell auf Bewerberseite auf?

Frage 2: Wie groß ist der Anteil derer Bewerber, die bereits praktische Erfahrungen mit e-Diagnostic-Tools gesammelt haben?

Frage 3:   Mit welchen e-Diagnostic-Tools im einzelnen wurden bereits Erfahrungen gesammelt?

Frage 4:   Auf welche Akzeptanz treffen die einzelnen e-Diagnostic-Tools (biographischer Fragebogen als Online-Verfahren, Online-Leistungstest, Online-Persönlichkeitstest, Online-Postkorbübung, Online-Planspiel bzw. computersimulierte Szenarien) bei den Bewerbern? Besteht ein Zusammenhang zwischen Akzeptanz und Erfahrung mit dem jeweiligen e-Diagnostic-Tool?

Frage 5:   Welche Motive bewegen Bewerber in welchem Ausmaß, an einem Online-Assessment teilzunehmen? Welches sind die am stärksten vertretenen Motive?

Frage 6:   Auf welche Akzeptanz treffen verschiedene Teilnahmemöglichkeiten an einem Online-Assessment? Es ist von Interesse, welche Teilnahmemöglichkeiten bevorzugt gewählt und welche abgelehnt werden.

Frage 7:   Welchen Geldbetrag könnte ein Beratungsunternehmen maximal für die Erstellung eines digitalen Gutachtens, welches der Kandidat ggf. zukünftigen Bewerbungen beifügen kann, verlangen?

Frage 8:   Welche Bedenken hegen die Bewerber bezüglich einer Teilnahme an einem Online-Assessment? Wie stark sind die einzelnen Bedenken ausgeprägt?

Frage 9:   Wie viel Zeit sind die Bewerber bereit, in Abhängigkeit vom Kontext auf ein Online-Assessment zu verwenden? Bei welchen Teilnahmemöglichkeiten wird ein geringer, bei welchen ein hoher Zeitbedarf als angemessen und zumutbar betrachtet?

Bei der Auswertung der Fragen ist jeweils zu überprüfen, ob eine Differenzierung der Bewerber nach bestimmten Kriterien, v.a. Studiengang, Berufserfahrung und Geschlecht, erfolgen kann.

4.1.2 Überlegungen zur Auswahl und Konstruktion des Erhebungsinstrumentes

Als Erhebungsinstrument wurde ein Fragebogen gewählt, da dieser eine objektive, standardisierte Ansprache einer relativ großen Anzahl von Merkmalsträgern, in diesem Falle der Bewerber, ermöglichte. Zudem konnte auf diese Weise die Basis für eine statistische Auswertung mit dem merkmalsträgerorientierten Statistikprogramm *SPSS* geschaffen werden.

Vor dem Hintergrund einer Auswertung mit *SPSS* war die Konstruktion der Fragen an das Programm anzupassen, indem auf offene Fragen weitgehend verzichtet wurde und stattdessen Vorgaben zur Auswahl gestellt wurden. Diese boten sich auch aus zeitlichen Gründen an, da das Ausfüllen des Fragebogens zehn Minuten keinesfalls überschreiten sollte, um eine möglichst große Teilnehmerzahl zu erhalten. Daneben wurde die Option zu weiteren Angaben aufgabenabhängig zur Verfügung gestellt, wobei diese Antworten nicht in die statistische Auswertung eingingen, sondern manuelle Berücksichtigung fanden. Sofern die Bewerber einen Akzeptanz- oder Relevanzwert angeben sollten, wurde eine Skala mit fünf Auswahlmöglichkeiten verwendet, um den Bewerbern auch die Möglichkeit zu geben, eine Indifferenz zwischen den beiden Extrema 1 und 5 ausdrücken zu können. Dabei wurde unterstellt, dass die Befragten die Abstände zwischen den einzelnen Punktwerten als gleich empfinden.

Eingesehen werden kann der Bewerber-Fragebogen im Anhang III, S. XV.

4.1.3   Beschreibung der Teilnehmerstichprobe

Als Teilnehmerstichprobe diente eine Auswahl von hochqualifizierten Studenten, Absolventen und Young Professionals, die aus dem High Potentials Pool eines renommierten Beratungsunternehmens stammten. Für die Aufnahme in diesen Pool waren überdurchschnittliche Studienleistungen und eine herausragende Persönlichkeit, gefestigt durch unterschiedlichste Erfahrungen, ausschlaggebend gewesen.

Aus dem High Potentials Pool standen dem Verfasser 623 Kandidaten zur Verfügung, von denen 483 Kandidaten als für die Erhebung geeignet betrachtet wurden. Ausgewählt wurden Kandidaten bis maximal Jahrgang 1968, da von diesen der größte Rücklauf und eine positivere Reaktion auf die Ansprache erwartet wurden. Die Ansprache und Fragebogenzusendung an die ausgewählten 483 Kandidaten erfolgte per e-Mail, wobei auf diese Weise 466 Kandidaten erreicht werden konnten. Es handelte sich dabei um 355 männliche (77,8 Prozent) und 111 weibliche Kandidaten (22,2 Prozent). Von diesen 466 Kandidaten sendeten 81 den Fragebogen ausgefüllt zurück, was einer Quote von 17,4 Prozent entspricht. Auf Seiten der weiblichen Kandidaten liegen 18 Antworten vor (16,2 Prozent), auf Seiten der männlichen besteht der Rücklauf aus 63 Antworten (17,7 Prozent).

Das Alter der Teilnehmer bewegt sich zwischen 23 und 33 Jahren, wobei sich ein Mittelwert von 27,6 Jahren ergibt. 76,5 Prozent der Teilnehmer sind jünger als 30 Jahre alt. Im einzelnen gestaltet sich die Altersverteilung wie folgt (vgl. Tab. 1):

Tabelle 1: Alter in Jahren

	Häufigkeit (absolut)	Prozent	Kumulierte Prozente
23	5	6,2	6,2
24	9	11,1	17,3
25	3	3,7	21,0
26	10	12,3	33,3
27	16	19,8	53,1
28	7	8,6	61,7
29	12	14,8	76,5
30	6	7,4	84,0
31	8	9,9	93,8
32	1	1,2	95,1
33	4	4,9	100,0
Gesamt	81	100,0	

Quelle: Eigene Erhebung

Bei einer Differenzierung nach Geschlecht zeigt sich, dass der Median auf Seiten der männlichen Kandidaten 28 Jahre, auf Seiten der weiblichen Kandidaten 27 Jahre beträgt. Die mittleren 50 Prozent der betrachteten männlichen Kandidaten befinden sich im Alter von 26 bis 29 Jahren, während der Interquartilsabstand[1] bei den weiblichen Kandidaten 4 Jahre beträgt und bei 25 Jahren beginnt. Die weiblichen Kandidaten weisen somit trotz identischer Spannweite ein geringeres Alter auf als die männlichen (vgl. Abb. 1):

Abbildung 1: Boxplot Altersverteilung nach Geschlecht

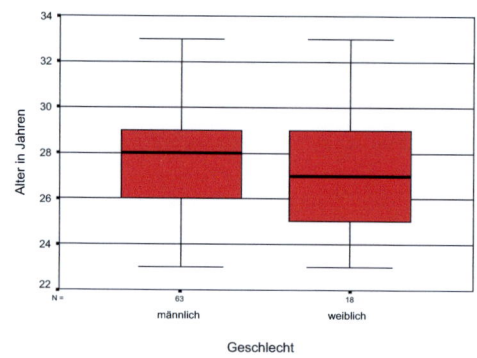

Quelle: Eigene Erhebung

---

[1]   Der Interquartilsabstand ist der Abstand zwischen dem 25 %-Quartil und dem 75 %-Quartil und berücksichtigt die mittleren 50 Prozent einer Verteilung.

Das Gros der Teilnehmer studiert(e) Wirtschaftswissenschaften (58 Prozent) und Ingenieurwissenschaften (20 Prozent). Weitere Studiengänge sind nur sehr gering repräsentiert (vgl. Tab. 2).

Der Frauenanteil beträgt bei den Wirtschaftswissenschaften 23,4 Prozent, bei den Ingenieurwissenschaften 6,3 Prozent. Bezüglich der übrigen Studiengänge wird aufgrund ihrer begrenzten Vertretenheit keine Aussage getroffen.

Tabelle 2: Studiengang * Geschlecht Kreuztabelle

		Geschlecht		Gesamt
		männlich	weiblich	
Wirtschaftswissenschaften	Anzahl	36	11	47
	% von Studiengang	76,6%	23,4%	100,0%
Rechtswissenschaften	Anzahl	2	1	3
	% von Studiengang	66,7%	33,3%	100,0%
Philosophie	Anzahl	3	2	5
	% von Studiengang	60,0%	40,0%	100,0%
Mathematik/Naturwiss.	Anzahl	4	2	6
	% von Studiengang	66,7%	33,3%	100,0%
Erziehungswissenschaften	Anzahl	0	1	1
	% von Studiengang	0,0%	100,0%	100,0%
Ingenieurwissenschaften	Anzahl	15	1	16
	% von Studiengang	93,8%	6,3%	100,0%
Informatik	Anzahl	3	0	3
	% von Studiengang	100,0%	0,0%	100,0%
Gesamt	Anzahl	63	18	81
	% von Studiengang	77,8%	22,2%	100,0%

Quelle: Eigene Erhebung

Unter den Studienabschlüssen sind das Universitäts-Diplom (59 Prozent) und das Fachhochschul-Diplom am stärksten vertreten (vgl. Tab. 3):

Tabelle 3: Studienabschluss

	Häufigkeit (abs.)	Prozent
Universitäts-Diplom	48	59,3
Fachhochschul-Diplom	18	22,2
Staatsexamen	2	2,5
Magister	3	3,7
Berufsakademie (BA)	6	7,4
MBA	1	1,2
Sonst. Studienabschluss	3	3,7
Gesamt	81	100,0

Quelle: Eigene Erhebung

42 Prozent der Teilnehmer befinden sich noch im Studium und haben noch keine Berufserfahrung nach Abschluss des Studiums sammeln können, während 58 Prozent bereits über Berufserfahrung verfügen (vgl. Tab. 4):

Tabelle 4: Berufsjahre nach Abschluss des Studiums

	Häufigkeit (absolut)	Prozent	Kumulierte Prozente
0	34	42,0	42,0
1	5	6,2	48,2
2	8	9,9	58,1
3	12	14,8	72,9
4	6	7,4	80,3
5	8	9,9	90,2
6	5	6,2	96,4
8	1	1,2	97,6
9	1	1,2	98,8
10	1	1,2	100,0
Gesamt	81	100,0	

Quelle: Eigene Erhebung

4.1.4 Deskriptive Ergebnisse der empirischen Untersuchung

4.1.4.1 Frage 1

Frage 1 zielt darauf ab, den Bekanntheitsgrad von e-Diagnostic-Tools zu ermitteln. Gemäß Auswertung beträgt dieser auf Kandidatenseite 72,8 Prozent. Den Begriff „Online-Assessment" können 72,3 Prozent der Wirtschaftswissenschaftler einordnen, während es bei den Ingenieuren lediglich 62,5 Prozent sind. Für die restlichen Studiengänge lässt sich aufgrund mangelnder Repräsentanz keine Aussage treffen (vgl. Tab. 5).

Tabelle 5: Bekanntheitsgrad von Online-ACs in Abhängigkeit vom Studiengang

		Von Online-ACs gehört		Gesamt
		Ja.	Nein.	
Wirtschaftswissenschaften	Anzahl	34	13	47
	% von Studiengang	72,3%	27,7%	100,0%
Rechtswissenschaften	Anzahl	3	0	3
	% von Studiengang	100,0%	0,0%	100,0%
Philosophie	Anzahl	4	1	5
	% von Studiengang	80,0%	20,0%	100,0%
Mathematik/Naturwiss.	Anzahl	5	1	6
	% von Studiengang	83,3%	16,7%	100,0%
Erziehungswissenschaften	Anzahl	1	0	1
	% von Studiengang	100,0%	0,0%	100,0%
Ingenieurwissenschaften	Anzahl	10	6	16
	% von Studiengang	62,5%	37,5%	100,0%
Informatik	Anzahl	2	1	3
	% von Studiengang	66,7%	33,3%	100,0%
Gesamt	Anzahl	59	22	81
	% von Studiengang	72,8%	27,2%	100,0%

Quelle: Eigene Erhebung

Bei einer Unterteilung der Kandidaten nach Berufserfahrung, Studienabschluss, Geschlecht, Semesterzahl und Alter ergeben sich im Hinblick auf den Bekanntheitsgrad von Online-ACs keine nennenswerten Unterschiede zwischen den Gruppen. Aus diesem Grund wird auf eine Darstellung der diesbezüglichen Tabellen verzichtet.

4.1.4.2 Frage 2

Praktische Erfahrungen mit e-Diagnostic-Tools konnten insgesamt 44,4 Prozent der Kandidaten sammeln. 61 Prozent derjenigen Kandidaten, denen Online-Assessments ein Begriff sind (vgl. Frage 1), haben bereits an einem solchen teilgenommen (vgl. Tab. 6).

Tabelle 6: Von Online-ACs gehört * Online-AC durchlaufen Kreuztabelle

			Online-AC durchlaufen		Gesamt
			Ja.	Nein.	
Von Online-ACs gehört	Ja.	Anzahl	36	23	59
		%	61,0%	39,0%	100,0%
	Nein.	Anzahl	-	22	22
		%	-	100,0%	100,0%
Gesamt		Anzahl	36	45	81
		%	44,4%	55,6%	100,0%

Quelle: Eigene Erhebung

Bei Betrachtung der Studiengänge (vgl. Tab. 7) fällt auf, dass der Anteil der Ingenieure, welche bereits über Erfahrungen mit einem e-Diagnostic-Tool verfügen, mit einem Wert von 43,8 Prozent um 5,5 Prozent höher liegt als der der Wirtschaftswissenschaftler (38,3 Prozent), und das, obwohl der Bekanntheitsgrad bei den Ingenieuren niedriger liegt als bei den Wirtschaftswissenschaftlern (vgl. Frage 1). Dies lässt den Schluss zu, dass sich die Gruppe der Ingenieure, sofern sie von der Existenz von e-Diagnostic-Tools gehört hat, eher für deren Nutzung begeistern lässt als die der Wirtschaftswissenschaftler. Alternativ wäre auch denkbar, dass die Unternehmen bei der Einstellung von Ingenieuren verstärkt zum Einsatz von Online-Assessments tendieren.

Da die übrigen Studiengänge kaum vertreten sind, lassen sich aus diesen Angaben keinerlei Schlussfolgerungen ziehen, so dass bei nachfolgenden Fragen auf eine explizite Betrachtung dieser verzichtet wird.

Tabelle 7: Erfahrungen mit Online-ACs in Abhängigkeit vom Studiengang

		Online-AC durchlaufen		Gesamt
		Ja.	Nein.	
Wirtschaftswissenschaften	Anzahl	18	29	47
	% von Studiengang	38,3%	61,7%	100,0%
Rechtswissenschaften	Anzahl	2	1	3
	% von Studiengang	66,7%	33,3%	100,0%
Philosophie	Anzahl	3	2	5
	% von Studiengang	60,0%	40,0%	100,0%
Mathematik/Naturwiss.	Anzahl	4	2	6
	% von Studiengang	66,7%	33,3%	100,0%
Erziehungswissenschaften	Anzahl	1	0	1
	% von Studiengang	100,0%	0,0%	100,0%
Ingenieurwissenschaften	Anzahl	7	9	16
	% von Studiengang	43,8%	56,3%	100,0%
Informatik	Anzahl	1	2	3
	% von Studiengang	33,3%	66,7%	100,0%
Gesamt	Anzahl	36	45	81
	% von Studiengang	44,4%	55,6%	100,0%

Quelle: Eigene Erhebung

Bei einer Differenzierung der Kandidaten nach dem Geschlecht ergibt sich, dass die weiblichen Kandidaten prozentual betrachtet vermehrt praktische Erfahrungen mit Online-Assessments gesammelt haben. Dies könnte auf eine höhere Aufgeschlossenheit der weiblichen Probanden gegenüber Online-Assessments hindeuten (vgl. Tab. 8, Abb. 2).

Tabelle 8: Geschlecht * Online-AC durchlaufen Kreuztabelle

			Online-AC durchlaufen		Gesamt
			Ja.	Nein.	
Geschlecht	männlich	Anzahl	26	37	63
		% von Geschlecht	41,3%	58,7%	100,0%
	weiblich	Anzahl	10	8	18
		% von Geschlecht	55,6%	44,4%	100,0%
Gesamt		Anzahl	36	45	81
		% von Geschlecht	44,4%	55,6%	100,0%

Quelle: Eigene Erhebung

Abbildung 2: Geschlecht * Online-AC durchlaufen

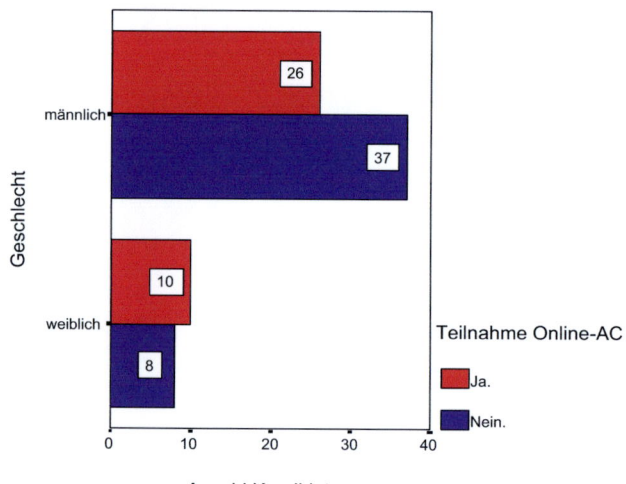

Quelle: Eigene Erhebung

Eine Segmentierung der Kandidaten nach weiteren Kriterien (Studienabschluss, Semesterzahl, Berufserfahrung, Alter) ergibt keine Erkenntnisse.

4.1.4.3 Frage 3

Die meisten Erfahrungen liegen im Umgang mit dem biographischen Fragebogen (Online-Version) vor. So verfügen bereits 35,8 Prozent der Teilnehmer über praktische Erfahrungen mit diesem Instrument, welches v.a. in Form von Online-Bewerbungsformularen zum Einsatz kommt (vgl. Tab. 9, Abb. 3).

Tabelle 9: Erfahrung mit biograph. Fragebogen als Online-Verfahren

	Häufigkeit (absolut)	Prozent
Ja.	29	35,8
Nein.	52	64,2
Gesamt	81	100,0

Quelle: Eigene Erhebung

Abbildung 3: Erfahrung mit biograph. Fragebogen als Online-Verfahren

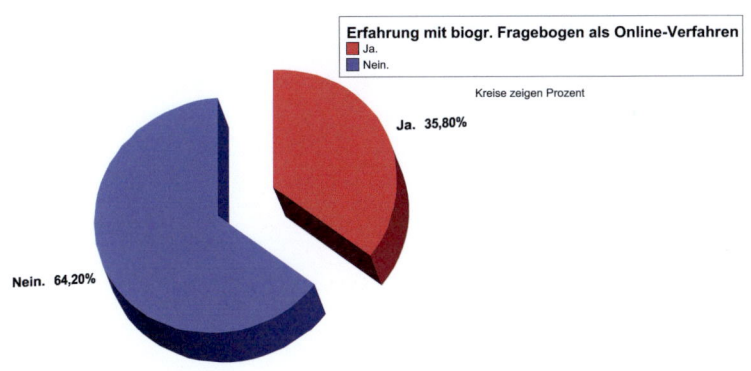

Quelle: Eigene Erhebung

Das am zweithäufigsten angewendete Instrument ist der Online-Persönlichkeitstest, der bereits von 28,4 Prozent der Teilnehmer absolviert wurde (vgl. Tab. 10, Abb. 4).

Tabelle 10: Erfahrung mit Online-Persönlichkeitstest

	Häufigkeit (absolut)	Prozent
Ja.	23	28,4
Nein.	58	71,6
Gesamt	81	100,0

Quelle: Eigene Erhebung

Abbildung 4: Erfahrung mit Online-Persönlichkeitstest

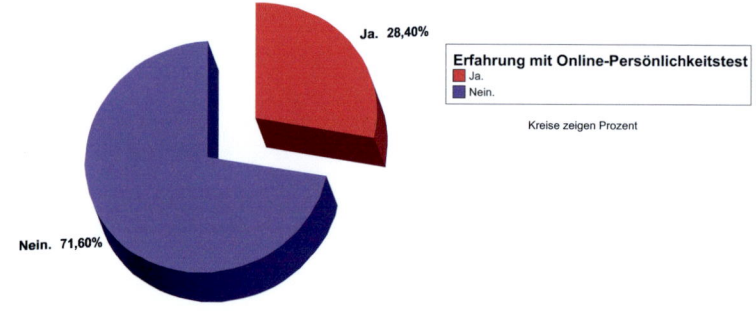

Quelle: Eigene Erhebung

Mit Online-Planspielen bzw. computersimulierten Szenarien konnten 18,5 Prozent der Teilnehmer Erfahrungen sammeln (vgl. Tab. 11, Abb. 5). Ein ähnliches Ergebnis erzielt der Online-Leistungstest mit einer Quote von 16 Prozent (vgl. Tab. 12, Abb. 6).

Tabelle 11: Erfahrung mit Online-Planspiel/Computersimulierten Szenarien

	Häufigkeit (absolut)	Prozent
Ja.	15	18,5
Nein.	66	81,5
Gesamt	81	100,0

Quelle: Eigene Erhebung

Abbildung 5: Erfahrung mit Online-Planspiel/Computersimulierten Szenarien

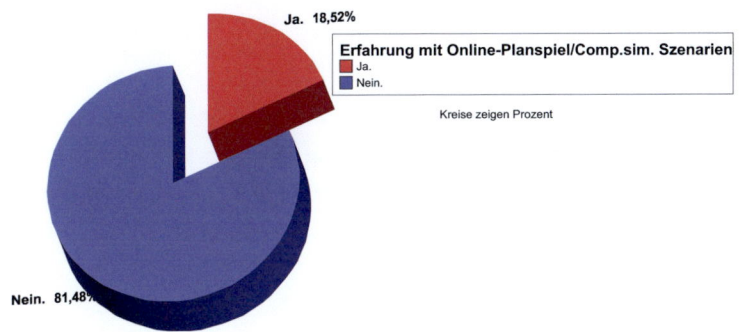

Quelle: Eigene Erhebung

Tabelle 12: Erfahrung mit Online-Leistungstest

	Häufigkeit (absolut)	Prozent
Ja.	13	16,0
Nein.	68	84,0
Gesamt	81	100,0

Quelle: Eigene Erhebung

Abbildung 6: Erfahrung mit Online-Leistungstest

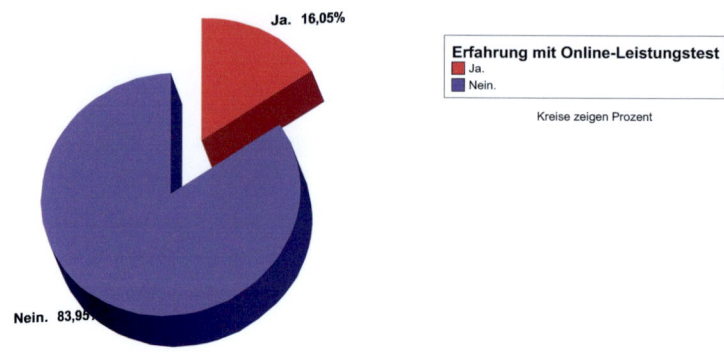

Ja. 16,05%

Erfahrung mit Online-Leistungstest
- Ja.
- Nein.

Kreise zeigen Prozent

Nein. 83,95

Quelle: Eigene Erhebung

Die Online-Postkorbübung wurde bisher nur von 7,4 Prozent der Kandidaten bearbeitet (vgl. Tab. 13, Abb. 7). Dies liegt sicherlich zu einem großen Teil an der noch relativ geringen Verbreitung der Postkorbübung in der Online-Form. Zum Einsatz kommt sie z.B. bei Online-Assessments in Form von Online-Spielen.

Tabelle 13: Erfahrung mit Online-Postkorbübung

	Häufigkeit (absolut)	Prozent
Ja.	6	7,4
Nein.	75	92,6
Gesamt	81	100,0

Quelle: Eigene Erhebung

Abbildung 7: Erfahrung mit Online-Postkorbübung

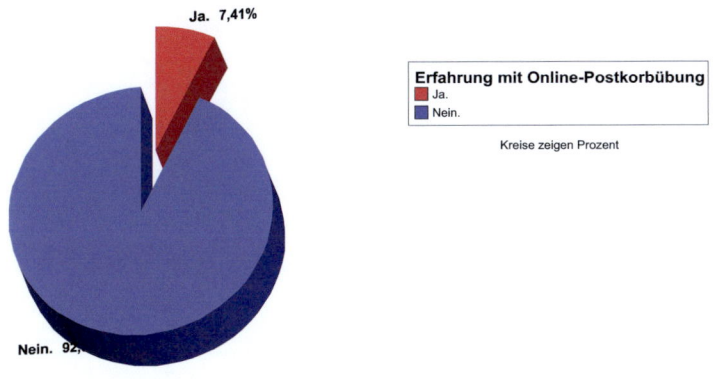

Quelle: Eigene Erhebung

Bei einer Differenzierung der Kandidaten nach Geschlecht ergibt sich, dass die weiblichen Teilnehmer beim biographischen Fragebogen, dem Online-Persönlichkeitstest sowie der Online-Postkorbübung über größere Erfahrungen verfügen als die männlichen Teilnehmer. Bei den übrigen e-Diagnostic-Tools ist das Verhältnis ausgewogen (vgl. Tab. 14-16).

Tabelle 14: Geschlecht   * Erfahrung mit biograph. Fragebogen als Online-Verfahren
Kreuztabelle

			Erfahrung mit Biogr.Fragebogen		Gesamt
			Ja.	Nein.	
Geschlecht	männlich	Anzahl	21	42	63
		% von Geschlecht	33,3%	66,7%	100,0%
	weiblich	Anzahl	8	10	18
		% von Geschlecht	44,4%	55,6%	100,0%
Gesamt		Anzahl	29	52	81
		% von Geschlecht	35,8%	64,2%	100,0%

Quelle: Eigene Erhebung

Tabelle 15: Geschlecht * Erfahrung mit Online-Persönlichkeitstest Kreuztabelle

			Erfahrung mit Pers.keitstest		Gesamt
			Ja.	Nein.	
Geschlecht	männlich	Anzahl	16	47	63
		% von Geschlecht	25,4%	74,6%	100,0%
	weiblich	Anzahl	7	11	18
		% von Geschlecht	38,9%	61,1%	100,0%
Gesamt		Anzahl	23	58	81
		% von Geschlecht	28,4%	71,6%	100,0%

Quelle: Eigene Erhebung

Tabelle 16: Geschlecht * Erfahrung mit Online-Postkorbübung Kreuztabelle

			Erfahrung mit Postkorbübung		Gesamt
			Ja.	Nein.	
Geschlecht	männlich	Anzahl	3	60	63
		% von Geschlecht	4,8%	95,2%	100,0%
	weiblich	Anzahl	3	15	18
		% von Geschlecht	16,7%	83,3%	100,0%
Gesamt		Anzahl	6	75	81
		% von Geschlecht	7,4%	92,6%	100,0%

Quelle: Eigene Erhebung

Eine Segmentierung nach weiteren Kriterien (Studiengang, Berufserfahrung, Alter) erweist sich als nicht aufschlussreich.

4.1.4.4 Frage 4

Frage 4 beschäftigt sich mit der Akzeptanz der einzelnen e-Diagnostic-Tools bei den Kandidaten. Die e-Diagnostic-Tools waren auf einer Skala von 1 (keinerlei Akzeptanz) bis 5 (sehr hohe Akzeptanz) zu bewerten.

Mit einem Mittelwert von 4,0 trifft der biographische Fragebogen auf die größte Akzeptanz. Allerdings ist die Sonderstellung des biographischen Fragebogens zu beachten: Zwar gehört er zu den eignungsdiagnostischen Instrumenten, doch sollen mit seiner Hilfe hauptsächlich „Hard Facts" und weniger Verhaltensweisen ermittelt werden, welche ansonsten vorwiegend im Mittelpunkt von Online-Assessments stehen. Womöglich beruht die hohe Akzeptanz auf dieser Sonderstellung des biographischen Fragebogens.

Online-Planspiele bzw. computersimulierte Szenarien erreichen mit einem Wert von 3,5 ebenfalls eine überdurchschnittliche Akzeptanz.

Die Online-Postkorbübung und der Online-Leistungstest liegen im mittleren Akzeptanzbereich, während der Online-Persönlichkeitstest mit einem Mittelwert von 2,5 am wenigsten von den Kandidaten akzeptiert wird.

Abbildung 8: Akzeptanz der einzelnen e-Diagnostic-Tools auf Kandidatenseite

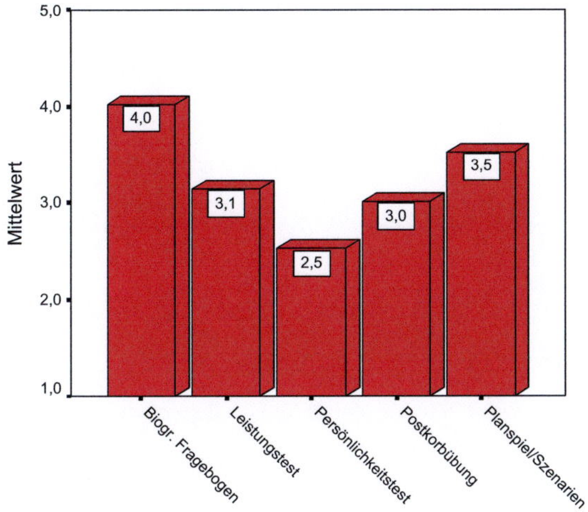

Quelle: Eigene Erhebung

Eine Unterteilung der Teilnehmerstichprobe führt lediglich bei einer Segmentierung nach dem Geschlecht zu erwähnenswerten Unterschieden. Generell lässt sich die Aussage treffen, dass die Akzeptanz von e-Diagnostic-Tools auf Seiten der weiblichen Kandidaten ein wenig höher ist als auf Seiten der männlichen Kandidaten, insbesondere beim Online-Persönlichkeitstest (vgl. Tab. 17) und der Online-Postkorbübung (vgl. Tab. 18).

Tabelle 17: Geschlecht * Akzeptanz Online-Persönlichkeitstest Kreuztabelle

			Akzeptanz					Gesamt
			keinerlei Akzeptanz	geringe Akzeptanz	mittlere Akzeptanz	hohe Akzeptanz	sehr hohe Akzeptanz	
Ge-schlecht	männl.	An-zahl	18	17	15	8	2	60
		%	30,0%	28,3%	25,0%	13,3%	3,3%	100,0%
	weibl.	An-zahl	1	4	4	5	4	18
		%	5,6%	22,2%	22,2%	27,8%	22,2%	100,0%
Gesamt		An-zahl	19	21	19	13	6	78
		%	24,4%	26,9%	24,4%	16,7%	7,7%	100,0%

Quelle: Eigene Erhebung

Tabelle 18: Geschlecht * Akzeptanz Online-Postkorbübung Kreuztabelle

			Akzeptanz					Gesamt
			keinerlei Akzeptanz	geringe Akzeptanz	mittlere Akzeptanz	hohe Akzeptanz	sehr hohe Akzeptanz	
Ge-schlecht	männl.	An-zahl	10	10	20	16	3	59
		%	16,9%	16,9%	33,9%	27,1%	5,1%	100,0%
	weibl.	An-zahl	1	2	4	7	3	17
		%	5,9%	11,8%	23,5%	41,2%	17,6%	100,0%
Gesamt		An-zahl	11	12	24	23	6	76
		%	14,5%	15,8%	31,6%	30,3%	7,9%	100,0%

Quelle: Eigene Erhebung

Im folgenden wird untersucht, ob eine Verbindung zwischen der Akzeptanz auf Bewerberseite und der Erfahrung mit dem betreffenden e-Diagnostic-Tool besteht (vgl. Tab. 19-24).

Diejenigen Kandidaten, die bereits Erfahrungen mit dem biographischen Frage-bogen in der Online-Version sammeln konnten, vergeben höhere Akzeptanzwer-te als die übrigen Kandidaten (vgl. Tab. 19). So erreicht der biographische Fragebogen hohe bis sehr hohe Akzeptanzwerte bei 90 Prozent der erfahrenen Kandidaten. Von den im Umgang damit unerfahrenen Kandidaten akzeptieren ihn jedoch nur 74 Prozent. Gleichzeitig ist auch der Anteil der Kandidaten, welche ihm den maximalen Akzeptanzwert zusprechen, bei den Anwendern beinahe doppelt so hoch wie bei den Nicht-Anwendern.

Tabelle 19: Erfahrung mit biograph. Fragebogen als Online-Verfahren * Akzeptanz biograph. Fragebogen als Online-Verfahren Kreuztabelle

			Akzeptanz				Gesamt
			geringe Akzeptanz	mittlere Akzeptanz	hohe Akzeptanz	sehr hohe Akzeptanz	
Erfahrung mit biograph. Fragebogen	Ja.	Anzahl	2	1	13	13	29
		Erwartete Anzahl	2,6	3,3	13,8	9,3	29,0
		%	6,9%	3,4%	44,8%	44,8%	100,0%
	Nein.	Anzahl	5	8	24	12	49
		Erwartete Anzahl	4,4	5,7	23,2	15,7	49,0
		%	10,2%	16,3%	49,0%	24,5%	100,0%
Gesamt		Anzahl	7	9	37	25	78
		Erwartete Anzahl	7,0	9,0	37,0	25,0	78,0
		%	9,0%	11,5%	47,4%	32,1%	100,0%

Quelle: Eigene Erhebung

Um das Maß der Korrelation zu bestimmen, wird der Rangkorrelationskoeffizient nach Spearman[2] ermittelt, welcher im Wertebereich von -1 bis 1 definiert ist. Der Wert des Spearman-Rho beträgt beim biographischen Fragebogen 0,238, wobei mit einem p-Wert von 0,036 auf einem Signifikanzniveau von $\alpha = 0,05$ ein positiver, statistisch signifikanter Zusammenhang nachgewiesen ist (vgl. Tab. 20)[3].

---

[2]   Der Rangkorrelationskoeffizient nach SPEARMAN (auch: Spearman-Rho) ist ein Zusammenhangsmaß für eine Zufallsstichprobe von n Merkmalsträgern, an denen die Ausprägungspaare der mindestens ordinal skalierten Merkmale X und Y beobachtet und auf die Rangwertepaare abgebildet wurden, wobei die Variable d die Differenz zwischen den Rangwertepaaren beschreibt (vgl. ECKSTEIN 2000, S. 194 f.; s. auch ACASTAT SOFTWARE 2002):

$$\rho = 1 - \frac{6 \sum d^2}{n\left(n^2 - 1\right)}$$

[3]   Der p-Wert ist das Ergebnis eines Signifikanztests zur Prüfung einer vorab aufgestellten Null-Hypothese. Er spiegelt die Wahrscheinlichkeit wider, dass, unter der Annahme, die Null-Hypothese sei wahr, die Teststatistik den beobachteten oder einen extremeren Wert annimmt. Vor der Datenerhebung wird eine maximale Irrtumswahrscheinlichkeit festgelegt (Signifikanzniveau α), die den Fehler 1. Art, nämlich die Nullhypothese abzulehnen, obwohl sie richtig ist, begrenzt. Ist der p-Wert kleiner als das festgelegte Signifikanzniveau, so liegt statistische Signifikanz zum Niveau α vor (vgl. BENDER/LANGE 2001, S. 39 f.).

Tabelle 20: Korrelation Erfahrung * Akzeptanz biograph. Fragebogen als Online-Verfahren

			Erfahrung mit biogr. Fragebogen als Online-Verfahren	Akzeptanz biogr. Fragebogen als Online-Verfahren
Spearman-Rho	Erfahrung mit biogr. Fragebogen als Online-Verfahren	Korrelations-koeffizient	1,000	0,238
		Sig. (2-seitig)	-	0,036
		N	81	78
	Akzeptanz biogr. Fragebogen als Online-Verfahren	Korrelations-koeffizient	0,238	1,000
		Sig. (2-seitig)	0,036	-
		N	78	78

* Korrelation ist auf dem Niveau von 0,05 signifikant (2-seitig).
Sig. = Signifikanz

Quelle: Eigene Erhebung

Beim Online-Leistungstest ist diese Relation noch auffälliger (vgl. Tab. 21): 69 Prozent derjenigen Kandidaten, die bereits einen Leistungstest durchlaufen haben, sprechen diesem hohe bis sehr hohe Akzeptanzwerte zu. Auf Seiten der unerfahrenen Kandidaten hält lediglich die Hälfte den Leistungstest für hoch bis sehr hoch akzeptabel.

Tabelle 21: Erfahrung mit Online-Leistungstest * Akzeptanz Online-Leistungstest Kreuztabelle

			Akzeptanz					Gesamt
			keinerlei Akzeptanz	geringe Akzeptanz	mittlere Akzeptanz	hohe Akzeptanz	sehr hohe Akzeptanz	
Erfahrung mit Online-Leist.test	Ja.	Anzahl	0	2	2	4	5	13
		Erw. Anzahl	0,2	4,7	2,8	3,5	1,8	13,0
		%	0,0%	15,4%	15,4%	30,8%	38,5%	100,0%
	Nein.	Anzahl	1	26	15	17	6	65
		Erw. Anzahl	,8	23,3	14,2	17,5	9,2	65,0
		%	1,5%	40,0%	23,1%	26,2%	9,2%	100,0%
Gesamt		Anzahl	1	28	17	21	11	78
		Erw. Anzahl	1,0	28,0	17,0	21,0	11,0	78,0
		%	1,3%	35,9%	21,8%	26,9%	14,1%	100,0%

Quelle: Eigene Erhebung

Der Rangkorrelationskoeffizient nach Spearman bestätigt mit einem Maß von 0,297 auf einem Signifikanzniveau von α = 0,01 eine relativ stark ausgeprägte, statistisch signifikante Korrelation zwischen Erfahrung und Akzeptanz beim Online-Leistungstest (vgl. Tab. 22).

Tabelle 22: Korrelation Erfahrung * Akzeptanz Online-Leistungstest

			Erfahrung mit Online-Leistungstest	Akzeptanz Online-Leistungstest
Spearman-Rho	Erfahrung mit Online-Leistungstest	Korrelations-koeffizient	1,000	0,297
		Sig. (2-seitig)	-	0,008
		N	81	78
	Akzeptanz Online-Leistungstest	Korrelations-koeffizient	0,297	1,000
		Sig. (2-seitig)	0,008	-
		N	78	78

** Korrelation ist auf dem Niveau von 0,01 signifikant (2-seitig).

Quelle: Eigene Erhebung

Beim Online-Persönlichkeitstest und dem Online-Planspiel bzw. den computer-simulierten Szenarien ist die Korrelation nicht signifikant. Auch bei der Online-Postkorbübung ist zwar keine Signifikanz festzustellen, doch erstaunt, dass hier eine leicht negative Korrelation zu bestehen scheint (vgl. Tab. 23, 24). Diejenigen Kandidaten, die sich bereits mit der Online-Postkorbübung beschäftigt haben, können dieser keine überdurchschnittliche Akzeptanz attestieren, bei der Gruppe der Nicht-Anwender halten jedoch 41 Prozent die Übung für hoch bis sehr hoch akzeptabel. Möglicherweise liegt diese Abweichung allerdings auch darin begründet, dass nur fünf Kandidaten überhaupt eine Postkorb-Übung absolviert haben und somit das Problem der mangelnden Repräsentativität besteht.

Tabelle 23: Erfahrung mit Online-Postkorbübung * Akzeptanz Online-Postkorbübung Kreuztabelle

			Akzeptanz					Gesamt
			keinerlei Akzeptanz	geringe Akzeptanz	mittlere Akzeptanz	hohe Akzeptanz	sehr hohe Akzeptanz	
Erfahrung mit Online-Postkorb-übung	Ja.	An-zahl	1	1	3	0	0	5
		Erw. An-zahl	0,7	0,8	1,6	1,5	0,4	5,0
		%	20,0%	20,0%	60,0%	0,0%	0,0%	100,0%
	Nein.	An-zahl	10	11	21	23	6	71
		Erw. An-zahl	10,3	11,2	22,4	21,5	5,6	71,0
		%	14,1%	15,5%	29,6%	32,4%	8,5%	100,0%
Gesamt		An-zahl	11	12	24	23	6	76
		Erw. An-zahl	11,0	12,0	24,0	23,0	6,0	76,0
		%	14,5%	15,8%	31,6%	30,3%	7,9%	100,0%

Quelle: Eigene Erhebung

Tabelle 24: Korrelation Erfahrung * Akzeptanz Online-Postkorbübung

			Erfahrung mit Online-Postkorbübung	Akzeptanz Online-Postkorbübung
Spearman-Rho	Erfahrung mit Online-Postkorbübung	Korrelations-koeffizient	1,000	-0,157
		Sig. (2-seitig)	-	0,177
		N	81	76
	Akzeptanz Online-Postkorbübung	Korrelations-koeffizient	-0,157	1,000
		Sig. (2-seitig)	0,177	-
		N	76	76

Quelle: Eigene Erhebung

Es lässt sich zusammenfassend feststellen, dass eine statistisch signifikante positive Korrelation zwischen Erfahrung und Akzeptanz sowohl beim biographischen Fragebogen (Online-Version) als auch beim Online-Leistungstest besteht. Bei den übrigen untersuchten e-Diagnostic-Tools ist eine statistische Signifikanz nicht nachweisbar.

4.1.4.5 Frage 5

Diese Frage zielt auf die Motive ab, welche Bewerber zur Teilnahme an einem Online-Assessment bewegen. Folgende Motive wurden den Kandidaten zur Bewertung gestellt:

a) *Möglichkeit der Selbsteinschätzung (z.B. Erfahren der eigenen Stärken und Schwächen).*

b) *Zwangsdurchlauf im Rahmen eines Bewerbungsprozesses.*

c) *Erhalt eines digitalen Gutachtens über das persönliche Stärken-Schwächen-Profil, das ggf. zukünftigen Bewerbungen beigelegt werden kann, um die Qualifikation zu untermauern.*

d) *Möglichkeit zur Aufnahme in den Rekrutierungspool namhafter Unternehmen (bei Online-Spielen).*

e) *Neugierde bezüglich des Verfahrens (bei Online-Spielen).*

Die Kandidaten waren aufgefordert, auf einer Skala von 1 (überhaupt nicht relevant) bis 5 (sehr relevant) die persönliche Relevanz des jeweiligen Motives anzugeben.

Wie Abbildung 9 zeigt, weist die Möglichkeit zur Selbsteinschätzung mit einem Wert von 3,9 die größte Relevanz für die Kandidaten auf. Die Aufnahme in den Rekrutierungspool von Unternehmen trifft auf die zweitgrößte Relevanz. Das bedeutet, dass bei den Kandidaten Kontaktangebote der Unternehmen, wie sie mit dem Bewerberrelationship-Management einhergehen, auf eine positive Resonanz stoßen. Hohe Relevanzwerte werden auch der Neugierde bezüglich des Verfahrens und dem Zwangsdurchlauf im Rahmen des Bewerbungsprozesses zugeordnet. Lediglich der Erhalt eines digitalen Gutachtens durch ein Beratungsunternehmen, welches die Qualifikationen des jeweiligen Kandidaten beschreibt, wird für nur mittelmäßig relevant gehalten.

Das Ergebnis erklärt den großen Erfolg der Online-Spiele, z.B. der „Cyquest-Karrierejagd", welche mehrere Motive der Kandidaten gleichzeitig ansprechen:

119

die Möglichkeit zur Selbsteinschätzung, die Aufnahme in den Rekrutierungspool namhafter Unternehmen sowie die Befriedigung der Neugierde der Kandidaten.

Abbildung 9: Motive zur Teilnahme an einem Online-Assessment aus Kandidatensicht

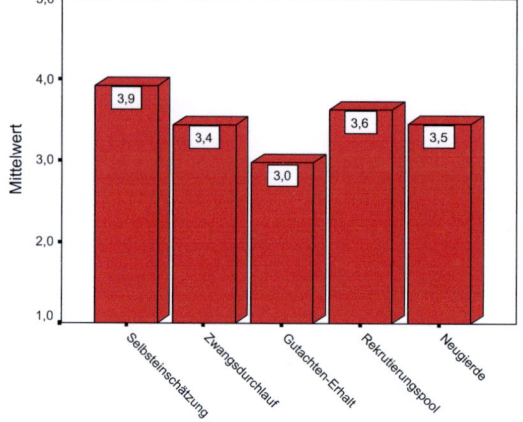

Quelle: Eigene Erhebung

Zusätzlich wurde den Kandidaten bei dieser Frage die Option zur Verfügung gestellt, weitere für sie relevante Motive zu ergänzen. Aufgeführt und als hoch bis äußerst relevant eingeordnet wurden die folgenden Motive: Zeit-/Reiseersparnis, besserer „Fit" zwischen Kandidat und Arbeitsaufgabe sowie Vergleichsmöglichkeit der eigenen Qualifikationen mit denen von Personen in ähnlicher Position.

Als nächstes wird der Frage nachgegangen, welche Motive für bestimmte Kandidatengruppen besonders relevant bzw. irrelevant sind. Als aussagekräftig erweist sich eine Unterteilung nach Studiengang (Wirtschafts- und Ingenieurwissenschaften), Berufserfahrung und Geschlecht.

Bezüglich des Studiengangs fällt auf, dass sowohl der Wunsch nach freiwilliger Selbsteinschätzung (vgl. Tab. 25) als auch die Neugierde (vgl. Tab. 26) bei den Ingenieuren insgesamt gesehen stärker ausgeprägt sind als bei den Wirtschaftswissenschaftlern:

Tabelle 25: Studiengang * Motiv: Möglichkeit zur Selbsteinschätzung Kreuztabelle

		Motiv					Gesamt
		vollkommen irrelevant	wenig relevant	mittlere Relevanz	hoch relevant	äußerst relevant	
Wirtschaftswissen-schaften	An-zahl	3	4	8	17	15	47
	%	6,4%	8,5%	17,0%	36,2%	31,9%	100,0%
Ingenieurwissen-schaften	An-zahl	0	1	2	10	3	16
	%	0,0%	6,3%	12,5%	62,5%	18,8%	100,0%

Quelle: Eigene Erhebung

Tabelle 26: Studiengang * Motiv: Neugierde bzgl. des Verfahrens (bei Online-Spielen) Kreuztabelle

		Motiv					Gesamt
		vollkommen irrelevant	wenig relevant	mittlere Relevanz	hoch relevant	äußerst relevant	
Wirtschaftswissen-schaften	An-zahl	8	7	9	12	11	47
	%	17,0%	14,9%	19,1%	25,5%	23,4%	100,0%
Ingenieurwissen-schaften	An-zahl	1	1	2	8	4	16
	%	6,3%	6,3%	12,5%	50,0%	25,0%	100,0%

Quelle: Eigene Erhebung

Bei den Motiven Aufnahme in den Rekrutierungspool, Zwangsdurchlauf im Bewerbungsverfahren und Gutachtenerhalt und verhält es sich genau umgekehrt (vgl. Tab. 27-29): Diese Motive sind den Ingenieuren weniger wichtig als den

Wirtschaftswissenschaftlern. Dies mag auf die zur Zeit äußerst positive Arbeits-marktsituation für Ingenieure zurückzuführen sein.

Tabelle 27: Studiengang * Motiv: Aufnahme in Rekrutierungspool (bei Online-Spielen) Kreuztabelle

		Motiv					Gesamt
		vollkommen irrelevant	wenig relevant	mittlere Relevanz	hoch relevant	äußerst relevant	
Wirtschaftswissen-schaften	An-zahl	2	4	8	17	15	46
	%	4,3%	8,7%	17,4%	37,0%	32,6%	100,0%
Ingenieurwissen-schaften	An-zahl	1	2	5	8	0	16
	%	6,3%	12,5%	31,3%	50,0%	0,0%	100,0%

Quelle: Eigene Erhebung

Tabelle 28: Studiengang * Motiv: Zwangsdurchlauf im Bewerbungsverfahren Kreuz-tabelle

		Motiv					Gesamt
		vollkommen irrelevant	wenig relevant	mittlere Relevanz	hoch relevant	äußerst relevant	
Wirtschaftswissen-schaften	An-zahl	3	4	12	17	11	47
	%	6,4%	8,5%	25,5%	36,2%	23,4%	100,0%
Ingenieurwissen-schaften	An-zahl	2	5	2	5	2	16
	%	12,5%	31,3%	12,5%	31,3%	12,5%	100,0%

Quelle: Eigene Erhebung

Tabelle 29: Studiengang * Motiv: Erhalt eines digitalen Gutachtens Kreuztabelle

		Motiv					Gesamt
		vollkommen irrelevant	wenig relevant	mittlere Relevanz	hoch relevant	äußerst relevant	
Wirtschaftswissen-schaften	An-zahl	9	9	6	14	9	47
	%	19,1%	19,1%	12,8%	29,8%	19,1%	100,0%
Ingenieurwissen-schaften	An-zahl	3	2	7	3	1	16
	%	18,8%	12,5%	43,8%	18,8%	6,3%	100,0%

Quelle: Eigene Erhebung

Im Hinblick auf die Berufserfahrung der Kandidaten ergeben sich nur beim Motiv des Zwangsdurchlaufs im Bewerbungsverfahren erwähnenswerte Unterschiede (vgl. Tab 30). Dieses Motiv wird verständlicherweise von den Berufserfahrenen für weniger relevant erachtet als von den Studenten.

Tabelle 30: Berufserfahrung * Motiv: Zwangsdurchlauf im Bewerbungsverfahren Kreuztabelle

		Motiv					Gesamt
		vollkommen irrelevant	wenig relevant	mittlere Relevanz	hoch relevant	äußerst relevant	
Keine Berufs- erfahrung	An- zahl	1	5	10	7	11	34
	%	2,9%	14,7%	29,4%	20,6%	32,4%	100,0%
Berufserfahrung	An- zahl	18	6	6	16	1	47
	%	38,3%	12,8%	12,8%	34,0%	2,1%	100,0%

Quelle: Eigene Erhebung

Bei einer Differenzierung nach dem Geschlecht ergibt sich, dass sämtliche Motive auf der Seite der Frauen eine im Durchschnitt stärkere Ausprägung erfahren (vgl. Tab. 31-35).

Tabelle 31: Geschlecht * Motiv: Möglichkeit zur Selbsteinschätzung Kreuztabelle

			Motiv					Gesamt
			vollkommen irrelevant	wenig relevant	mittlere Relevanz	hoch relevant	äußerst relevant	
Geschlecht	männl.	An- zahl	2	5	10	33	13	63
		%	3,2%	7,9%	15,9%	52,4%	20,6%	100,0%
	weibl.	An- zahl	1	0	1	4	12	18
		%	5,6%	0,0%	5,6%	22,2%	66,7%	100,0%
Gesamt		An- zahl	3	5	11	37	25	81
		%	3,7%	6,2%	13,6%	45,7%	30,9%	100,0%

Quelle: Eigene Erhebung

Tabelle 32: Geschlecht   * Motiv: Zwangsdurchlauf im Bewerbungsverfahren Kreuztabelle

			Motiv					Gesamt
			vollkommen irrelevant	wenig relevant	mittlere Relevanz	hoch relevant	äußerst relevant	
Geschlecht	männl.	An-zahl	6	11	17	19	10	63
		%	9,5%	17,5%	27,0%	30,2%	15,9%	100,0%
	weibl.	An-zahl	0	1	3	6	8	18
		%	0,0%	5,6%	16,7%	33,3%	44,4%	100,0%
Gesamt		An-zahl	6	12	20	25	18	81
		%	7,4%	14,8%	24,7%	30,9%	22,2%	100,0%

Quelle: Eigene Erhebung

Tabelle 33: Geschlecht   * Motiv: Erhalt eines digitalen Gutachtens Kreuztabelle

			Motiv					Gesamt
			vollkommen irrelevant	wenig relevant	mittlere Relevanz	hoch relevant	äußerst relevant	
Geschlecht	männl.	An-zahl	14	8	16	18	7	63
		%	22,2%	12,7%	25,4%	28,6%	11,1%	100,0%
	weibl.	An-zahl	5	3	0	5	5	18
		%	27,8%	16,7%	0,0%	27,8%	27,8%	100,0%
Gesamt		An-zahl	19	11	16	23	12	81
		%	23,5%	13,6%	19,8%	28,4%	14,8%	100,0%

Quelle: Eigene Erhebung

Tabelle 34: Geschlecht   * Motiv: Aufnahme in Rekrutierungspool (bei Online-Spielen) Kreuztabelle

			Motiv					Gesamt
			vollkommen irrelevant	wenig relevant	mittlere Relevanz	hoch relevant	äußerst relevant	
Geschlecht	männl.	An-zahl	3	9	14	24	13	63
		%	4,8%	14,3%	22,2%	38,1%	20,6%	100,0%
	weibl.	An-zahl	0	2	2	7	6	17
		%	0,0%	11,8%	11,8%	41,2%	35,3%	100,0%
Gesamt		An-zahl	3	11	16	31	19	80
		%	3,8%	13,8%	20,0%	38,8%	23,8%	100,0%

Quelle: Eigene Erhebung

Tabelle 35: Geschlecht * Motiv: Neugierde bzgl. des Verfahrens (bei Online-Spielen) Kreuztabelle

			Motiv					Gesamt
			vollkommen irrelevant	wenig relevant	mittlere Relevanz	hoch relevant	äußerst relevant	
Geschlecht	männl.	An-zahl	9	8	9	24	12	62
		%	14,5%	12,9%	14,5%	38,7%	19,4%	100,0%
	weibl.	An-zahl	2	1	3	5	7	18
		%	11,1%	5,6%	16,7%	27,8%	38,9%	100,0%
Gesamt		An-zahl	11	9	12	29	19	80
		%	13,8%	11,3%	15,0%	36,3%	23,8%	100,0%

Quelle: Eigene Erhebung

4.1.4.6 Frage 6

Untersucht werden sollte mit Frage 6 die Akzeptanz verschiedener Teilnahme-möglichkeiten an Online-Assessments. Auf einer Skala von 1 (keinerlei Akzep-tanz) bis 5 (sehr hohe Akzeptanz) waren folgende Teilnahmemöglichkeiten zu bewerten:

a) *Online-Assessment als fester Bestandteil des Bewerbungsprozesses zur allei-nigen Vorselektion.*

b) *Online-Assessment als fester Bestandteil des Bewerbungsprozesses in Kom-bination mit einem herkömmlichen Personalauswahlverfahren.*

c) *Online-Assessment in Form eines Online-Spiels auf freiwilliger Basis zur Ge-nerierung von Kontakten zu Unternehmen.*

d) *Online-Assessment auf freiwilliger Basis zur Selbsteinschätzung auf einem Karriereportal.*

e) *Online-Assessment auf freiwilliger Basis bei einem Beratungsunternehmen gegen Entgelt bei Erhalt eines digitalen Gutachtens über das individuelle Stär-ken-Schwächen-Profil.*

Am ehesten sind die Kandidaten bereit, an einem freiwilligen Self-Assessment teilzunehmen, wie es bspw. von Karriereportalen angeboten wird (vgl. Abb. 10). Auch das Online-Assessment in Form eines Online-Spiels trifft auf eine hohe Akzeptanz. Ebenfalls im überdurchschnittlichen Akzeptanzbereich liegt die

Teilnahme an einem Online-Assessment, welches in den Bewerbungsprozess fest integriert ist und in Kombination mit einem herkömmlichen Personalauswahlverfahren, wie z.B. dem persönlichen Interview, eingesetzt wird. Sofern das Online-Assessment jedoch eine alleinige Vorselektionsstufe im Bewerbungsverfahren darstellt, stößt es bei den Kandidaten mit einem Akzeptanzwert von 2,7 auf eine lediglich unterdurchschnittliche Akzeptanz. Auch aufgrund dieses Ergebnisses ist es Unternehmen nicht unbedingt anzuraten, Online-Assessments zur reinen Vorauswahl anzuwenden.

Auf die geringste Akzeptanz trifft die Teilnahme an einem Online-Assessment eines Beratungsunternehmens, welches gegen Entgelt ein digitales Gutachten über das Profil des Kandidaten erstellt. Dieses Gutachten könnte ggf. den Bewerbungsunterlagen des Kandidaten beigefügt werden und bestimmte Defizite, z.B. einen Mangel an Praktika, ausgleichen. Allerdings erscheint fraglich, ob die befragten High Potentials hier stellvertretend für sämtliche Absolventen stehen, da High Potentials ohnehin über überzeugende Qualifikationen verfügen und diese in den Bewerbungsunterlagen bereits dokumentiert sind. Um ein allgemeingültiges Urteil über die Akzeptanz dieser Variante treffen zu können, müsste die Befragung auch auf weniger qualifizierte Kandidaten ausgedehnt werden.

Abbildung 10: Akzeptanz der Teilnahmemöglichkeiten an Online-Assessments

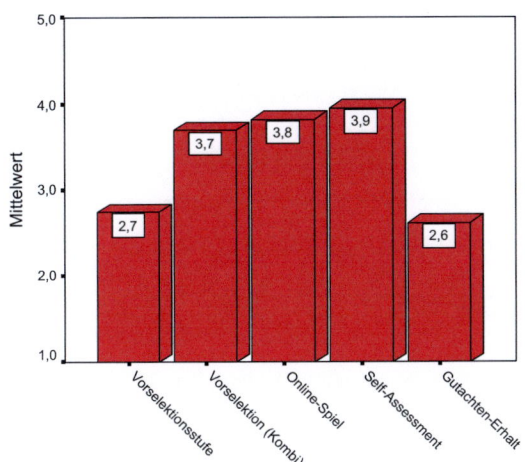

Quelle: Eigene Erhebung

Bei einer Differenzierung der Kandidaten nach dem Studiengang stellt sich heraus, dass die Ingenieure bei einem Einsatz des Online-Assessments im Bewerbungsprozess zurückhaltender reagieren als die Wirtschaftswissenschaftler, sowohl im alleinigen als auch im komplementären Einsatz (vgl. Tab. 36, 37):

Tabelle 36: Studiengang * Teilnahmemöglichkeit: Vorselektionsstufe Bewerbung Kreuztabelle

		Teilnahmemöglichkeit					Gesamt
		keinerlei Akzeptanz	geringe Akzeptanz	mittlere Akzeptanz	hohe Akzeptanz	sehr hohe Akzeptanz	
Wirtschaftswissenschaften	Anzahl	6	11	12	10	6	45
	%	13,3%	24,4%	26,7%	22,2%	13,3%	100,0%
Ingenieurwissenschaften	Anzahl	5	6	2	3	0	16
	%	31,3%	37,5%	12,5%	18,8%	0,0%	100,0%

Quelle: Eigene Erhebung

Tabelle 37: Studiengang * Teilnahmemöglichkeit: Personalauswahl komplementär Kreuztabelle

| | | Teilnahmemöglichkeit | | | | Gesamt |
		geringe Akzeptanz	mittlere Akzeptanz	hohe Akzeptanz	sehr hohe Akzeptanz	
Wirtschaftswissen-schaften	An-zahl	4	14	18	11	47
	%	8,5%	29,8%	38,3%	23,4%	100,0%
Ingenieurwissen-schaften	An-zahl	6	3	4	3	16
	%	37,5%	18,8%	25,0%	18,8%	100,0%

Quelle: Eigene Erhebung

Gleiches gilt für die Möglichkeit der Teilnahme an einem Self-Assessment auf einem Karriereportal, und auch beim Angebot eines Online-Assessments gegen Gutachtenerhalt bei einem Beratungsunternehmen ist eine geringfügig höhere Zurückhaltung bei den Ingenieuren festzustellen (vgl. Tab. 38, 39).

Tabelle 38: Studiengang * Teilnahmemöglichkeit: Self-Assessment auf Portal Kreuztabelle

| | | Teilnahmemöglichkeit | | | | | Gesamt |
		keinerlei Akzeptanz	geringe Akzeptanz	mittlere Akzeptanz	hohe Akzeptanz	sehr hohe Akzeptanz	
Wirtschaftswis-senschaften	An-zahl	2	11	13	20	1	47
	%	4,3%	23,4%	27,7%	42,6%	2,1%	100,0%
Ingenieurwis-senschaften	An-zahl	3	4	8	1	0	16
	%	18,8%	25,0%	50,0%	6,3%	0,0%	100,0%

Quelle: Eigene Erhebung

Tabelle 39: Studiengang * Teilnahmemöglichkeit: Online-Ass.=>Geld/Gutachten
Kreuztabelle

		Teilnahmemöglichkeit					Gesamt
		keinerlei Akzeptanz	geringe Akzeptanz	mittlere Akzeptanz	hohe Akzeptanz	sehr hohe Akzeptanz	
Wirtschaftswis-senschaften	An-zahl	7	14	17	7	2	47
	%	14,9%	29,8%	36,2%	14,9%	4,3%	100,0%
Ingenieurwis-senschaften	An-zahl	5	4	5	1	1	16
	%	31,3%	25,0%	31,3%	6,3%	6,3%	100,0%

Quelle: Eigene Erhebung

Einer Teilnahme an einem als Online-Spiel ausgestalteten Assessment Center stehen die Ingenieure hingegen relativ aufgeschlossen gegenüber: Über 90 Prozent bewerten diese Möglichkeit als mittel bis sehr hoch akzeptabel (vgl. Tab. 40).

Tabelle 40: Studiengang * Teilnahmemöglichkeit: freiw. Online-Ass./Online-Spiel
Kreuztabelle

		Teilnahmemöglichkeit					Gesamt
		keinerlei Akzeptanz	geringe Akzeptanz	mittlere Akzeptanz	hohe Akzeptanz	sehr hohe Akzeptanz	
Wirtschaftswis-senschaften	An-zahl	2	3	6	20	15	46
	%	4,3%	6,5%	13,0%	43,5%	32,6%	100,0%
Ingenieurwis-senschaften	An-zahl	1	0	9	2	4	16
	%	6,3%	0,0%	56,3%	12,5%	25,0%	100,0%

Quelle: Eigene Erhebung

Bei einer Unterteilung der Teilnehmerstichprobe nach Geschlecht ergibt sich, dass die männlichen Teilnehmer die Teilnahmemöglichkeiten generell kritischer bewerten als die weiblichen (vgl. Tab. 41-44). Lediglich bei dem Angebot eines Online-Assessments durch ein Beratungsunternehmen gegen Entgelt weist die Haltung der weiblichen Teilnehmer eine ähnlich ablehnende Tendenz auf (vgl. Tab. 45).

Tabelle 41: Geschlecht * Teilnahmemöglichkeit: Vorselektionsstufe Bewerbung Kreuztabelle

			Teilnahmemöglichkeit					Gesamt
			keinerlei Akzeptanz	geringe Akzeptanz	mittlere Akzeptanz	hohe Akzeptanz	sehr hohe Akzeptanz	
Ge-schlecht	männl.	An-zahl	13	17	13	14	4	61
		%	21,3%	27,9%	21,3%	23,0%	6,6%	100,0%
	weibl.	An-zahl	1	5	5	4	3	18
		%	5,6%	27,8%	27,8%	22,2%	16,7%	100,0%
Gesamt		An-zahl	14	22	18	18	7	79
		%	17,7%	27,8%	22,8%	22,8%	8,9%	100,0%

Quelle: Eigene Erhebung

Tabelle 42: Geschlecht * Teilnahmemöglichkeit: Personalauswahl komplementär Kreuztabelle

			Teilnahmemöglichekeit				Gesamt
			geringe Akzeptanz	mittlere Akzeptanz	hohe Akzeptanz	sehr hohe Akzeptanz	
Geschlecht	männl.	Anzahl	11	18	22	12	63
		%	17,5%	28,6%	34,9%	19,0%	100,0%
	weibl.	Anzahl	0	3	10	5	18
		%	0,0%	16,7%	55,6%	27,8%	100,0%
Gesamt		Anzahl	11	21	32	17	81
		%	13,6%	25,9%	39,5%	21,0%	100,0%

Quelle: Eigene Erhebung

4 Empirische Erhebung zur Akzeptanz von e-Diagnostics am Markt

Tabelle 43: Geschlecht * Teilnahmemöglichkeit: freiw. Online-Ass./Online-Spiel Kreuztabelle

| | | | Teilnahmemöglichkeit | | | | | Gesamt |
			keinerlei Akzeptanz	geringe Akzeptanz	mittlere Akzeptanz	hohe Akzeptanz	sehr hohe Akzeptanz	
Geschlecht	männl.	Anzahl	3	4	17	20	19	63
		%	4,8%	6,3%	27,0%	31,7%	30,2%	100,0%
	weibl.	Anzahl	0	1	3	7	6	17
		%	0,0%	5,9%	17,6%	41,2%	35,3%	100,0%
Gesamt		Anzahl	3	5	20	27	25	80
		%	3,8%	6,3%	25,0%	33,8%	31,3%	100,0%

Quelle: Eigene Erhebung

Tabelle 44: Geschlecht * Teilnahmemöglichkeit: Self-Assessment auf Portal Kreuztabelle

| | | | Teilnahmemöglichkeit | | | | | Gesamt |
			keinerlei Akzeptanz	geringe Akzeptanz	mittlere Akzeptanz	hohe Akzeptanz	sehr hohe Akzeptanz	
Geschlecht	männl.	Anzahl	6	17	22	17	1	63
		%	9,5%	27,0%	34,9%	27,0%	1,6%	100,0%
	weibl.	Anzahl	1	0	7	10	0	18
		%	5,6%	0,0%	38,9%	55,6%	0,0%	100,0%
Gesamt		Anzahl	7	17	29	27	1	81
		%	8,6%	21,0%	35,8%	33,3%	1,2%	100,0%

Quelle: Eigene Erhebung

Tabelle 45: Geschlecht * Teilnahmemöglichkeit: Online-Ass.=>Geld/Gutachten Kreuz-tabelle

			Teilnahmemöglichkeit					Gesamt
			keinerlei Akzeptanz	geringe Akzeptanz	mittlere Akzeptanz	hohe Akzeptanz	sehr hohe Akzeptanz	
Ge-schlecht	männl.	An-zahl	12	18	20	8	5	63
		%	19,0%	28,6%	31,7%	12,7%	7,9%	100,0%
	weibl.	An-zahl	3	5	8	2	0	18
		%	16,7%	27,8%	44,4%	11,1%	0,0%	100,0%
Gesamt		An-zahl	15	23	28	10	5	81
		%	18,5%	28,4%	34,6%	12,3%	6,2%	100,0%

Quelle: Eigene Erhebung

Bei einer Segmentierung der Kandidaten nach Studienabschluss und Berufser-fahrung ergeben sich keine nennenswerten Unterschiede im Hinblick auf die Beurteilung der Teilnahmemöglichkeiten an Online-Assessments.

4.1.4.7 Frage 7

Hier wurde der Frage nachgegangen, welchen Geldbetrag Kandidaten ein digitales Gutachten, erstellt durch ein Unternehmen mit spezifischem Know-how auf diesem Gebiet, wert ist.

Es stellt sich heraus, dass 42 Prozent der Kandidaten nicht bereit sind, über-haupt Geld für ein digitales Gutachten auszugeben. 38,3 Prozent der Kandidaten wäre ein solches Gutachten maximal DM 50 wert, weiteren 17,2 Prozent maxi-mal DM 100. Ein kleiner Anteil der Stichprobe von 2,5 Prozent wäre bereit, mehr als DM 100 für das durch ein Beratungsunternehmen generierte Gutachten zu zahlen (vgl. Abb. 11).

Abbildung 11: Maximale Zahlungsbereitschaft für die Erstellung eines digitalen Gutachtens

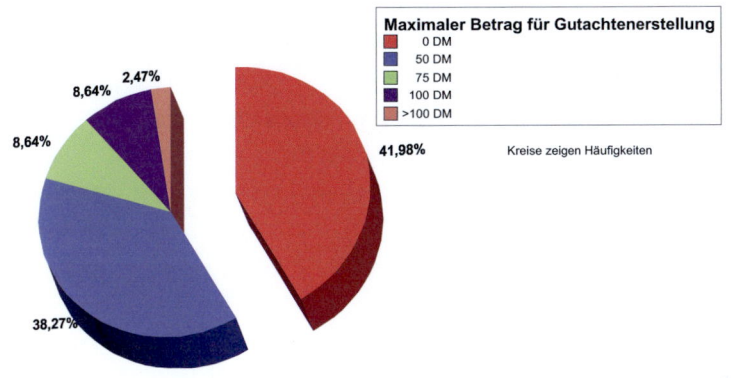

Quelle: Eigene Erhebung

Bei einer geschlechtspezifischen Betrachtungsweise zeigen die weiblichen Kandidaten eine weniger stark ausgeprägte Bereitschaft, das Angebot der Beratungsunternehmen anzunehmen, ein kostenpflichtiges digitales Gutachten zu erstellen (vgl. Tab. 46).

Tabelle 46: Geschlecht * Maximaler Betrag für Gutachtenerstellung Kreuztabelle

			Maximalbetrag					Gesamt
			0 DM	50 DM	75 DM	100 DM	> 100 DM	
Geschlecht	männl.	Anzahl	26	25	4	6	2	63
		%	41,3%	39,7%	6,3%	9,5%	3,2%	100,0%
	weibl.	Anzahl	8	6	3	1	0	18
		%	44,4%	33,3%	16,7%	5,6%	0,0%	100,0%
Gesamt		Anzahl	34	31	7	7	2	81
		%	42,0%	38,3%	8,6%	8,6%	2,5%	100,0%

Quelle: Eigene Erhebung

Eine Unterteilung der Kandidaten nach Studiengang, Art des Abschlusses sowie Berufserfahrung führt zu keinen weiteren Erkenntnissen.

4.1.4.8 Frage 8

Frage 8 beschäftigt sich mit den Bedenken der Bewerber bezüglich Online-Assessments. Den Kandidaten wurden folgende Vorgaben zur Bewertung auf einer Skala von 1 (keinerlei Bedenken) bis 5 (sehr große Bedenken) angeboten:

a) *Mängel in der Entwicklung und wissenschaftlichen Absicherung.*

b) *Zweifel an der Aussagefähigkeit von Online-Assessments.*

c) *Befürchtung, die Einstellungschancen zu verringern (bei Verfahren im Rahmen des Bewerbungsprozesses).*

d) *Zurücktreten der Persönlichkeit des Bewerbers.*

e) *Angst vor Datenmissbrauch durch das erhebende Unternehmen oder durch Dritte.*

Die größten Bedenken bestehen auf Kandidatenseite bezüglich einer Vernachlässigung der Persönlichkeit. Daneben zweifeln die Kandidaten stark an der Aussagefähigkeit von Online-Assessments (vgl. Abb. 12). Dass diese Bedenken nicht unbegründet sind, zeigen die theoretischen Ausführungen dieser Arbeit zu den Nachteilen von e-Diagnostics (vgl. Kap. 3.3).

Die Sorge über Mängel in der wissenschaftlichen Absicherung und Entwicklung befindet sich auf Kandidatenseite mit dem Wert 3,1 im mittleren Bereich (vgl. Abb. 12), die Angst vor Datenmissbrauch liegt mit einem Wert von 2,8 nur wenig darunter. Es erstaunt, dass die Bedenken, die Einstellungschancen zu verringern, bei den befragten Kandidaten mit dem Wert 2,6 relativ gering zu sein scheinen. Gerade eine Reduzierung der Persönlichkeit sowie eine mangelhafte Aussagekraft von Online-Assessments könnten (fälschlicherweise) verringerte Einstellungschancen nach sich ziehen. Der Grund für diese Bewertung durch die Kandidaten mag in einem fehlenden Problembewusstsein bezüglich des genannten Zusammenhangs oder aber in einem außerordentlich hohen Selbstbewusstsein der Befragten zu suchen sein. Unter Berücksichtigung der Tatsache, dass es sich bei der Teilnehmerstichprobe um High Potentials handelt, könnte durchaus letztere Möglichkeit zutreffen.

Abbildung 12: Bedenken bezüglich einer Teilnahme an Online-Assessments aus Kandidatenperspektive

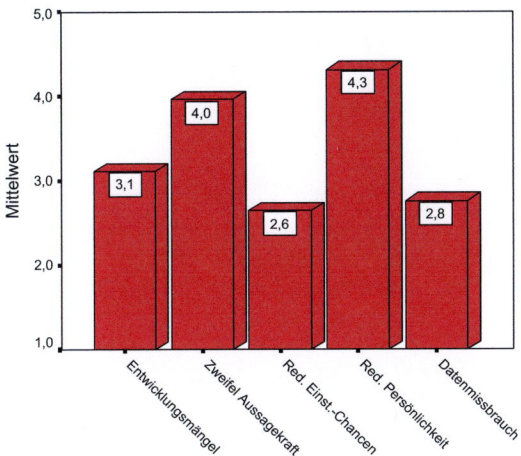

Red. = Reduzierung
Einst.-Chancen = Einstellungschancen

Quelle: Eigene Erhebung

Auch bei dieser Frage stand den Kandidaten die Möglichkeit offen, Ergänzungen anzubringen. Als weitere Befürchtungen wurden eine Verfälschung der Norm durch Mitwettbewerber sowie eine mangelnde Realitätsnähe und Übertragbarkeit von Online-Assessments genannt. Daneben wurde mehrfach die Sorge geäußert, dass persönliche Bewerbungsgespräche zu Unrecht verhindert werden könnten.

Bei einer Differenzierung der Kandidaten nach Berufserfahrung ist festzustellen, dass berufserfahrene Stichprobenteilnehmer im Vergleich zu nicht berufserfahrenen Teilnehmern ihre Bedenken gegenüber Online-Assessments ähnlich gewichten.

Bei einer Unterteilung der Kandidatengruppen nach Geschlecht ergibt sich, dass die männlichen Kandidaten größere Bedenken im Hinblick auf Entwicklungs-

mängel und wissenschaftliche Absicherung sowie bezüglich der Aussagefähigkeit von Online-Assessments hegen (vgl. Tab. 47, 48). Auch die Befürchtung
reduzierter Einstellungschancen besteht auf männlicher Seite verstärkt (vgl.
Tab. 49).

Tabelle 47: Geschlecht * Mängel in Entwicklung und wissenschaftlichen Absicherung
Kreuztabelle

			Bedenken					Gesamt
			keinerlei Bedenken	wenige Bedenken	mittlere Bedenken	große Bedenken	sehr große Bedenken	
Ge-schlecht	männl.	An-zahl	6	14	14	17	12	63
		%	9,5%	22,2%	22,2%	27,0%	19,0%	100,0%
	weibl.	An-zahl	2	5	6	5	0	18
		%	11,1%	27,8%	33,3%	27,8%	0,0%	100,0%
Gesamt		An-zahl	8	19	20	22	12	81
		%	9,9%	23,5%	24,7%	27,2%	14,8%	100,0%

Quelle: Eigene Erhebung

Tabelle 48: Geschlecht * Zweifel an der Aussagefähigkeit von Online-Assessments
Kreuztabelle

			Bedenken					Gesamt
			keinerlei Bedenken	wenige Bedenken	mittlere Bedenken	große Bedenken	sehr große Bedenken	
Ge-schlecht	männl.	An-zahl	0	5	10	22	26	63
		%	0,0%	7,9%	15,9%	34,9%	41,3%	100,0%
	weibl.	An-zahl	1	2	3	11	1	18
		%	5,6%	11,1%	16,7%	61,1%	5,6%	100,0%
Gesamt		An-zahl	1	7	13	33	27	81
		%	1,2%	8,6%	16,0%	40,7%	33,3%	100,0%

Quelle: Eigene Erhebung

Tabelle 49: Geschlecht * Befürchtung, die Einstellungschancen zu verringern Kreuztabelle

			Bedenken					Gesamt
			keinerlei Bedenken	wenige Bedenken	mittlere Bedenken	große Bedenken	sehr große Bedenken	
Ge-schlecht	männl.	An-zahl	6	22	19	11	5	63
		%	9,5%	34,9%	30,2%	17,5%	7,9%	100,0%
	weibl.	An-zahl	7	5	2	4	0	18
		%	38,9%	27,8%	11,1%	22,2%	0,0%	100,0%
Gesamt		An-zahl	13	27	21	15	5	81
		%	16,0%	33,3%	25,9%	18,5%	6,2%	100,0%

Quelle: Eigene Erhebung

Ein umgekehrtes Bild ergibt sich bezüglich der Persönlichkeit des Bewerbers. Alle weiblichen Kandidaten haben große oder sehr große Befürchtungen im Hinblick auf eine Vernachlässigung der Persönlichkeit, davon äußern mehr als drei Viertel sogar sehr große Bedenken (vgl. Tab. 50):

Tabelle 50: Geschlecht * Zurücktreten der Persönlichkeit des Bewerbers Kreuztabelle

			Bedenken					Gesamt
			keinerlei Bedenken	wenige Bedenken	mittlere Bedenken	große Bedenken	sehr große Bedenken	
Ge-schlecht	männl.	An-zahl	2	4	5	20	31	62
		%	3,2%	6,5%	8,1%	32,3%	50,0%	100,0%
	weibl.	An-zahl	0	0	0	4	14	18
		%	0,0%	0,0%	0,0%	22,2%	77,8%	100,0%
Gesamt		An-zahl	2	4	5	24	45	80
		%	2,5%	5,0%	6,3%	30,0%	56,3%	100,0%

Quelle: Eigene Erhebung

Die Sorge vor Datenmissbrauch ist insgesamt betrachtet auf Seiten der weiblichen Kandidaten ebenfalls stärker ausgeprägt als auf Seiten der männlichen Probanden (vgl. Tab. 51).

Tabelle 51: Geschlecht * Angst vor Datenmissbrauch durch das Unternehmen oder Dritte Kreuztabelle

			\multicolumn{5}{c} Bedenken					Gesamt
			keinerlei Bedenken	wenige Bedenken	mittlere Bedenken	große Bedenken	sehr große Bedenken	
Ge-schlecht	männl.	An-zahl	13	25	7	8	10	63
		%	20,6%	39,7%	11,1%	12,7%	15,9%	100,0%
	weibl.	An-zahl	1	5	4	5	2	17
		%	5,9%	29,4%	23,5%	29,4%	11,8%	100,0%
Gesamt		An-zahl	14	30	11	13	12	80
		%	17,5%	37,5%	13,8%	16,3%	15,0%	100,0%

Quelle: Eigene Erhebung

4.1.4.9 Frage 9

Es gilt, die für ein Online-Assessment angemessene und zumutbare Zeit auf Bewerberseite zu ermitteln. Dabei ist zwischen verschiedenen Teilnahmeoptionen zu differenzieren.

Die größte Bereitschaft, Zeit zu investieren, zeigen die Probanden, wenn sie für das digitale Gutachten, welches aufgrund ihrer Ergebnisse beim Online-Assessment generiert wird, finanzielle Mittel aufzuwenden haben. Sofern das Assessment in den Bewerbungsprozess integriert ist oder es sich um ein freiwilliges Assessment, z.B. ausgestaltet als Online-Spiel, handelt, halten die Kandidaten weniger Zeit für angemessen und zumutbar. Bei einem freiwilligen Online-Assessment, wie es v.a. von Karriereportalen angeboten wird, erwarten die Bewerber den im Vergleich kürzesten Zeitaufwand.

Im einzelnen gestaltet sich die Zeitverteilung wie folgt:

Bei einem kostenpflichtigen Online-Assessment bei einem Beratungsunternehmen halten 81 Prozent der Kandidaten einen Zeitaufwand von mehr als
30 Minuten für gerechtfertigt, 25 Prozent sogar einen Zeitaufwand von mehr als
60 Minuten (vgl. Abb. 13). Da die Kandidaten für das Feedback Geld zu entrich-
ten haben, verlangen sie im Gegenzug ein qualifiziertes Gutachten, für das sie
eine gewisse Zeit einzusetzen bereit sind.

Abbildung 13: Angemessene und zumutbare Zeit für ein kostenpflichtiges Online-
Assessment bei einem Beratungsunternehmen

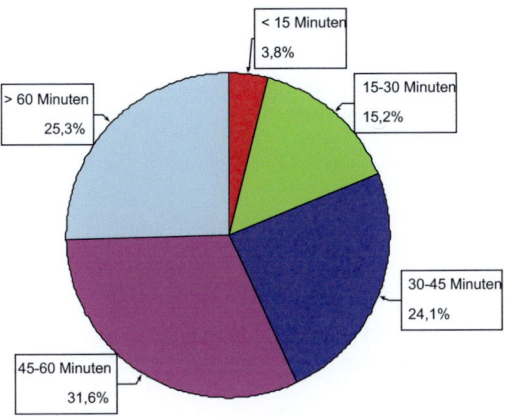

Quelle: Eigene Erhebung

Wie Abbildung 14 zeigt, sind nur zehn Prozent der Bewerber gewillt, mehr als 60 Minuten auf ein Online-Assessment im Rahmen eines Bewerbungsprozesses zu verwenden. 38 Prozent halten mehr als 30 Minuten Zeitaufwand für nicht mehr zumutbar. Ob Unternehmen diesen Wünschen gerecht werden können, mag allerdings bezweifelt werden. Es ist anzunehmen, dass Unternehmen bezüglich des für ein umfassendes Online-Assessment erforderlichen Zeitaufwands noch Überzeugungsarbeit zu leisten haben. Probleme ergeben sich insbesondere bei einem Einsatz von Online-Assessments zur reinen Vorselektion, da diese mehrere verschiedenartige e-Diagnostic-Tools kombinieren sollten, um eine möglichst hohe Aussagefähigkeit zu gewährleisten.

Abbildung 14: Angemessene und zumutbare Zeit für ein Online-Assessment im Rahmen eines Bewerbungsprozesses

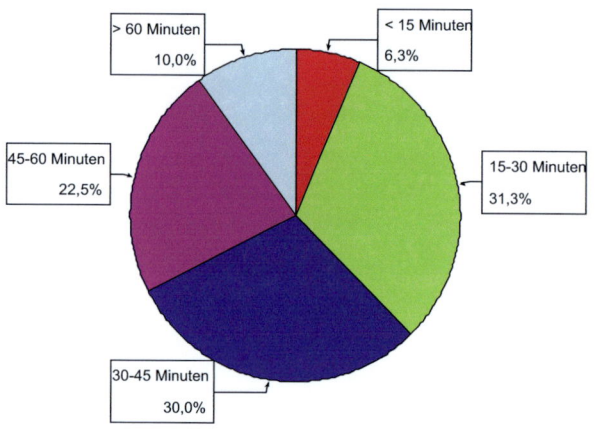

Quelle: Eigene Erhebung

Ein vergleichbarer Zeit-Mittelwert ergibt sich auch für das freiwillige Assessment, das z.B. in der Online-Spiel-Form von Unternehmen angeboten wird, um Kontakte zu potenziellen Bewerbern zu generieren (vgl. Abb. 15). Die derzeit angebotenen Online-Spiele erfordern weit mehr Zeit, als die Mehrzahl der Kandidaten für zumutbar hält. Im Vergleich zu Online-Assessments, welche im Bewerbungsverfahren zum Einsatz kommen, nimmt die Consultainment-Komponente bei der Spielvariante zusätzliche Zeit in Anspruch. Möglicherweise wäre die Resonanz auf Online-Spiele noch größer, wenn hier eine Zeitstraffung erfolgen würde.

Abbildung 15: Angemessene und zumutbare Zeit für ein freiwilliges Online-Assessment, z.B. in Form eines Online-Spiels

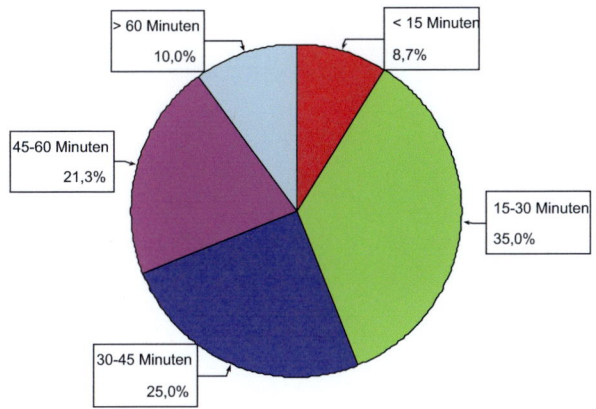

Quelle: Eigene Erhebung

Auf ein Self-Assessment, wie es z.B. Karriereportale ihren Usern anbieten, wollen letztere die vergleichsweise geringste Zeit verwenden. So sind es 19 Prozent der User, die sich nicht länger als 15 Minuten mit dem Assessment beschäftigen möchten, weitere 36 Prozent halten 30 Minuten für die zeitliche Obergrenze (vgl. Abb. 16). Diese Zeitangaben sind mit dem Marktangebot durchaus konform.

Abbildung 16: Angemessene und zumutbare Zeit für ein Online-Assessment bei einem Karriereportal

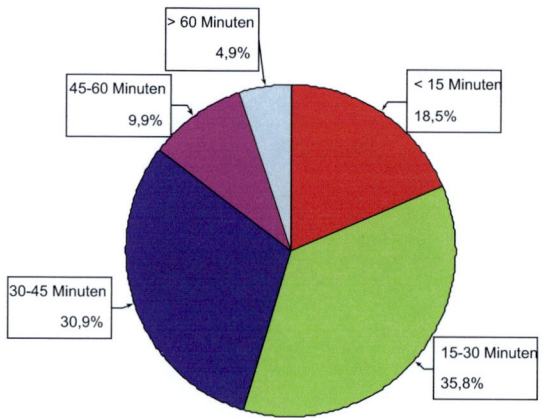

Quelle: Eigene Erhebung

In Abhängigkeit von Studiengang und -abschluss sowie Berufserfahrung ergeben sich keine bedeutenden Unterschiede zwischen den Kandidaten.

Bei einer Differenzierung der Probanden nach dem Geschlecht ergibt sich, dass die weiblichen Teilnehmer mehr Zeit auf ein Online-Assessment im Rahmen eines Bewerbungsprozesses sowie in Form eines Online-Spiels zu verwenden bereit sind als die männlichen Kandidaten (vgl. Tab. 52, 53).

Tabelle 52: Geschlecht * Online-Assessment im Rahmen des Bewerbungsprozesses
Kreuztabelle

			Zeitaufw.					Gesamt
			< 15 Minuten	15-30 Minuten	30-45 Minuten	45-60 Minuten	> 60 Minuten	
Geschlecht	männl.	An-zahl	5	20	7	12	8	62
		%	8,1%	32,3%	27,4%	19,4%	12,9%	100,0%
	weibl.	An-zahl	0	5	7	6	0	18
		%	0,0%	27,8%	38,9%	33,3%	0,0%	100,0%
Gesamt		An-zahl	5	25	24	18	8	80
		%	6,3%	31,3%	30,0%	22,5%	10,0%	100,0%

Quelle: Eigene Erhebung

Tabelle 53: Geschlecht * Freiwilliges Online-Assessment bei Unternehmen (z.B. als
Online-Spiel) Kreuztabelle

			Zeitaufw.					Gesamt
			< 15 Minuten	15-30 Minuten	30-45 Minuten	45-60 Minuten	> 60 Minuten	
Geschlecht	männl.	An-zahl	7	23	16	11	5	62
		%	11,3%	37,1%	25,8%	17,7%	8,1%	100,0%
	weibl.	An-zahl	0	5	4	6	3	18
		%	0,0%	27,8%	22,2%	33,3%	16,7%	100,0%
Gesamt		An-zahl	7	28	20	17	8	80
		%	8,8%	35,0%	25,0%	21,3%	10,0%	100,0%

Quelle: Eigene Erhebung

Im Falle des freiwilligen Online-Assessments zur reinen Selbsteinschätzung
(Self-Assessment) sowie der Gutachtenerstellung durch ein Beratungs-
unternehmen ergeben sich bei männlichen und weiblichen Teilnehmern im
Durchschnitt keine Unterschiede bezüglich der Zeitwerte.

4.1.5 Abschließendes Ergebnis

Der Bekanntheitsgrad von e-Diagnostic-Tools liegt mit 72,8 Prozent relativ hoch. Praktische Erfahrungen konnten immerhin 44,4 Prozent der Kandidaten sammeln, v.a. mit biographischen Online-Fragebögen sowie Online-Persönlichkeitstests.

Auf die größte Akzeptanz trifft der biographische Fragebogen, gefolgt vom Online-Planspiel bzw. computersimulierten Szenarien. Besonders wenig akzeptabel ist aus Kandidatenperspektive hingegen der Online-Persönlichkeitstest.

Im Hinblick auf die Motive weist die Möglichkeit der Selbsteinschätzung die größte Relevanz auf Kandidatenseite auf. Doch auch die Option, in den Rekrutierungspool namhafter Unternehmen aufgenommen zu werden, die menschliche Neugierde bezüglich des Verfahrens sowie der Zwangsdurchlauf im Bewerbungsprozess sind für die Kandidaten von großer Wichtigkeit.

Zu den Teilnahmemöglichkeiten lässt sich festhalten, dass die Kandidaten sich am ehesten für ein Self-Assessment begeistern lassen. Auch das Online-Assessment in Form eines Online-Spiels trifft auf eine hohe Akzeptanz. Ebenfalls im überdurchschnittlichen Akzeptanzbereich liegt die Teilnahme an einem Online-Assessment, welches in den Bewerbungsprozess fest integriert ist und in Kombination mit einem herkömmlichen Personalauswahlverfahren, wie z.B. dem persönlichen Interview, eingesetzt wird. Sofern das Online-Assessment jedoch als alleinige Vorselektionsstufe im Bewerbungsverfahren dient, stößt es bei den Kandidaten auf eine wesentlich geringere und sogar unterdurchschnittliche Akzeptanz. Ähnlich geringen Zuspruch findet auch die Teilnahme an einem Online-Assessment eines Beratungsunternehmens, welches gegen Entgelt ein digitales Gutachten über das Profil des Kandidaten erstellt. 42 Prozent der Kandidaten sind nicht bereit, in ein solches Gutachten Geld zu investieren, während 38 Prozent maximal DM 50 und weitere 17 Prozent maximal DM 100 hierfür auszugeben bereit sind.

Bei den Bedenken wird an erster Stelle eine Vernachlässigung der Persönlichkeit des Bewerbers befürchtet. Größere Sorgen bestehen auch bezüglich der Aussagefähigkeit von Online-Assessments und im Hinblick auf Mängel in der wissenschaftlichen Absicherung und Entwicklung.

Der Zeitaufwand, der auf Kandidatenseite für angemessen und zumutbar gehalten wird, stellt sich als relativ begrenzt dar: bei Assessments im Rahmen des Bewerbungsprozesses beträgt die zeitliche Obergrenze bei annähernd 40 Prozent der Kandidaten maximal eine halbe Stunde. Dieser Zeitrichtwert ist vermutlich nur mit einem Online-Assessment, welches komplementär zu einem herkömmlichen Personalauswahlverfahren eingesetzt wird, darstellbar.

4.2 Empirische Erhebung zur Akzeptanz von e-Diagnostics auf Unternehmensseite

Die nachfolgend beschriebene Untersuchung der Akzeptanz von Online-Assessments auf Unternehmensseite soll zeigen, wie Unternehmen mit den neuen Möglichkeiten des Internets im Bereich der Personalbeschaffung umgehen, was sie sich von ihnen erhoffen und wo sie ihre Grenzen sehen.

4.2.1 Problemdefinition

Im einzelnen soll die Untersuchung Antworten auf folgende Fragen generieren:

Frage 1: Wie hoch ist der Prozentsatz jener Unternehmen, welche bereits e-Diagnostic-Tools eingeführt haben? Wodurch lassen sich diese Unternehmen charakterisieren?

Frage 2: Bestehen bezüglich derjenigen Unternehmen, welche (noch) keine e-Diagnostic-Tools einsetzen, Überlegungen hinsichtlich einer Einführung dieser oder wird eine Einführung derzeit für irrelevant gehalten?

Frage 3: Welche e-Diagnostic-Tools im einzelnen kommen in den Unternehmen bereits zum Einsatz?

Frage 4: Auf welche Akzeptanz treffen die einzelnen e-Diagnostic-Tools (biographischer Fragebogen als Online-Verfahren, Online-Leistungstest, Online-Persönlichkeitstest, Online-Postkorbübung, Online-Planspiel bzw. computersimulierte Szenarien) bei den Unternehmen? Bestehen Verknüpfungen zwischen der Akzeptanz und den Erfahrungen mit den jeweiligen Tools?

Frage 5: Welche Zielsetzung lässt sich nach Meinung der Unternehmen mit den einzelnen e-Diagnostic-Tools am ehesten verfolgen?

Frage 6: Welche Erwartungen stellen die Unternehmen an den Einsatz von e-Diagnostic-Tools und wie bewerten sie diese?

Frage 7: Wo sehen die Unternehmen Probleme bezüglich des Einsatzes von Online-Assessments und wie bewerten sie ihre Bedenken?

Frage 8: Welche Zielgruppen halten die Unternehmen im Hinblick auf die Nutzung von e-Diagnostic-Tools für geeignet, welche für ungeeignet?

Bei der Auswertung ist jeweils zu überprüfen, ob eine Differenzierung der Unternehmen nach Branche, Umsatz und Beschäftigtenzahlen möglich ist.

4.2.2 Überlegungen zur Auswahl und Konstruktion des Erhebungsinstrumentes

Als Erhebungsinstrument diente, wie auch schon auf Kandidatenseite, ein Fragebogen. Neben Einheitlichkeit und verbesserten Vergleichsmöglichkeiten lagen die Gründe für diese Wahl ebenfalls in einer objektiven, standardisierten Ansprache und der Schaffung einer Basis für eine Auswertung mit dem Statistikprogramm *SPSS*.

Es wurde wiederum darauf geachtet, dass das Ausfüllen des Fragebogens nicht mehr als zehn Minuten überschreiten würde, um eine möglichst hohe Resonanz bei den Merkmalsträgern, hier den Unternehmen, zu erzielen. Aufgabenspezifisch wurde neben dem Bewerten der Vorgaben die Möglichkeit geboten, unternehmensindividuelle Angaben zu ergänzen, wobei letztere bei der Auswertung eine manuelle Berücksichtung fanden. Sofern die Unternehmen einen Akzeptanz- oder Relevanzwert angeben sollten, wurde wiederum eine Skala mit fünf Auswahlmöglichkeiten verwendet. Es wird unterstellt, dass die Befragten die Abstände zwischen den Punktwerten als gleich empfinden.

Der Unternehmens-Fragebogen lässt sich einsehen im Anhang IV, S. XXV.

4.2.3 Beschreibung der Teilnehmerstichprobe

Kontaktiert wurden insgesamt 202 Unternehmen verschiedenster Branchen und Größenklassen, und zwar sowohl telefonisch als auch direkt per e-Mail (vgl. Anhang V, S. XXXIV). Telefonnummern und e-Mail-Adressen von möglichen Ansprechpartnern im Unternehmen wurden hauptsächlich über die Nutzung der bei Karriereportalen hinterlegten Firmenprofile gewonnen. Als Anreiz für die Unternehmen, sich an der Fragebogenerhebung zu beteiligen, diente die Aussicht auf die Zurverfügungstellung der Auswertungsergebnisse dieser Studie.

Ausgefüllt zurückgesendet wurden insgesamt 54 der per e-Mail versendeten 202 Fragebögen, was insgesamt einer Quote von 26,7 Prozent entspricht. Hierbei ist allerdings nach der Art des Kontaktes mit dem jeweiligen Unternehmen zu differenzieren:

Ein telefonischer Direktkontakt mit der im Unternehmen für Personalrekrutierung bzw. Personalmarketing zuständigen Person konnte in 48 Fällen hergestellt werden. Hier betrug der Fragebogenrücklauf mit 25 Fragebögen 52,1 Prozent.

Sofern telefonisch lediglich ein Kollege bzw. eine Kollegin des zuständigen Ansprechpartners erreicht werden konnte, der sich bereiterklärte, den Fragebogen entweder zu avisieren oder weiterzuleiten, wurde hingegen mit 7 beantworteten von 38 versendeten Fragebögen nur ein Rücklauf von 18,4 Prozent erzielt.

Mit einer persönlichen e-Mail-Ansprache, der weder ein telefonischer Direktkontakt noch eine Avisierung durch einen Kollegen vorausgegangen war, betrug der Rücklauf mit 19 von 93 Fragebögen immerhin 20,4 Prozent. Die e-Mail-Adresse des Ansprechpartners wurde entweder unter Zuhilfenahme des Internets oder aber durch eine telefonische Anfrage im Unternehmen ermittelt.

In einigen Fällen wurde eine allgemeine e-Mail-Ansprache ohne jeglichen telefonischen Vorab-Kontakt an die Recruiting-Adresse des jeweiligen Unternehmens gerichtet. Mit 4 zurückerhaltenen von 23 versendeten Fragebögen lag die Rücklaufquote hier bei 17,4 Prozent.

Es zeigt sich, dass der telefonische Direktkontakt mit Abstand zum größten Rücklauf führt, wenngleich mit dieser Art von Ansprache der größte Zeitaufwand verbunden ist, insbesondere da sich die telefonische Erreichbarkeit der zuständigen Personen häufig als sehr problematisch erweist.

Innerhalb der Teilnehmerstichprobe erfährt insbesondere das Bank- und Versicherungsgewerbe mit 21,8 Prozent eine große Ausprägung. Daneben fallen aber auch Handel, Elektrotechnik und Fahrzeugbau relativ stark ins Gewicht. Bei nachfolgenden Differenzierungen soll eine Beschränkung auf diese Branchen erfolgen, um eine gewisse Repräsentativität zumindest ansatzweise gewährleisten zu können (vgl. Tab. 54).

Tabelle 54: Branchenverteilung

Branche	Häufigkeit (absolut)	Prozent
Banken/Versicherungen	12	21,8
Baugewerbe	1	1,8
Chemie/Pharma	2	3,6
Elektrotechnik	6	10,9
Energiewirtschaft	2	3,6
Fahrzeugbau	6	10,9
Handel	8	14,5
Informationstechnologie	4	7,3
Maschinenbau	1	1,8
Medien/Druck/Verlage	2	3,6
Nahrungs-/Genussmittel	3	5,5
Verkehr	2	3,6
Sonstiges	6	10,9
Gesamt	55	100,0

Quelle: Eigene Erhebung

Zu ihrem Umsatz haben sich 78,2 Prozent der Unternehmen geäußert. Ausge-
wiesen wird der Umsatz bei einem Drittel dieser Unternehmen mit mehr als 10
Mrd. Euro, bei weiteren 50 Prozent mit 1 bis 10 Mrd. Euro (vgl. Tab. 55,
Abb. 17).

Tabelle 55: Umsatz im Jahr 2000 (in Mrd. Euro)

		Häufigkeit (absolut)	Prozent	Gültige Prozente	Kumulierte Prozente
Gültig	< 1 Mrd. Euro	7	12,7	16,3	16,3
	1 - 5 Mrd. Euro	15	27,3	34,9	51,2
	5 - 10 Mrd. Euro	7	12,7	16,3	67,4
	10 - 50 Mrd. Euro	12	21,8	27,9	95,3
	> 50 Mrd. Euro	2	3,6	4,7	100,0
	Gesamt	43	78,2	100,0	
Fehlend	System	12	21,8		
Gesamt		55	100,0		

Quelle: Eigene Erhebung

Abbildung 17: Umsatz im Jahr 2000 (in Mrd. Euro)

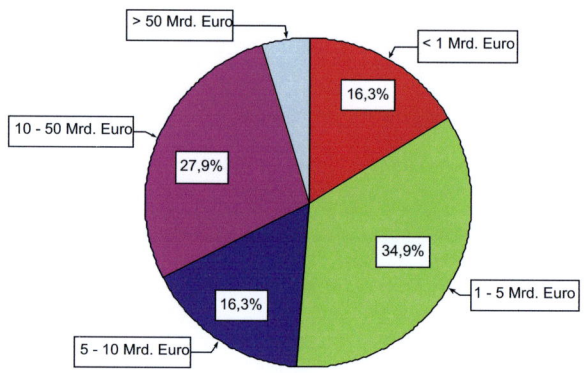

Quelle: Eigene Erhebung

Zu ihren Beschäftigtenzahlen haben auf deutschlandweiter Ebene 87,3 Prozent der Unternehmen Angaben getätigt. Von diesen in der Auswertung berücksichtigten Unternehmen beschäftigen lediglich 12,5 Prozent weniger als 1000 Mitarbeiter. 47,9 Prozent weisen Beschäftigtenzahlen von 1.000 bis 10.000 auf, 35,4 Prozent haben 10.000 bis 50.000 Beschäftigte (vgl. Tab. 56).

Tabelle 56: Beschäftigtenzahl in Deutschland

		Häufigkeit (absolut)	Prozent	Gültige Prozente	Kumulierte Prozente
Gültig	< 1.000 Beschäftigte	6	10,9	12,5	12,5
	1.000 - 10.000 Beschäftigte	23	41,8	47,9	60,4
	10.000 - 50.000 Beschäftigte	17	30,9	35,4	95,8
	50.000 - 100.000 Beschäftigte	2	3,6	4,2	100,0
	Gesamt	48	87,3	100,0	
Fehlend	System	7	12,7		
Gesamt		55	100,0		

Quelle: Eigene Erhebung

Auf konzernweiter Ebene steigen diese Zahlen stark an. 20,4 Prozent der Unternehmen zählen sogar mehr als 100.000 Beschäftigte, der Anteil der Unternehmen mit einer Beschäftigtenzahl von unter 1.000 sinkt hingegen auf 7,4 Prozent (vgl. Tab. 57).

Tabelle 57: Beschäftigtenzahl weltweit

		Häufigkeit (absolut)	Prozent	Gültige Prozente	Kumulierte Prozente
Gültig	< 1.000 Beschäftigte	4	7,3	7,4	7,4
	1.000 - 10.000 Beschäftigte	16	29,1	29,6	37,0
	10.000 - 50.000 Beschäftigte	17	30,9	31,5	68,5
	50.000 - 100.000 Beschäftigte	6	10,9	11,1	79,6
	> 100.000 Beschäftigte	11	20,0	20,4	100,0
	Gesamt	54	98,2	100,0	
Fehlend	System	1	1,8		
Gesamt		55	100,0		

Quelle: Eigene Erhebung

Unter Berücksichtigung von Umsatz- und Beschäftigtenzahlen ist festzustellen, dass sich überproportional viele Großunternehmen an der Fragebogenerhebung beteiligt haben. Dies mag v.a. daran liegen, dass bei diesen das Interesse nach

Online-Assessments aufgrund von Rationalisierungs- und Imagevorteilen stärker ausgeprägt ist als bei kleineren Unternehmen.

4.2.4   Deskriptive Ergebnisse der empirischen Untersuchung

4.2.4.1 Frage 1

Zum Einsatz kommen e-Diagnostic-Tools bereits bei 21,8 Prozent der befragten Unternehmen (vgl. Tab. 58, Abb. 18).

Tabelle 58: Erfolgte Einführung von e-Diagnostic-Tools

	Häufigkeit (absolut)	Prozent
Ja.	12	21,8
Nein.	43	78,2
Gesamt	55	100,0

Quelle: Eigene Erhebung

Abbildung 18: Erfolgte Einführung von e-Diagnostic-Tools

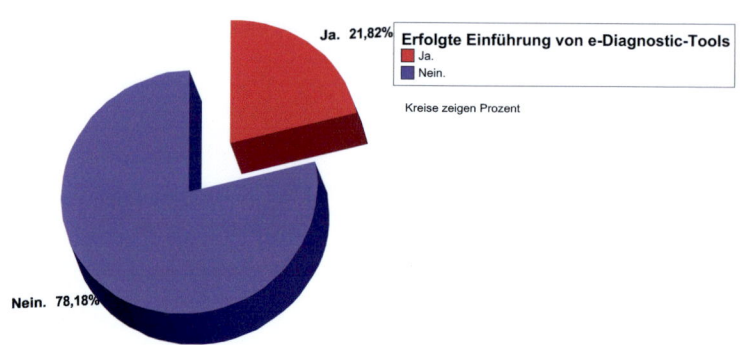

Quelle: Eigene Erhebung

Bei einer Differenzierung der Unternehmen nach der Branche ergibt sich, dass die stärker vertretenen Branchen tendenziell höhere Einführungsquoten von Online-Assessments aufweisen als die weniger stark vertretenen Branchen (vgl.

Tab. 59). Zurückzuführen ist diese Tatsache vermutlich darauf, dass diejenigen Unternehmen, die sich bereits mit der Einführung von Online-Assessments auseinandergesetzt haben, ein größeres Interesse an der behandelten Thematik besitzen.

Tabelle 59: Branche * Erfolgte Einführung von e-Diagnostic-Tools Kreuztabelle

		Erfolgte Einführung		Gesamt
		Ja.	Nein.	
Banken/Versicherungen	Anzahl	2	10	12
	% von Branche	16,7%	83,3%	100,0%
Chemie/Pharma	Anzahl	1	1	2
	% von Branche	50,0%	50,0%	100,0%
Elektrotechnik	Anzahl	1	5	6
	% von Branche	16,7%	83,3%	100,0%
Fahrzeugbau	Anzahl	3	3	6
	% von Branche	50,0%	50,0%	100,0%
Handel	Anzahl	2	6	8
	% von Branche	25,0%	75,0%	100,0%
Informationstechnologie	Anzahl	3	1	4
	% von Branche	75,0%	25,0%	100,0%
Maschinenbau	Anzahl	0	1	1
	% von Branche	0,0%	100,0%	100,0%
Medien/Druck/Verlage	Anzahl	0	2	2
	% von Branche	0,0%	100,0%	100,0%
Nahrungs-/Genussmittel	Anzahl	0	3	3
	% von Branche	0,0%	100,0%	100,0%
Baugewerbe	Anzahl	0	1	1
	% von Branche	0,0%	100,0%	100,0%
Verkehr	Anzahl	0	2	2
	% von Branche	0,0%	100,0%	100,0%
Energiewirtschaft	Anzahl	0	2	2
	% von Branche	0,0%	100,0%	100,0%
Sonstiges	Anzahl	0	6	6
	% von Branche	0,0%	100,0%	100,0%
Gesamt	Anzahl	12	43	55
	% von Branche	21,8%	78,2%	100,0%

Quelle: Eigene Erhebung

Bezüglich einer Unterteilung nach dem Umsatz zeigt sich, dass Unternehmen mit einem Umsatz zwischen 5 und 10 Mrd. Euro (im Jahr 2000) den Einsatz von Online-Assessments am weitesten vorangetrieben haben. In dieser Umsatzklasse werden diese bereits von 42,9 Prozent der Unternehmen verwendet (vgl. Tab. 60, Abb. 19).

Tabelle 60: Umsatz im Jahr 2000 (in Mrd. Euro) * Erfolgte Einführung von e-Diagnostic-Tools Kreuztabelle

		Erfolgte Einführung		Gesamt
		Ja.	Nein.	
unter 1 Mrd. Euro	Anzahl	1	6	7
	% vom Umsatz	14,3%	85,7%	100,0%
1 - 5 Mrd. Euro	Anzahl	4	11	15
	% vom Umsatz	26,7%	73,3%	100,0%
5 - 10 Mrd. Euro	Anzahl	3	4	7
	% vom Umsatz	42,9%	57,1%	100,0%
10 - 50 Mrd. Euro	Anzahl	3	9	12
	% vom Umsatz	25,0%	75,0%	100,0%
über 50 Mrd. Euro	Anzahl	0	2	2
	% vom Umsatz	0,0%	100,0%	100,0%
Gesamt	Anzahl	11	32	43
	% vom Umsatz	25,6%	74,4%	100,0%

Quelle: Eigene Erhebung

Abbildung 19: Umsatz im Jahr 2000 (in Mrd. Euro) * Erfolgte Einführung von e-Diagnostic-Tools

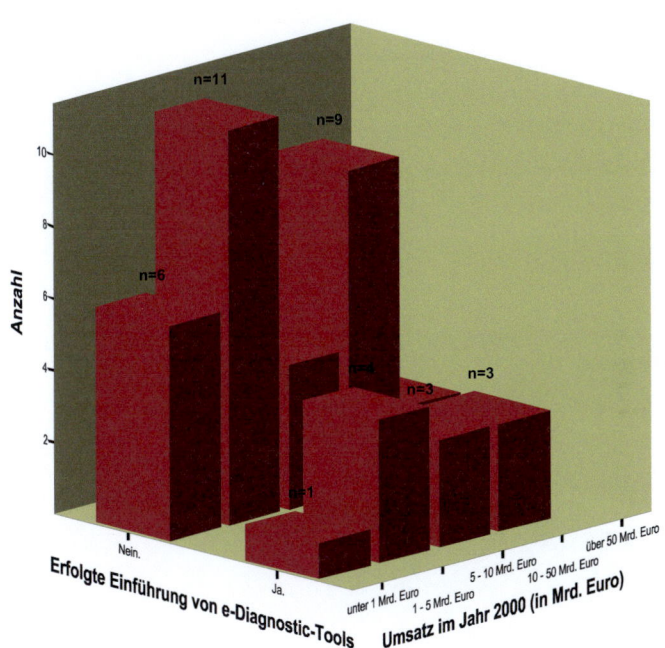

Quelle: Eigene Erhebung

Interessant scheinen Online-Assessments v.a. für Unternehmen mit einer Beschäftigtenzahl von 1000 Mitarbeitern in Deutschland aufwärts zu sein. Es erstaunt jedoch, dass die beiden Unternehmen mit den höchsten Beschäftigtenzahlen in Deutschland nicht zu den Pionieren von e-Diagnostics zu gehören scheinen (vgl. Tab. 61, Abb. 20).

Tabelle 61: Beschäftigtenzahl in Deutschland * Erfolgte Einführung von e-Diagnostic-Tools Kreuztabelle

		Erfolgte Einführung		Gesamt
		Ja.	Nein.	
< 1.000 Beschäftigte	Anzahl	0	6	6
	%	0,0%	100,0%	100,0%
1.000 - 10.000 Beschäftigte	Anzahl	5	18	23
	%	21,7%	78,3%	100,0%
10.000 - 50.000 Beschäftigte	Anzahl	6	11	17
	%	35,3%	64,7%	100,0%
50.000 - 100.000 Beschäftigte	Anzahl	0	2	2
	%	0,0%	100,0%	100,0%
Gesamt	Anzahl	11	37	48
	%	22,9%	77,1%	100,0%

Quelle: Eigene Erhebung

Abbildung 20: Beschäftigtenzahl in Deutschland * Erfolgte Einführung von e-Diagnostic-Tools

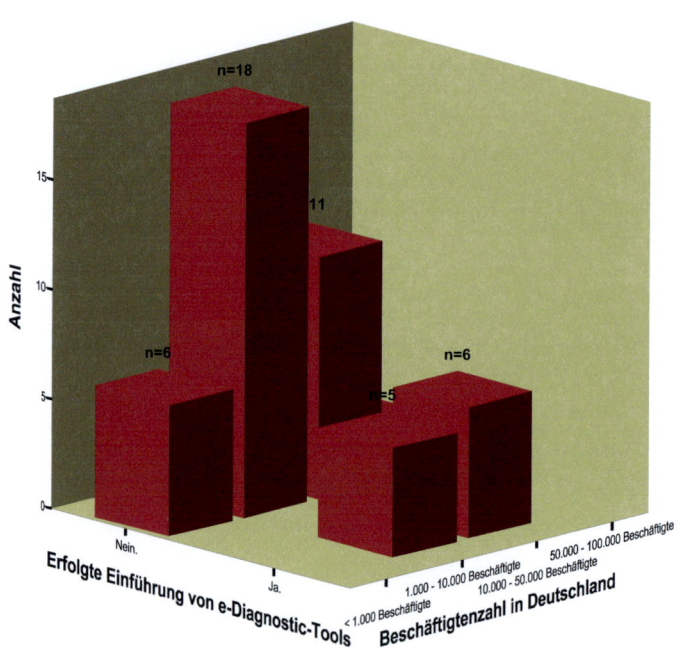

Quelle: Eigene Erhebung

Auch auf weltweiter Ebene zeigt sich, dass Online-Assessments bei Unternehmen ab 1000 Beschäftigten relevant werden. Besonders die internationalen Großkonzerne setzen bereits zu 36,4 Prozent e-Diagnostic-Tools ein. Hier liegen die Unternehmen mit den höchsten Beschäftigtenzahlen weltweit wie erwartet an der Spitze derjenigen Unternehmen, welche bereits e-Diagnostic-Tools zur Anwendung bringen (vgl. Tab. 62, Abb. 21).

Tabelle 62: Beschäftigtenzahl weltweit * Erfolgte Einführung von e-Diagnostic-Tools Kreuztabelle

		Erfolgte Einführung		Gesamt
		Ja.	Nein.	
< 1.000 Beschäftigte	Anzahl	0	4	4
	%	0,0%	100,0%	100,0%
1.000 - 10.000 Beschäftigte	Anzahl	2	14	16
	%	12,5%	87,5%	100,0%
10.000 - 50.000 Beschäftigte	Anzahl	4	13	17
	%	23,5%	76,5%	100,0%
50.000 - 100.000 Beschäftigte	Anzahl	1	5	6
	%	16,7%	83,3%	100,0%
> 100.000 Beschäftigte	Anzahl	4	7	11
	%	36,4%	63,6%	100,0%
Gesamt	Anzahl	11	43	54
	%	20,4%	79,6%	100,0%

Quelle: Eigene Erhebung

Abbildung 21: Beschäftigtenzahl weltweit * Erfolgte Einführung von e-Diagnostic-Tools

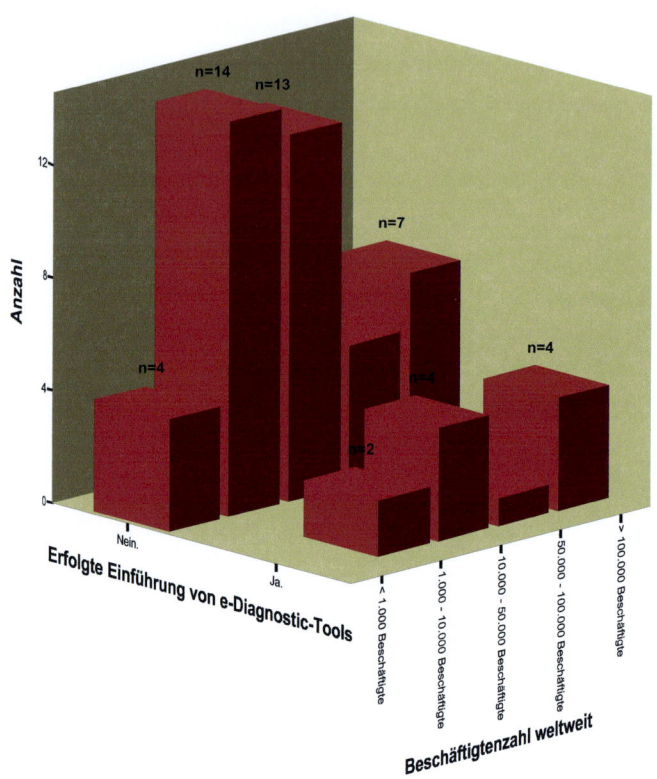

Quelle: Eigene Erhebung

4.2.4.2 Frage 2

Diese Frage zielt darauf ab, zu ermitteln, für wie relevant diejenigen Unternehmen, welche noch keine e-Diagnostic-Tools eingeführt haben, deren Einsatz
einschätzen.

Für ein Viertel dieser Unternehmen bestehen derzeit Überlegungen bezüglich einer Einführung von e-Diagnostic-Tools, ein weiteres Drittel glaubt, dass eine Einführung in der nächsten Zeit zu einem relevanten Thema werden könnte. Dies macht die Aktualität der in dieser Arbeit behandelten Thematik deutlich (vgl. Tab. 63).

Besonders aufgeschlossen gegenüber e-Diagnostics zeigen sich auch bei dieser Frage die bereits unter dem Einführungsgesichtspunkt hervorgetretenen Branchen (vgl. Tab. 64).

Tabelle 63: Überlegungen bzgl. Einführung von e-Diagnostic-Tools

		Häufigkeit (absolut)	Prozent	Gültige Prozente	Kumulierte Prozente
Gültig	Ja.	11	20,0	25,0	25,0
	Nein. In Kürze könnte eine Einführung aber ein Thema werden.	14	25,5	31,8	56,8
	Nein. Eine Einführung ist bis auf weiteres irrelevant.	19	34,5	43,2	100,0
	Gesamt	44	80,0	100,0	
Fehlend	System	11	20,0		
Gesamt		55	100,0		

Quelle: Eigene Erhebung

Tabelle 64: Branche * Überlegungen bzgl. Einführung e-Diagnostic-Tools Kreuztabelle

			Überlegungen		Gesamt
		Ja.	Nein. In Kürze könnte eine Einführung aber ein Thema werden.	Nein. Eine Einführung ist b.a.w. irrelevant.	
Banken/Versicherungen	Anzahl	2	4	4	10
	%	20,0%	40,0%	40,0%	100,0%
Chemie/Pharma	Anzahl	1	0	0	1
	%	100,0%	0,0%	0,0%	100,0%
Elektrotechnik	Anzahl	1	1	3	5
	%	20,0%	20,0%	60,0%	100,0%
Fahrzeugbau	Anzahl	2	0	1	3
	%	66,7%	0,0%	33,3%	100,0%
Handel	Anzahl	1	3	3	7
	%	14,3%	42,9%	42,9%	100,0%
Informationstechnologie	Anzahl	1	0	0	1
	%	100,0%	0,0%	0,0%	100,0%
Maschinenbau	Anzahl	0	0	1	1
	%	0,0%	0,0%	100,0%	100,0%

Medien/Druck/Verlage	Anzahl	0	1	1	2
	%	0,0%	50,0%	50,0%	100,0%
Nahrungs-/Genussmittel	Anzahl	0	1	2	3
	%	0,0%	33,3%	66,7%	100,0%
Baugewerbe	Anzahl	0	1	0	1
	%	0,0%	100,0%	0,0%	100,0%
Verkehr	Anzahl	0	2	0	2
	%	0,0%	100,0%	0,0%	100,0%
Energiewirtschaft	Anzahl	1	1	0	2
	%	50,0%	50,0%	0,0%	100,0%
Sonstiges	Anzahl	2	0	4	6
	%	33,3%	0,0%	66,7%	100,0%
Gesamt	Anzahl	11	14	19	44
	%	25,0%	31,8%	43,2%	100,0%

Quelle: Eigene Erhebung

Entsprechend Frage 1 kristallisiert sich heraus, dass Unternehmen mit einem Umsatz zwischen 5 und 10 Mrd. Euro im Jahr 2000 scheinbar das größte Interesse an Online-Assessments aufweisen. Keines der befragten Unternehmen in dieser Umsatzklasse hält eine Einführung für irrelevant, während sich sogar 60 Prozent derzeit mit einem möglichen Einsatz auseinandersetzen (vgl. Tab. 65).

Tabelle 65: Umsatz im Jahr 2000 (in Mrd. Euro) * Überlegungen bzgl. Einführung Kreuztabelle

		Überlegungen			Gesamt
		Ja.	Nein. In Kürze könnte eine Einführung aber ein Thema werden.	Nein. Eine Einführung ist b.a.w. irrelevant.	
unter 1 Mrd. Euro	Anzahl	1	0	5	6
	% vom Umsatz	16,7%	0,0%	83,3%	100,0%
1 - 5 Mrd. Euro	Anzahl	2	3	6	11
	% vom Umsatz	18,2%	27,3%	54,5%	100,0%
5 - 10 Mrd. Euro	Anzahl	3	2	0	5
	% vom Umsatz	60,0%	40,0%	0,0%	100,0%
10 - 50 Mrd. Euro	Anzahl	3	4	2	9
	% vom Umsatz	33,3%	44,4%	22,2%	100,0%
über 50 Mrd. Euro	Anzahl	0	2	0	2
	% vom Umsatz	0,0%	100,0%	0,0%	100,0%
Gesamt	Anzahl	9	11	13	33
	% vom Umsatz	27,3%	33,3%	39,4%	100,0%

Quelle: Eigene Erhebung

Bei einer Betrachtung der Beschäftigtenzahl in Deutschland zeigt sich, dass mit einer Zunahme dieser und somit der Unternehmensgröße ein Einsatz von Online-Assessments für ein aktuelles und relevantes Thema erachtet wird (vgl. Tab. 66).

Tabelle 66: Beschäftigtenzahl in Deutschland * Überlegungen bzgl. Einführung Kreuztabelle

		Überlegungen			Gesamt
		Ja.	Nein. In Kürze könnte eine Einführung aber ein Thema werden.	Nein. Eine Einführung ist b.a.w. irrelevant.	
< 1.000 Beschäftigte	Anzahl	0	0	6	6
	%	0,0%	0,0%	100,0%	100,0%
1.000 - 10.000 Beschäftigte	Anzahl	6	5	8	19
	%	31,6%	26,3%	42,1%	100,0%
10.000 - 50.000 Beschäftigte	Anzahl	2	6	3	11
	%	18,2%	54,5%	27,3%	100,0%
50.000 - 100.000 Beschäftigte	Anzahl	2	0	0	2
	%	100,0%	0,0%	0,0%	100,0%
Gesamt	Anzahl	10	11	17	38
	%	26,3%	28,9%	44,7%	100,0%

Quelle: Eigene Erhebung

4.2.4.3 Frage 3

Die meisten Erfahrungen haben Unternehmen bisher mit dem biographischen Fragebogen gesammelt, der bei einem Fünftel der Unternehmen bereits zum Einsatz kommt (vgl. Tab. 67, Abb. 22).

Tabelle 67: Erfahrung mit biograph. Fragebogen als Online-Verfahren

	Häufigkeit (absolut)	Prozent
Ja.	10	18,2
Nein.	45	81,8
Gesamt	55	100,0

Quelle: Eigene Erhebung

Abbildung 22: Erfahrung mit biograph. Fragebogen als Online-Verfahren

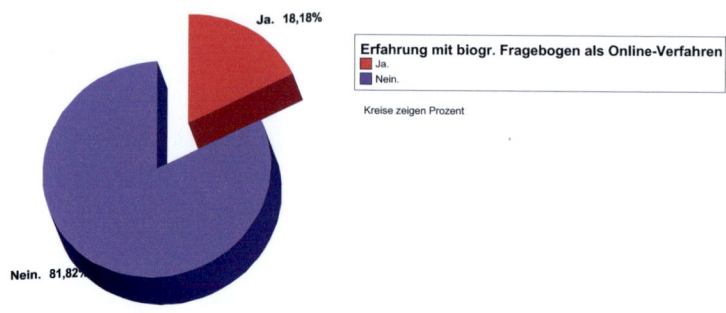

Quelle: Eigene Erhebung

Ebenfalls Einsatzquoten von über 10 Prozent weisen der Online-Persönlichkeitstest (vgl. Tab. 68, Abb. 23) und das Online-Planspiel bzw. die computersimulierten Szenarien (vgl. Tab. 69, Abb. 24) auf.

Tabelle 68: Erfahrung mit Online-Persönlichkeitstest

	Häufigkeit (absolut)	Prozent
Ja.	7	12,7
Nein.	48	87,3
Gesamt	55	100,0

Quelle: Eigene Erhebung

Abbildung 23: Erfahrung mit Online-Persönlichkeitstest

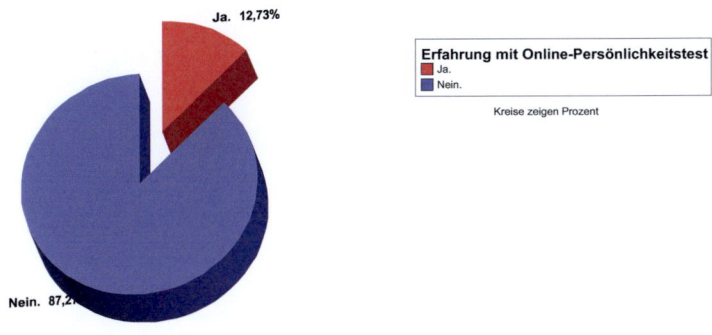

Quelle: Eigene Erhebung

Tabelle 69: Erfahrung mit Online-Planspiel/Computersimulierten Szenarien

	Häufigkeit (absolut)	Prozent
Ja.	6	10,9
Nein.	49	89,1
Gesamt	55	100,0

Quelle: Eigene Erhebung

Abbildung 24: Erfahrung mit Online-Planspiel/Computersimulierten Szenarien

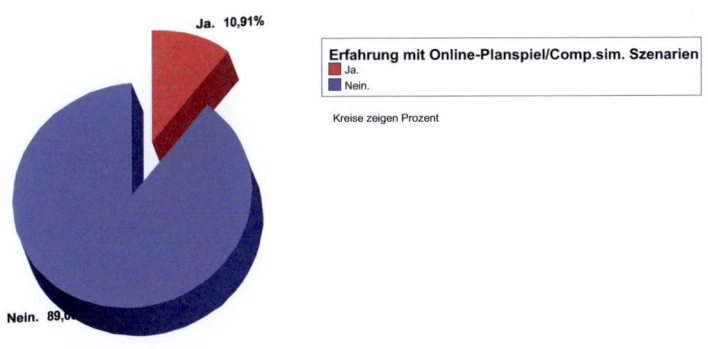

Quelle: Eigene Erhebung

Online-Leistungstest (vgl. Tab. 70, Abb. 25) und Online-Postkorbübung (vgl. Tab. 71, Abb. 26) kommen hingegen bisher kaum zur Anwendung.

Tabelle 70: Erfahrung mit Online-Leistungstest

	Häufigkeit (absolut)	Prozent
Ja.	4	7,3
Nein.	51	92,7
Gesamt	55	100,0

Quelle: Eigene Erhebung

Abbildung 25: Erfahrung mit Online-Leistungstest

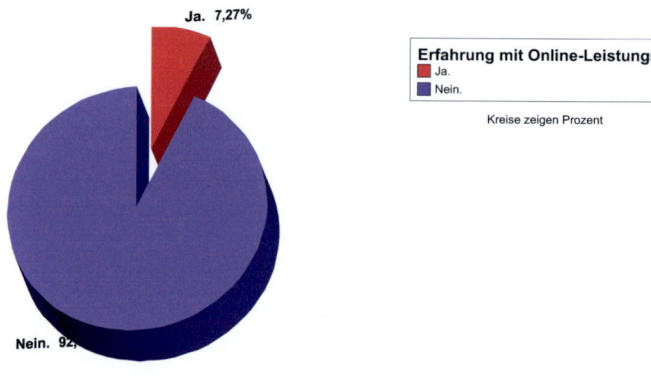

Quelle: Eigene Erhebung

Tabelle 71: Erfahrung mit Online-Postkorbübung

	Häufigkeit (absolut)	Prozent
Ja.	4	7,3
Nein.	51	92,7
Gesamt	55	100,0

Quelle: Eigene Erhebung

Abbildung 26: Erfahrung mit Online-Postkorbübung

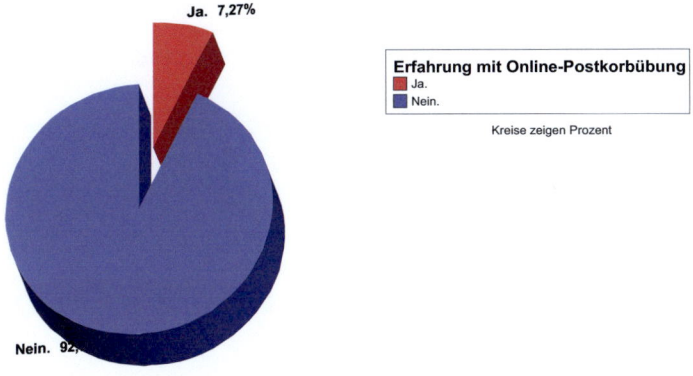

Quelle: Eigene Erhebung

Bei einer Differenzierung der Unternehmen nach Branchen fällt auf, dass der Einsatz von biograhischen Fragebögen v.a. im Fahrzeugbau sehr offensiv vorangetrieben wird (vgl. Tab. 72).

Die folgende Abbildung zeigt sämtliche Branchen, in denen der biographische Fragebogen zum Einsatz kommt.

Tabelle 72: Branche * Erfahrung mit biograph. Fragebogen als Online-Verfahren Kreuztabelle

| | | Erfahrung mit biogr.Fragebogen | | Gesamt |
		Ja.	Nein.	
Banken/Versicherungen	Anzahl	1	11	12
	%	8,3%	91,7%	100,0%
Chemie/Pharma	Anzahl	2	0	2
	%	100,0%	0,0%	100,0%
Elektrotechnik	Anzahl	1	5	6
	%	16,7%	83,3%	100,0%
Fahrzeugbau	Anzahl	3	3	6
	%	50,0%	50,0%	100,0%
Handel	Anzahl	1	7	8
	%	12,5%	87,5%	100,0%
Informationstechnologie	Anzahl	2	2	4
	%	50,0%	50,0%	100,0%

Quelle: Eigene Erhebung

Bezüglich des Online-Persönlichkeitstests ergibt sich im Vergleich zum biographischen Fragebogen ein ähnliches Bild (vgl. Tab. 73). Beim Fahrzeugbau ist allerdings eine größere Zurückhaltung gegenüber Online-Persönlichkeitstests als gegenüber biographischen Fragebögen zu erkennen.

Tabelle 73: Branche * Erfahrung mit Online-Persönlichkeitstest Kreuztabelle

| | | Erfahrung mit Pers.keitstest | | Gesamt |
		Ja.	Nein.	
Banken/Versicherungen	Anzahl	1	11	12
	%	8,3%	91,7%	100,0%
Chemie/Pharma	Anzahl	2	0	2
	%	100,0%	0,0%	100,0%
Elektrotechnik	Anzahl	1	5	6
	%	16,7%	83,3%	100,0%
Fahrzeugbau	Anzahl	1	5	6
	%	16,7%	83,3%	100,0%
Handel	Anzahl	0	8	8
	%	0,0%	100,0%	100,0%
Informationstechnologie	Anzahl	2	2	4
	%	50,0%	50,0%	100,0%

Quelle: Eigene Erhebung

Bei Betrachtung von Online-Leistungstest, Online-Postkorbübung und Online-Planspiel bzw. computersimulierten Szenarien ergibt sich ein ähnliches Bild bezüglich der Beteiligung der einzelnen Branchen am Einsatz der jeweiligen e-Diagnostic-Tools, so dass auf die Darstellung dieser Tabellen verzichtet wird.

Erfolgt eine Unterteilung der Unternehmen nach Umsatzklassen, so zeigt sich, dass sämtliche Verfahren auch von Unternehmen mit einem Umsatz von unter 1 Mrd. Euro angewendet werden. Dieses Ergebnis ist darauf zurückzuführen, dass auch vergleichsweise umsatzschwächere Unternehmen an unternehmensübergreifenden Online-Spielen, wie z.B. der „Cyquest Karrierejagd", partizipieren können, welche für das einzelne Unternehmen relativ kostengünstig sind.

Beispielhaft werden die Tabellen des Online-Leistungstests sowie des Online-Persönlichkeitstests vorgestellt (vgl. Tab. 74, 75).

Tabelle 74: Umsatz im Jahr 2000 (in Mrd. Euro) * Erfahrung mit Online-Leistungstest Kreuztabelle

		Erfahrung mit Leistungstest		Gesamt
		Ja.	Nein.	
unter 1 Mrd. Euro	Anzahl	1	6	7
	% vom Umsatz	14,3%	85,7%	100,0%
1 - 5 Mrd. Euro	Anzahl	1	14	15
	% vom Umsatz	6,7%	93,3%	100,0%
5 - 10 Mrd. Euro	Anzahl	0	7	7
	% vom Umsatz	0,0%	100,0%	100,0%
10 - 50 Mrd. Euro	Anzahl	2	10	12
	% vom Umsatz	16,7%	83,3%	100,0%
über 50 Mrd. Euro	Anzahl	0	2	2
	% vom Umsatz	0,0%	100,0%	100,0%
Gesamt	Anzahl	4	39	43
	% vom Umsatz	9,3%	90,7%	100,0%

Quelle: Eigene Erhebung

Tabelle 75: Umsatz im Jahr 2000 (in Mrd. Euro) * Erfahrung mit Online-Persönlichkeitstest Kreuztabelle

| | | Erfahrung mit Pers.keitstest | | Gesamt |
		Ja.	Nein.	
unter 1 Mrd. Euro	Anzahl	1	6	7
	% vom Umsatz	14,3%	85,7%	100,0%
1 - 5 Mrd. Euro	Anzahl	2	13	15
	% vom Umsatz	13,3%	86,7%	100,0%
5 - 10 Mrd. Euro	Anzahl	0	7	7
	% vom Umsatz	0,0%	100,0%	100,0%
10 - 50 Mrd. Euro	Anzahl	3	9	12
	% vom Umsatz	25,0%	75,0%	100,0%
über 50 Mrd. Euro	Anzahl	0	2	2
	% vom Umsatz	0,0%	100,0%	100,0%
Gesamt	Anzahl	6	37	43
	% vom Umsatz	14,0%	86,0%	100,0%

Quelle: Eigene Erhebung

Eine Segmentierung der Unternehmen nach den Beschäftigungszahlen erlaubt
keine weiteren Erkenntnisse.

4.2.4.4 Frage 4

Hier gilt es, die Akzeptanz der einzelnen e-Diagnostic-Tools bei den Unternehmen, bewertet auf einer Skala von 1 (keinerlei Akzeptanz) bis 5 (sehr hohe
Akzeptanz), zu ermitteln. Auch wenn sich diese Frage ausdrücklich an alle
befragten Unternehmen richtete, so verzichteten je nach e-Diagnostic-Tool
jeweils 10-12 Unternehmen auf die Beantwortung.

Aufgrund der abgegebenen Antworten ergibt sich ein sehr einheitliches Bild, das
dem auf Kandidatenseite von der Rangfolge her sehr nahe kommt, jedoch
erheblich geringere Ausschläge aufweist. Auch auf Unternehmensseite trifft der
Online-Persönlichkeitstest auf die geringste Akzeptanz (vgl. Abb. 27).

Abbildung 27: Akzeptanz der einzelnen e-Diagnostic-Tools auf Unternehmensseite

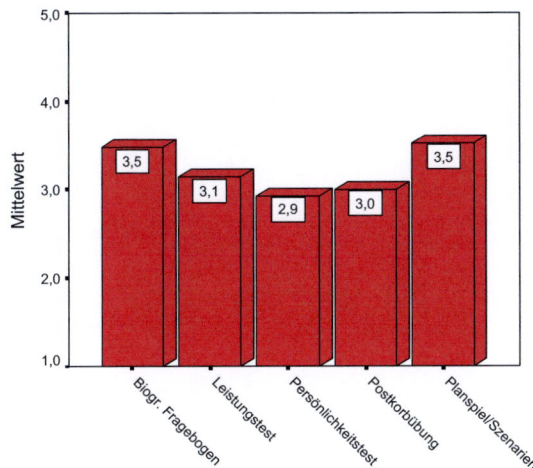

Quelle: Eigene Erhebung

Eine Differenzierung der Unternehmensstichprobe nach der Branche führt zu keinen erwähnenswerten Unterschieden bezüglich der Akzeptanz der einzelnen e-Diagnostic-Tools.

Bei einer Unterteilung der Unternehmen nach Umsatz und Beschäftigungszahlen sind die Akzeptanzwerte beim Online-Persönlichkeitstest, der Online-Postkorb-übung und dem Online-Planspiel weitgehend identisch, während beim biographi-schen Fragebogen auffällt, dass Unternehmen der niedrigsten Umsatz- und Beschäftigtenklasse diesen als weniger akzeptabel einstufen (vgl. Tab. 76, 77).

Tabelle 76: Umsatz im Jahr 2000 (in Mrd. Euro) * Akzeptanz biograph. Fragebogen als Online-Verfahren Kreuztabelle

		Akzeptanz					Gesamt
		keinerlei Akzeptanz	geringe Akzeptanz	mittlere Akzeptanz	hohe Akzeptanz	sehr hohe Akzeptanz	
unter 1 Mrd. Euro	An-zahl	0	2	2	0	1	5
	%	0,0%	40,0%	40,0%	0,0%	20,0%	100,0%
1 - 5 Mrd. Euro	An-zahl	1	1	2	6	3	13
	%	7,7%	7,7%	15,4%	46,2%	23,1%	100,0%
5 - 10 Mrd. Euro	An-zahl	0	1	1	2	3	7
	%	0,0%	14,3%	14,3%	28,6%	42,9%	100,0%
10 - 50 Mrd. Euro	An-zahl	0	1	3	3	3	10
	%	0,0%	10,0%	30,0%	30,0%	30,0%	100,0%
über 50 Mrd. Euro	An-zahl	0	0	1	1	0	2
	%	0,0%	0,0%	50,0%	50,0%	0,0%	100,0%
Gesamt	An-zahl	1	5	9	12	10	37
	%	2,7%	13,5%	24,3%	32,4%	27,0%	100,0%

Quelle: Eigene Erhebung

Tabelle 77: Beschäftigtenzahl in Deutschland * Akzeptanz biograph. Fragebogen als Online-Verfahren Kreuztabelle

		Akzeptanz					Gesamt
		keinerlei Akzeptanz	geringe Akzeptanz	mittlere Akzeptanz	hohe Akzeptanz	sehr hohe Akzeptanz	
< 1.000 Beschäf-tigte	An-zahl	0	2	1	0	1	4
	%	0,0%	50,0%	25,0%	0,0%	25,0%	100,0%
1.000 - 10.000 Beschäftigte	An-zahl	1	2	3	10	3	19
	%	5,3%	10,5%	15,8%	52,6%	15,8%	100,0%
10.000 - 50.000 Beschäftigte	An-zahl	0	2	6	3	4	15
	%	0,0%	13,3%	40,0%	20,0%	26,7%	100,0%
Gesamt	An-zahl	1	6	10	13	8	38
	%	2,6%	15,8%	26,3%	34,2%	21,1%	100,0%

Quelle: Eigene Erhebung

Beim Online-Leistungstest ergibt sich ein genau umgekehrtes Bild: Bei kleineren Unternehmen (geringe Umsatz- und Beschäftigungszahlen) trifft er auf eine höhere Akzeptanz (vgl. Tab. 78, 79).

Tabelle 78: Umsatz im Jahr 2000 (in Mrd. Euro) * Akzeptanz Online-Leistungstest Kreuztabelle

		Akzeptanz					Gesamt
		keinerlei Akzeptanz	geringe Akzeptanz	mittlere Akzeptanz	hohe Akzeptanz	sehr hohe Akzeptanz	
unter 1 Mrd. Euro	Anzahl	0	0	0	5	0	5
	%	0,0%	0,0%	0,0%	100,0%	0,0%	100,0%
1 - 5 Mrd. Euro	Anzahl	2	2	3	4	1	12
	%	16,7%	16,7%	25,0%	33,3%	8,3%	100,0%
5 - 10 Mrd. Euro	Anzahl	1	2	2	2	0	7
	%	14,3%	28,6%	28,6%	28,6%	0,0%	100,0%
10 - 50 Mrd. Euro	Anzahl	0	3	1	3	2	9
	%	0,0%	33,3%	11,1%	33,3%	22,2%	100,0%
über 50 Mrd. Euro	Anzahl	0	0	2	0	0	2
	%	0,0%	0,0%	100,0%	0,0%	0,0%	100,0%
Gesamt	Anzahl	3	7	8	14	3	35
	%	8,6%	20,0%	22,9%	40,0%	8,6%	100,0%

Quelle: Eigene Erhebung

Tabelle 79: Beschäftigtenzahl in Deutschland * Akzeptanz Online-Leistungstest Kreuztabelle

		Akzeptanz					Gesamt
		keinerlei Akzeptanz	geringe Akzeptanz	mittlere Akzeptanz	hohe Akzeptanz	sehr hohe Akzeptanz	
< 1.000 Beschäftigte	Anzahl	0	0	1	3	0	4
	%	0,0%	0,0%	25,0%	75,0%	0,0%	100,0%
1.000 - 10.000 Beschäftigte	Anzahl	2	5	6	4	1	18
	%	11,1%	27,8%	33,3%	22,2%	5,6%	100,0%
10.000 - 50.000 Beschäftigte	Anzahl	1	1	3	8	1	14
	%	7,1%	7,1%	21,4%	57,1%	7,1%	100,0%
Gesamt	Anzahl	3	6	10	15	2	36
	%	8,3%	16,7%	27,8%	41,7%	5,6%	100,0%

Quelle: Eigene Erhebung

Nachfolgend wird analysiert, ob ein Zusammenhang zwischen der Akzeptanz und der Erfahrung mit dem jeweiligen e-Diagnostic-Tool besteht.

Diejenigen Unternehmen, welche bereits Erfahrungen mit dem biographischen Fragebogen gesammelt haben, bewerten diesen weitaus positiver als jene, bei denen der biographische Fragebogen (noch) nicht zur Anwendung kommt. Es fällt auf, dass 60 Prozent der Unternehmen, die den biographischen Fragebogen einsetzen, diesen der höchsten Akzeptanzstufe zuordnen, während es bei den nicht-anwendenden Unternehmen lediglich 11,4 Prozent sind (vgl. Tab 80). Dieser Zusammenhang wird durch den Rangkorrelationskoeffizienten nach Spearman bestätigt, der mit einem Wert von 0,476 bei einem Signifikanzniveau von $\alpha = 0,01$ auf eine hohe positive Korrelation hindeutet (vgl. Tab. 81).

Tabelle 80: Erfahrung mit biograph. Fragebogen als Online-Verfahren * Akzeptanz bigoraph. Fragebogen als Online-Verfahren Kreuztabelle

			Akzeptanz					Gesamt
			keinerlei Akzeptanz	geringe Akzeptanz	mittlere Akzeptanz	hohe Akzeptanz	sehr hohe Akzeptanz	
Erfahrung mit biograph. Frage-bogen	Ja.	An-zahl	0	0	1	3	6	10
		Erw. An-zahl	0,4	1,3	2,7	3,3	2,2	10,0
		%	0,0%	0,0%	10,0%	30,0%	60,0%	100,0%
	Nein.	An-zahl	2	6	11	12	4	35
		Erw. An-zahl	1,6	4,7	9,3	11,7	7,8	35,0
		%	5,7%	17,1%	31,4%	34,3%	11,4%	100,0%
Gesamt		An-zahl	2	6	12	15	10	45
		Erw. An-zahl	2,0	6,0	12,0	15,0	10,0	45,0
		%	4,4%	13,3%	26,7%	33,3%	22,2%	100,0%

Erw. Anzahl = Erwartete Anzahl

Quelle: Eigene Erhebung

Tabelle 81: Korrelation Erfahrung * Akzeptanz biograph. Fragebogen als Online-Verfahren

			Erfahrung mit biogr. Fragebogen als Online-Verfahren	Akzeptanz biogr. Fragebogen als Online-Verfahren
Spearman-Rho	Erfahrung mit biogr. Fragebogen als Online-Verf.	Korrelationskoeffizient	1,000	0,476
		Sig. (2-seitig)	-	0,001
		N	55	45
	Akzeptanz biogr. Fragebogen als Online-Verf.	Korrelationskoeffizient	0,476	1,000
		Sig. (2-seitig)	0,001	-
		N	45	45

** Korrelation ist auf dem Niveau von 0,01 signifikant (2-seitig).
Sig. = Signifikanz

Quelle: Eigene Erhebung

Auch beim Online-Leistungstest und -Persönlichkeitstest lässt sich jeweils eine statistisch signifikante positive Korrelation nachweisen (vgl. Tab. 82-85):

Tabelle 82: Erfahrung mit Online-Leistungstest * Akzeptanz Online-Leistungstest Kreuztabelle

			Akzeptanz					Gesamt
			keinerlei Akzeptanz	geringe Akzeptanz	mittlere Akzeptanz	hohe Akzeptanz	sehr hohe Akzeptanz	
Erfahrung mit Online-Leist.test	Ja.	Anzahl	0	0	0	3	1	4
		Erw. Anzahl	0,3	0,7	1,2	1,5	0,3	4,0
		%	0,0%	0,0%	0,0%	75,0%	25,0%	100,0%
	Nein.	Anzahl	3	8	13	13	2	39
		Erw. Anzahl	2,7	7,3	11,8	14,5	2,7	39,0
		%	7,7%	20,5%	33,3%	33,3%	5,1%	100,0%
Gesamt		Anzahl	3	8	13	16	3	43
		Erw. Anzahl	3,0	8,0	13,0	16,0	3,0	43,0
		%	7,0%	18,6%	30,2%	37,2%	7,0%	100,0%

Quelle: Eigene Erhebung

Tabelle 83: Korrelation Erfahrung * Akzeptanz Online-Leistungstest

			Erfahrung mit Online-Leistungstest	Akzeptanz Online-Leistungstest
Spearman-Rho	Erfahrung mit Online-Leistungstest	Korrelations-koeffizient	1,000	0,348
		Sig. (2-seitig)	-	0,022
		N	55	43
	Akzeptanz Online-Leistungstest	Korrelations-koeffizient	0,348	1,000
		Sig. (2-seitig)	0,022	-
		N	43	43

* Korrelation ist auf dem Niveau von 0,05 signifikant (2-seitig).

Quelle: Eigene Erhebung

Tabelle 84: Erfahrung mit Online-Persönlichkeitstest * Akzeptanz Online-Persönlichkeitstest Kreuztabelle

			Akzeptanz					Gesamt
			keinerlei Akzeptanz	geringe Akzeptanz	mittlere Akzeptanz	hohe Akzeptanz	sehr hohe Akzeptanz	
Erfahrung mit Online-Persön-lichkeits-test	Ja.	Anzahl	0	0	3	1	3	7
		Erw. Anzahl	0,8	1,4	2,5	1,8	0,5	7,0
		%	0,0%	0,0%	42,9%	14,3%	42,9%	100,0%
	Nein.	Anzahl	5	9	13	10	0	37
		Erw. Anzahl	4,2	7,6	13,5	9,3	2,5	37,0
		%	13,5%	24,3%	35,1%	27,0%	0,0%	100,0%
Gesamt		Anzahl	5	9	16	11	3	44
		Erw. Anzahl	5,0	9,0	16,0	11,0	3,0	44,0
		%	11,4%	20,5%	36,4%	25,0%	6,8%	100,0%

Quelle: Eigene Erhebung

Tabelle 85: Korrelation Erfahrung * Akzeptanz Online-Persönlichkeitstest

			Erfahrung mit Online-Persönlichkeitstest	Akzeptanz Online-Persönlichkeitstest
Spearman-Rho	Erfahrung mit Online-Pers.keitstest	Korrelations-koeffizient	1,000	0,381
		Sig. (2-seitig)	-	0,011
		N	55	44
	Akzeptanz Online-Pers.keitstest	Korrelations-koeffizient	0,381	1,000
		Sig. (2-seitig)	0,011	-
		N	44	44

* Korrelation ist auf dem Niveau von 0,05 signifikant (2-seitig).

Quelle: Eigene Erhebung

Erfahrung und Akzeptanz bei der Online-Postkorbübung und dem Online-Planspiel bzw. den computersimulierten Szenarien lassen sich nicht als statistisch signifikant nachweisen.

Bezüglich des Zusammenhangs zwischen Erfahrung mit dem jeweiligen e-Diagnostic-Tool und dessen Akzeptanz lässt sich somit festhalten, dass dieser sich beim biographischen Fragebogen (Online-Version), dem Online-Leistungstest sowie dem Online-Persönlichkeitstest als statistisch signifikant und positiv erweist.

4.2.4.5 Frage 5

Diese Frage soll klären, welche Hauptzielsetzung mit dem einzelnen e-Diagnostic-Tool nach Ansicht der Unternehmen am ehesten angestrebt werden sollte. Folgende Alternativen wurden den Unternehmen zur Wahl gestellt:

a) *Personalauswahl im Sinne einer Vorselektionsstufe vor der Einladung ins Unternehmen.*

b) *Personalauswahl unter komplementärem Einsatz von e-Diagnostic-Tool und persönlichem Gespräch.*

c) *Potenzialanalyse im Rahmen der Personalentwicklung.*

d) *Bewerberrelationship-Management: Herstellung von Kontakten zu potenziellen Bewerbern (z.B. durch e-Diagnostic-Tools in der Online-Spiel-Version).*

e) *Instrument erscheint für keine der vorausgegangenen Zielsetzungen geeignet.*

Für den biographischen Fragebogen ergibt sich folgendes: 75 Prozent der Unternehmen halten ihn als alleiniges Instrument zur Personalvorselektion geeignet. Der Sonderstellung des biographischen Fragebogens, der nicht als e-Diagnostic-Tool im eigentlichen Sinne gilt, da er hauptsächlich „Hard Facts" und weniger Verhaltensweisen abfragt, wird damit Rechnung getragen (vgl. Abb. 28).

Zwanzig Prozent der Unternehmen sind der Meinung, dass der biographische Fragebogen nur komplementär mit einem anderen Personalauswahlverfahren eingesetzt werden sollte. Lediglich 4 Prozent der Unternehmen halten den biographischen Fragebogen als für die zur Auswahl stehenden Zielsetzungen nicht geeignet (vgl. Abb. 28).

Abbildung 28: Hauptzielsetzung des biograph. Fragebogens als Online-Verfahren aus Unternehmensperspektive

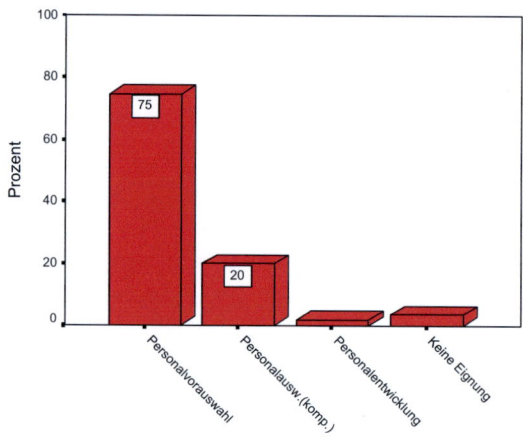

Personalausw. = Personalauswahl
komp. = komplementär

Quelle: Eigene Erhebung

Der Online-Leistungstest wird von 44 Prozent der Unternehmen in erster Linie als alleiniges Vorselektionsinstrument gesehen, während 33 Prozent für den komplementären Einsatz mit herkömmlichen Personalauswahlverfahren plädieren. Daneben gewinnt der Einsatz im Personalentwicklungsbereich an Gewicht (vgl. Abb. 29).

Abbildung 29: Hauptzielsetzung des Online-Leistungsstests aus Unternehmensperspektive

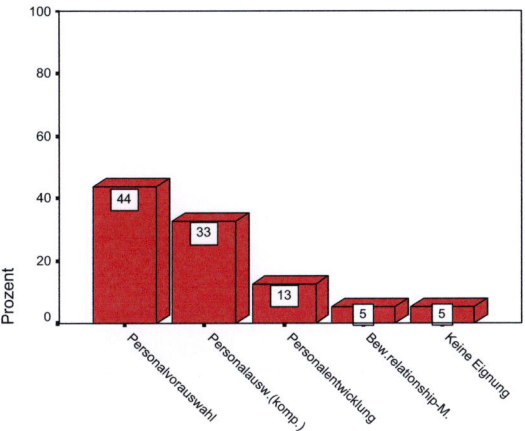

Quelle: Eigene Erhebung

Beim Online-Persönlichkeitstest nimmt der Anteil der Unternehmen, die diesen vorrangig als alleiniges Vorselektionsinstrument sehen, auf 33 Prozent ab. Ebenso viele Unternehmen sind der Meinung, dass ein Online-Persönlichkeitstest lediglich in Kombination mit einem anderen Personalauswahlverfahren, z.B. dem persönlichen Interview, im Personalauswahlbereich eingesetzt werden sollte. 13 Prozent der Unternehmen sprechen dem Online-Persönlichkeitstest jegliche Eignung für die vorgegebenen Zielsetzungen ab und erklären ihn damit für die Personalauswahl als ungeeignet (vgl. Abb. 30).

Abbildung 30: Hauptzielsetzung des Online-Persönlichkeitstests aus Unternehmensperspektive

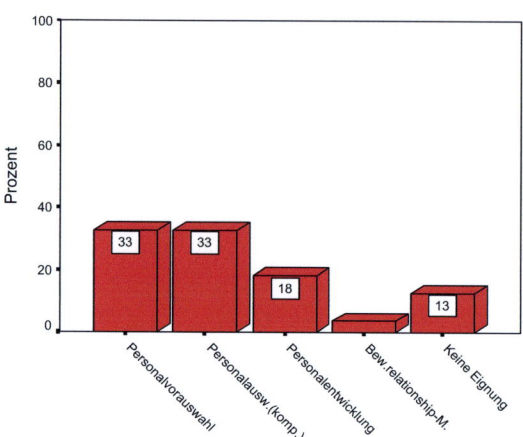

Quelle: Eigene Erhebung

Die Online-Postkorbübung als alleiniges Vorselektionsinstrument einzusetzen,
können sich 35 Prozent der Unternehmen vorstellen, im komplementären
Einsatz sind dies 25 Prozent, im Personalentwicklungsbereich 16 Prozent.
18 Prozent schätzen die Online-Postkorbübung in Bezug auf die genannten
Zielsetzungen als ungeeignet ein. Im Rahmen des Bewerberrelationship-
Managements halten 5 Prozent der Unternehmen den Einsatz für angebracht
(vgl. Abb. 31).

Beim Online-Planspiel bzw. den computersimulierten Szenarien ergibt sich ein
gänzlich anderes Bild. Fast die Hälfte der Unternehmen ist der Meinung, dass
sich diese am ehesten für das Bewerberrelationship-Management eignen. Etwa
jeweils ein Fünftel der Unternehmen hält einen Einsatz in der Personalentwicklung sowie bei der Personalvorauswahl für die beste Möglichkeit, während ein
Zwanzigstel den komplementären Einsatz von Online-Planspiel und einem
herkömmlichen Personalauswahlverfahren befürwortet (vgl. Abb. 32).

Abbildung 31: Hauptzielsetzung der Online-Postkorbübung aus Unternehmensperspektive

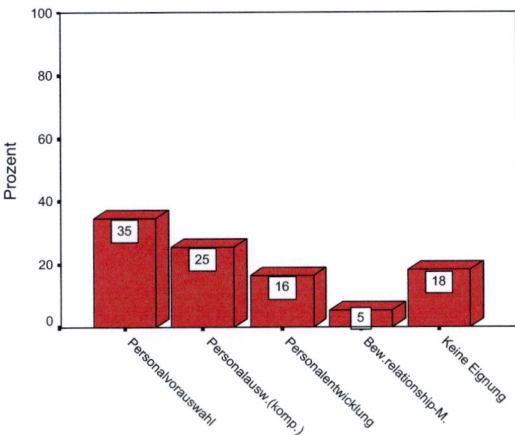

Quelle: Eigene Erhebung

Abbildung 32: Hauptzielsetzung des Online-Planspiels bzw. der computersimulierten Szenarien aus Unternehmensperspektive

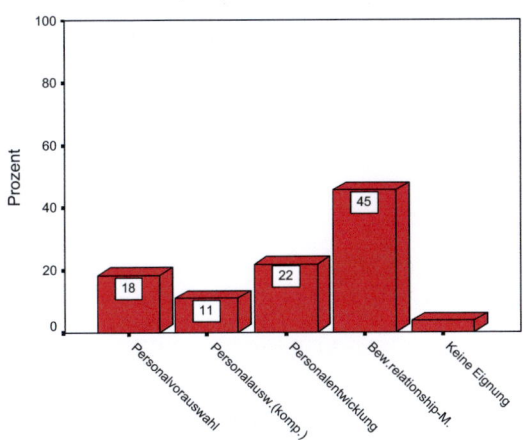

Quelle: Eigene Erhebung

Eine Segmentierung der Unternehmen nach Branche, Umsatz und Beschäftigtenzahl liefert keine weiteren Erkenntnisse.

4.2.4.6 Frage 6

Auf die Erwartungen der Unternehmen beim Einsatz von Online-Assessments soll Frage 6 Hinweise liefern. Die Unternehmen waren aufgefordert, folgende Vorgaben auf einer Skala von 1 (keinerlei Erwartungen) bis 5 (sehr hohe Erwartungen) zu bewerten.

a) *Einsparung von Ressourcen (=> Kostenvorteile).*

b) *Bearbeitung größerer Bewerberzahlen.*

c) *Beschleunigung des Rekrutierungsprozesses.*

d) *Verbesserung der Entscheidungsfindung.*

e) *Zielgerichtete Ansprache und frühzeitige Bindung der Kandidaten an das Unternehmen.*

f) *Imagegewinn des Unternehmens.*

Bei der Bewertung der Erwartungen ergibt sich ein relativ einheitliches Bild. Hauptsächlich erhoffen sich die Unternehmen eine Beschleunigung ihres Rekrutierungsprozesses. Auch die Bewältigung größerer Bewerberzahlen sowie Ressourceneinsparungen stehen im Vordergrund. Ein Imagegewinn des Unternehmens, zielgerichtete Bewerberansprache und eine Verbesserung der Entscheidungsfindung gehören aber ebenso zu wesentlichen Erwartungen (vgl. Abb. 33).

Abbildung 33: Erwartungen an den Einsatz von e-Diagnostic-Tools

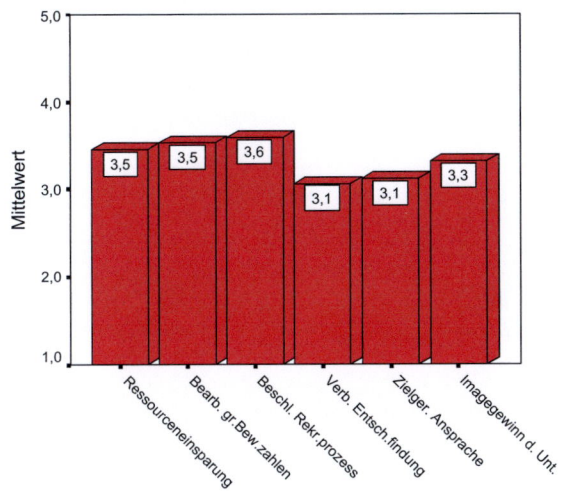

Bearb. gr. Bew.zahlen = Bearbeitung größerer Bewerberzahlen
Beschl. Rekr.prozess = Beschleunigung des Rekrutierungsprozesses
Verb. Entsch.findung = Verbesserung der Entscheidungsfindung
Zielger. Ansprache = Zielgerichtete Ansprache
Imagegewinn d. Unt. = Imagegewinn des Unternehmens

Quelle: Eigene Erhebung

Bei dieser Frage wurde den Unternehmen die Option zur Verfügung gestellt, weitere Erwartungen anzugeben, welche jedoch von diesen nicht wahrgenommen wurde.

Wird eine Segmentierung der Unternehmen nach Branche durchgeführt, ergeben sich z.T. erhebliche Unterschiede im Erwartungsmuster. Im folgenden soll der Vergleich auf die vier am stärksten vertretenen Branchen beschränkt bleiben (vgl. Abb. 34-37).

Im Bank- und Versicherungsbereich fallen die Erwartungen relativ einheitlich aus, wobei die Möglichkeit zur Einsparung von Ressourcen die stärkste Ausprägung erfährt (vgl. Abb. 34).

Abbildung 34: Erwartungen der Branche Banken/Versicherungen

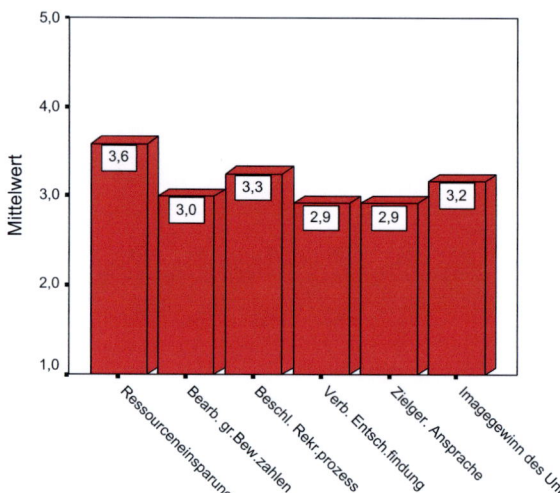

Quelle: Eigene Erhebung

Für die Elektronikbranche ergibt sich ein insgesamt weniger zurückhaltendes und bezüglich der Ressourceneinsparung ein zu den Banken/Versicherungen umgekehrtes Bild. Der Imagegewinn des Unternehmens stellt die wesentlichste Erwartung an die Nutzung von e-Diagnostic-Tools dar, aber auch die übrigen Vorgaben werden vergleichsweise hoch bewertet (vgl. Abb. 35).

Im Fahrzeugbau sind die höchsten Erwartungen an e-Diagnostic-Tools zu verzeichnen. Ressourceneinsparung, Bewältigung größerer Bewerberzahlen und eine Beschleunigung des Rekrutierungsprozesses scheinen die Hauptargumente für eine Einführung von Online-Assessments zu sein. Der Rationalisierungsgedanke kommt hierdurch im Fahrzeugbau besonders stark zum Ausdruck (vgl. Abb. 36).

Abbildung 35: Erwartungen der Branche Elektrotechnik

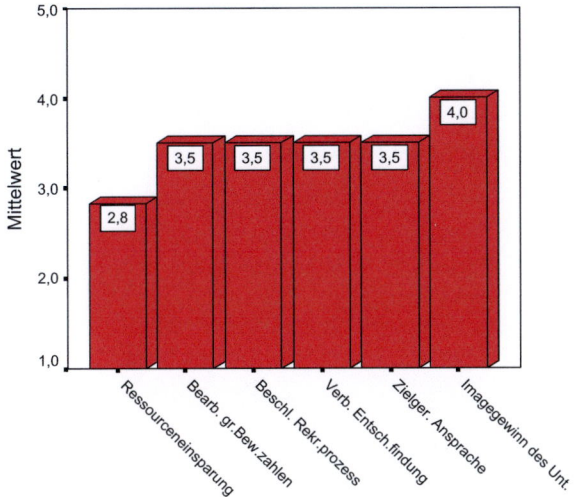

Quelle: Eigene Erhebung

Abbildung 36: Erwartungen der Branche Fahrzeugbau

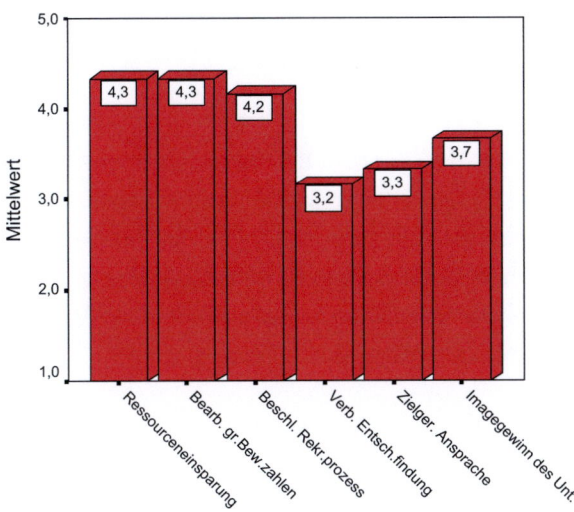

Quelle: Eigene Erhebung

Der Handel zeigt sich gemäßigter in den Erwartungen. Erhofft wird v.a. eine Beschleunigung des Rekrutierungsprozesses, weniger ins Gewicht fallen Ressourceneinsparungen und die Verbesserung der Entscheidungsfindung (vgl. Abb. 37).

Abbildung 37: Erwartungen der Branche Handel

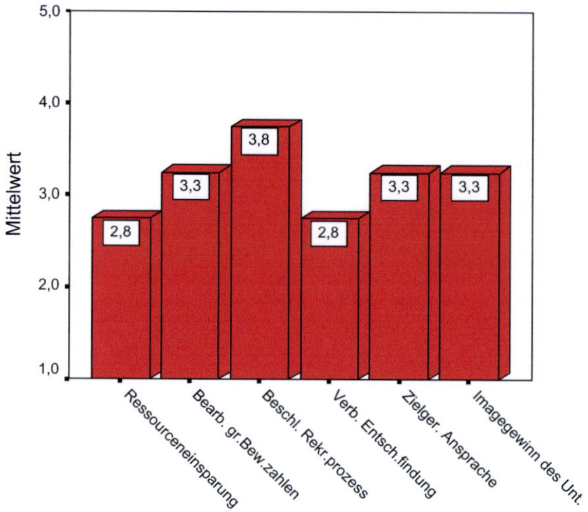

Quelle: Eigene Erhebung

Eine Unterteilung nach Umsatz sowie Beschäftigtenzahl führt zu einem relativ uneinheitlichen Bild. Es lässt sich jedoch der Trend erkennen, dass der Imagegewinn mit zunehmender Unternehmensgröße verstärkt ins Zentrum der Erwartungen rückt. Zudem scheinen die Aspekte Ressourceneinsparung, Bewältigung größerer Bewerberzahlen und die Beschleunigung des Verfahrens insbesondere für Großunternehmen eine wichtige Rolle zu spielen.

4.2.4.7 Frage 7

Hier geht es darum, die Bedenken der Unternehmen einer Analyse zu unterziehen. Folgende Vorgaben waren von den Unternehmen auf einer Skala von 1 (keinerlei Bedenken) bis 5 (sehr große Bedenken) zu bewerten:

a) *Ressourcenaufwand (insb. Software) > Nutzen des Verfahrens.*
b) *Zurücktreten der Persönlichkeit des Bewerbers.*
c) *Nichterreichbarkeit bestimmter Zielgruppen.*
d) *Mängel in der Entwicklung und wissenschaftlichen Absicherung.*
e) *Täuschung und Irreführung durch den Kandidaten.*
f) *Mangelnde Akzeptanz des Verfahrens bei den Kandidaten.*

Generell zeigt sich, dass kaum Unterschiede in der Ausprägung der einzelnen Bedenken bestehen. Am ehesten werden jedoch Täuschungsversuche durch den Kandidaten und ein Zurücktreten der Persönlichkeit befürchtet. Die geringsten Bedenken betreffen Mängel in der Entwicklung und wissenschaftlichen Absicherung der e-Diagnostic-Tools (vgl. Abb. 38).

Abbildung 38: Bedenken bezüglich Online-Assessments

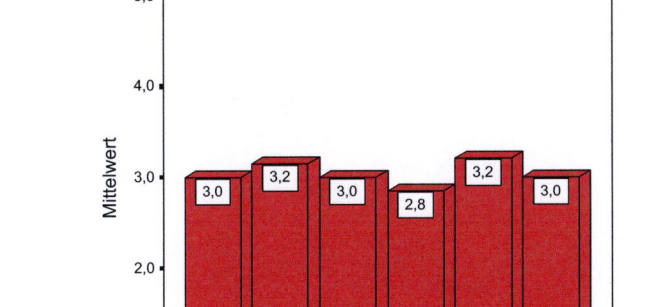

Red. Persönlichkeit = Reduzierung/Zurücktreten der Persönlichkeit des Bewerbers
Täuschung d. Kandidaten = Täuschung/Irreführung durch den Kandidaten

Quelle: Eigene Erhebung

Die Option, Bedenken zu ergänzen, wurde von mehreren Unternehmen wahrgenommen. Genannt wurden insbesondere die Befürchtung, dass die technischen Voraussetzungen bei nicht allen potenziellen Bewerbern vorhanden sein könnten sowie die Sorge, dass der Betriebsrat sein Vetorecht gegenüber dem Einsatz bestimmter e-Diagnostic-Tools ausüben könnte.

Sofern eine Segmentierung der Unternehmen nach Branchen durchgeführt wird, sind keine gravierenden Unterschiede in der Bewertung der Bedenken festzustellen. Eine Ausnahme bildet allerdings das Zurücktreten der Persönlichkeit bei Online-Assessments. Beim Handel bestehen hier vergleichsweise größere Bedenken (vgl. Tab. 86). Dies könnte darauf zurückzuführen sein, dass der Persönlichkeit des Verkäufers (auch auf höherer Führungsebene) in dieser Branche eine existenzielle Rolle zukommt.

Tabelle 86: Branche * Zurücktreten der Persönlichkeit des Bewerbers Kreuztabelle

		Persönlichkeitsverlust					Gesamt
		keinerlei Bedenken	wenige Bedenken	mittlere Bedenken	große Bedenken	sehr große Bedenken	
Banken/ Versicherungen	Anzahl	1	6	2	3	0	12
	%	8,3%	50,0%	16,7%	25,0%	0,0%	100,0%
Chemie/Pharma	Anzahl	0	0	1	1	0	2
	%	0,0%	0,0%	50,0%	50,0%	0,0%	100,0%
Elektrotechnik	Anzahl	2	1	2	1	0	6
	%	33,3%	16,7%	33,3%	16,7%	0,0%	100,0%
Fahrzeugbau	Anzahl	1	2	0	2	1	6
	%	16,7%	33,3%	0,0%	33,3%	16,7%	100,0%
Handel	Anzahl	0	3	0	3	2	8
	%	0,0%	37,5%	0,0%	37,5%	25,0%	100,0%
Informations- technologie	Anzahl	0	1	2	0	1	4
	%	0,0%	25,0%	50,0%	0,0%	25,0%	100,0%

Quelle: Eigene Erhebung

Eine Differenzierung der Unternehmen nach Umsatz und Beschäftigtenzahlen führt ebenfalls nur im Hinblick auf den Persönlichkeitsverlust zu einem Ergebnis. Offensichtlich ist die Befürchtung des Zurücktretens der Persönlichkeit insbesondere bei Unternehmen mit einem Umsatz von weniger als 1 Mrd. Euro und geringeren Beschäftigungszahlen stark ausgeprägt (vgl. Tab. 87, 88).

Tabelle 87: Umsatz im Jahr 2000 (in Mrd. Euro) * Zurücktreten der Persönlichkeit des Bewerbers Kreuztabelle

		Persönlichkeitsverlust					Gesamt
		keinerlei Bedenken	wenige Bedenken	mittlere Bedenken	große Bedenken	sehr große Bedenken	
unter 1 Mrd. Euro	Anzahl	0	0	0	6	1	7
	%	0,0%	0,0%	0,0%	85,7%	14,3%	100,0%
1 - 5 Mrd. Euro	Anzahl	0	3	6	4	2	15
	%	0,0%	20,0%	40,0%	26,7%	13,3%	100,0%
5 - 10 Mrd. Euro	Anzahl	1	4	1	1	0	7
	%	14,3%	57,1%	14,3%	14,3%	0,0%	100,0%
10 - 50 Mrd. Euro	Anzahl	3	3	3	2	1	12
	%	25,0%	25,0%	25,0%	16,7%	8,3%	100,0%
über 50 Mrd. Euro	Anzahl	0	1	1	0	0	2
	%	0,0%	50,0%	50,0%	0,0%	0,0%	100,0%
Gesamt	Anzahl	4	11	11	13	4	43
	%	9,3%	25,6%	25,6%	30,2%	9,3%	100,0%

Quelle: Eigene Erhebung

Tabelle 88: Beschäftigtenzahl in Deutschland * Zurücktreten der Persönlichkeit des Bewerbers Kreuztabelle

		Persönlichkeitsverlust					Gesamt
		keinerlei Bedenken	wenige Bedenken	mittlere Bedenken	große Bedenken	sehr große Bedenken	
< 1.000 Beschäftigte	Anzahl	0	1	0	5	0	6
	%	0,0%	16,7%	0,0%	83,3%	0,0%	100,0%
1.000 - 10.000 Beschäftigte	Anzahl	0	5	6	9	2	22
	%	0,0%	22,7%	27,3%	40,9%	9,1%	100,0%
10.000 - 50.000 Beschäftigte	Anzahl	1	5	5	3	3	17
	%	5,9%	29,4%	29,4%	17,6%	17,6%	100,0%
50.000 - 100.000 Beschäftigte	Anzahl	1	1	0	0	0	2
	%	50,0%	50,0%	0,0%	0,0%	0,0%	100,0%
Gesamt	An.zahl	2	12	11	17	5	47
	%	4,3%	25,5%	23,4%	36,2%	10,6%	100,0%

Quelle: Eigene Erhebung

4.2.4.8 Frage 8

Diese Frage zielt auf die Eignung bestimmter Zielgruppen für die Anwendung von Online-Assessments ab.

Hochschulabsolventen werden von den Unternehmen als für den Einsatz von e-Diagnostic-Tools prädestinierte Zielgruppe angesehen, mit einigem Abstand gefolgt von den Young Professionals. Weniger geeignet erscheinen den Unternehmen v.a. Führungskräfte, aber auch gegenüber Berufserfahrenen wird eine gewisse Zurückhaltung geübt. Dies liegt vermutlich in der von vielen Unternehmen befürchteten mangelnden Akzeptanz von Online-Assessments bei diesen beiden Gruppen begründet (vgl. Abb. 39).

Abbildung 39: Zielgruppenbewertung

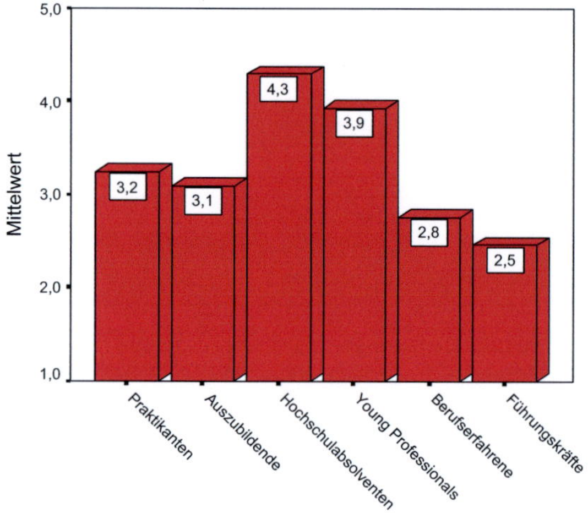

Quelle: Eigene Erhebung

Eine Unterteilung nach Branchen entspricht weitgehend dem allgemeinen Schema. Lediglich bei der Informationstechnologie ergibt sich eine markante Abweichung, so dass diese Branche trotz geringer Repräsentanzzahlen aufgeführt werden soll. Hier wird die Zielgruppe der Führungskräfte für die Anwendung von e-Diagnostic-Tools als durchaus geeignet angesehen, wobei dies möglicherweise auf die in diesem Sektor überlebensnotwendige Aufgeschlossenheit gegenüber den neuen Medien zurückzuführen ist, die auch Führungskräften abverlangt wird (vgl. Abb. 40).

Abbildung 40: Zielgruppenbewertung durch die Branche Informationstechnologie

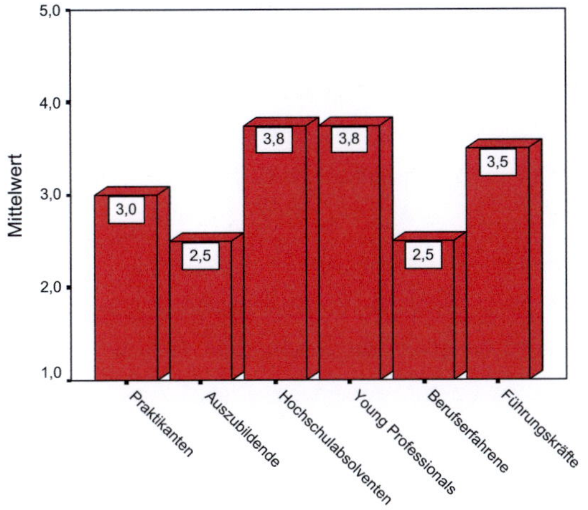

Quelle: Eigene Erhebung

Eine Segmentierung der Unternehmen nach Umsatz und Beschäftigtenzahlen liefert keine weiteren Erkenntnisse.

4.2.5   Abschließendes Ergebnis

E-Diagnostic-Tools kommen bereits bei 21,8 Prozent der befragten Unternehmen zum Einsatz. Bei einem Viertel der restlichen 78,2 Prozent bestehen derzeit Überlegungen bezüglich einer Einführung von e-Diagnostic-Tools, ein weiteres Drittel glaubt, dass eine Einführung in der nächsten Zeit zu einem relevanten Thema werden könnte.

Die meisten Erfahrungen haben Unternehmen bisher mit dem biographischen Fragebogen gesammelt, der bei einem Fünftel der Unternehmen bereits zum Einsatz kommt. Ebenfalls Einsatzquoten von über 10 Prozent weisen der Online-Persönlichkeitstest und das Online-Planspiel bzw. die computersimulierten

Szenarien auf. Online-Leistungstest und Online-Postkorbübung kommen hingegen bisher kaum zur Anwendung.

Bezüglich der Akzeptanz der einzelnen e-Diagnostic-Tools lässt sich feststellen, dass diese beim biographischen Fragebogen und dem Online-Planspiel bzw. den computersimulierten Szenarien überdurchschnittlich stark ausgeprägt ist, während sie sich beim Online-Leistungstest und der Online-Postkorbübung auf einem mittleren Niveau befindet. Auf die geringste Akzeptanz trifft, wie auch auf Bewerberseite, der Online-Persönlichkeitstest.

Bei einer Betrachtung der Hauptzielsetzungen, welche die Unternehmen mit dem Einsatz eines bestimmten e-Diagnostic-Tools verfolgen, ergibt sich, dass der biographische Fragebogen dem überwiegenden Teil der Unternehmen als alleiniges Vorselektionsinstrument geeignet erscheint. Beim Online-Leistungstest sind es nur noch 44 Prozent der Unternehmen, die ihn zur alleinigen Vorselektion einsetzen würden, 33 Prozent plädieren für den komplementären Einsatz mit einem herkömmlichen Personalauswahlverfahren, z.B. dem persönlichen Interview. Der Online-Persönlichkeitstest erfährt bei 33 Prozent der Unternehmen Akzeptanz als Vorselektionsstufe, während der gleiche Prozentsatz den komplementären Einsatz befürwortet. 13 Prozent der Unternehmen sprechen dem Online-Persönlichkeitstest jegliche Eignung für die vorgegebenen Zielsetzungen ab und erklären ihn damit für die Personalauswahl als ungeeignet. Für die Online-Postkorbübung lässt sich eine ähnliche Tendenz feststellen. Beim Online-Planspiel bzw. den computersimulierten Szenarien fällt das Ergebnis hiervon unterschiedlich aus: Fast die Hälfte der Unternehmen ist der Meinung, dass sich diese am ehesten für das Bewerberrelationship-Management eignen. Jeweils etwa 20 Prozent der Unternehmen halten einen Einsatz in der Personalentwicklung sowie bei der Personalvorauswahl für die beste Möglichkeit, während 10 Prozent für den komplementären Einsatz von Online-Planspiel und herkömmlichem Personalauswahlverfahren eintreten.

Bei der Bewertung der Erwartungen ergibt sich ein relativ einheitliches Bild. Hauptsächlich erhoffen sich die Unternehmen eine Beschleunigung ihres Rekrutierungsprozesses. Auch die Bewältigung größerer Bewerberzahlen sowie Ressourceneinsparungen stehen im Vordergrund. Ein Imagegewinn des Unternehmens, zielgerichtete Bewerberansprache und eine Verbesserung der Entscheidungsfindung gehören aber ebenso zu wesentlichen Erwartungen.

Im Hinblick auf die Ausprägung der Bedenken gegenüber Online-Assessments bestehen nur geringfügige Unterschiede. Am ehesten werden Täuschungsversuche durch den Kandidaten sowie ein Zurücktreten der Persönlichkeit befürchtet.

Als die für den Einsatz von e-Diagnostic-Tools prädestinierte Zielgruppe werden die Hochschulabsolventen angesehen, mit einigem Abstand gefolgt von den Young Professionals. Weniger geeignet zu sein scheinen den Unternehmen v.a. Führungskräfte, aber auch gegenüber Berufserfahrenen wird eine gewisse Zurückhaltung geübt.

4.3   Zusammenführung der Ergebnisse und Praxisimplikationen

Wie die Auswertungsergebnisse belegen, sieht sich ein Großteil der befragten Unternehmen mit einer Einführung von Online-Assessments bereits jetzt oder in naher Zukunft konfrontiert. Nachfolgend werden die Auswertungsergebnisse auf Bewerber- und Unternehmensseite vor dem Hintergrund einer Einführung auf Unternehmensseite zusammengeführt.

Erfahrungen liegen insbesondere mit dem biographischen Fragebogen in der Online-Version sowohl bei Unternehmen als auch Bewerbern vor. Daneben kommt auch dem Online-Persönlichkeitstest sowie den computersimulierten Szenarien eine gewisse Bedeutung zu.

In der Bewertung der Akzeptanz der einzelnen e-Diagnostic-Tools stimmen die Auffassungen von Unternehmen und Bewerbern in der Rangfolge weitgehend überein, wobei allerdings positive als auch negative Bewertungsausschläge auf Unternehmensseite geringer ausfallen. Auf die höchste Akzeptanz treffen der biographische Fragebogen und die computersimulierten Szenarien, auf die geringste der Online-Persönlichkeitstest. Der biographische Fragebogen dürfte aufgrund seiner Sonderstellung, auf die bereits hingewiesen wurde, sogar als reines Vorselektionsinstrument geeignet sein (vgl. Kap. 2.2.2.2 (Nr. 1), s. auch Kap. 4.1.4.4). Der Einsatz des Online-Persönlichkeitstests sollte hingegen genau abgewogen und aus Absicherungsgründen lediglich in Kombination mit einem anderen Instrument zur Anwendung kommen.

Befragt nach ihren Motiven, geben die Kandidaten an, dass ihnen die Möglichkeit zur Selbsteinschätzung und die Aufnahme in den Rekrutierungspool namhafter Unternehmen besonders wichtig sind. Daneben kommt der Neugierde bezüglich des Verfahrens und dem Zwangsdurchlauf im Rahmen eines Bewerbungsverfahrens eine große Bedeutung zu. Diese Ergebnisse erklären den Erfolg der Online-Spiele, die mehrere Kandidatenmotive zugleich ansprechen und somit ein effektives Mittel zur Generierung von Kontakten zu aussichtsreichen potenziellen Bewerbern darstellen. Auf überdurchschnittliche Akzeptanz trifft ebenfalls die Teilnahme an einem Online-Assessment, welches in den Bewerbungsprozess fest integriert ist und in Kombination mit einem herkömmlichen Personalauswahlverfahren eingesetzt wird. Einem Einsatz des Online-Assessments als alleinigem Vorselektionsinstrument stehen die Bewerber hingegen sehr skeptisch gegenüber. Hierzu konträr wird auf Unternehmensseite das Online-Assessment insbesondere als reines Vorselektionsinstrument gesehen. Hiermit eng verknüpft sind die Erwartungen, die von den Unternehmen an e-Diagnostic-Tools gestellt werden: Eine Beschleunigung des Verfahrens, die Bewältigung größerer Bewerberzahlen und Ressourceneinsparungen stehen im Vordergrund. Auf die Problematik, welche sich bei einem Einsatz von Online-Assessments zur alleinigen Vorselektion ergibt, wurde vom Verfasser bereits unter Kapitel 3.3 hingewiesen.

Die größten Bedenken bestehen auf Bewerberseite bezüglich eines Zurücktretens der Persönlichkeit sowie im Hinblick auf die Aussagekraft von Online-Assessments. In vergleichsweise wesentlich gemäßigterer Form befürchten auch die Unternehmen eine Reduzierung der Persönlichkeit. Als ebenso relevant betrachten sie Täuschungs- und Irreführungsversuche durch die Bewerber. Die genannten Punkte sind berechtigt und sollten deshalb bei der Auswahl und dem Einsatz von Online-Assessments Berücksichtigung finden (vgl. Kap. 3.3.1.2). Um ihnen zu begegnen, sollte auf den alleinigen Einsatz von Online-Assessments nur in begründeten Ausnahmefällen zurückgegriffen und stattdessen ein komplementärer Einsatz von e-Diagnostic-Tool und einem oder mehreren herkömmlichen Personalauswahlverfahren angestrebt werden.

Restriktionen für den Einsatz von Online-Assessments ergeben sich insbesondere durch die von den Bewerbern für angemessen und zumutbar gehaltenen Zeitvorgaben. Knapp 40 Prozent der Bewerber halten mehr als 30 Minuten Zeitaufwand für ein Online-Assessment im Rahmen eines Bewerbungsprozesses für nicht mehr gerechtfertigt. Ein solcher Zeitrahmen lässt sich sicherlich nur erreichen, wenn einzelne e-Diagnostic-Tools in komplementärer Form eingesetzt werden und selbst in diesem Falle scheint die Zeit als zu gering bemessen, um aussagefähige Ergebnisse generieren zu können. Unternehmen sollten diesen Einwand jedoch ernst nehmen, damit Bewerber nicht durch den Zeitaufwand von einer weiteren Verfolgung einer Bewerbung bei diesem Unternehmen abgeschreckt werden. Gerade die sehr qualifizierten Bewerber könnten ein zu zeitaufwändiges Online-Assessment als Zumutung empfinden und sich der Konkurrenz zuwenden.

Ein vergleichbarer Zeit-Mittelwert ergibt sich auch für freiwillige Online-Assessments, z.B. in Spielform. Im Vergleich zu Online-Assessments, welche im regulären Bewerbungsverfahren zum Einsatz kommen, nimmt die Consultainment-Komponente bei der Spielvariante zusätzliche Zeit in Anspruch. Möglicherweise wäre die Resonanz auf Online-Spiele noch größer, wenn hier eine Zeitstraffung erfolgen könnte.

Insgesamt lässt sich feststellen, dass die befragten Studenten, Hochschulabsolventen und Young Professionals eine relativ große Aufgeschlossenheit gegenüber Online-Assessments besitzen und damit, wie auch von Seiten der Unternehmen her eingeschätzt, sehr gut als Zielgruppe für den Einsatz von e-Diagnostic-Tools geeignet zu sein scheinen.

5   Zusammenfassung und Ausblick

5.1   Reichweiten und Grenzen von e-Recruitment unter besonderer Berücksichtigung von e-Diagnostics

Das Internet eröffnet der Personalrekrutierung bisher kaum vorstellbare Möglichkeiten: Innerhalb kürzester Zeit können Personalressourcen weltweit rund um die Uhr angesprochen, mobilisiert und vorselektiert werden. Offene Stellen lassen sich mittels e-Recruitment (in Abhängigkeit von der Zielgruppe) schneller, besser und kostengünstiger besetzen. Diesen Vorteilen stehen allerdings auch einige Nachteile gegenüber, z.b. in Form eines sich immer stärker zuspitzenden Wettbewerbs der Unternehmen um qualifizierte Arbeitskräfte, zunehmend kürzerer Verweildauern der Arbeitnehmer bei einem Unternehmen und dementsprechend ansteigender Fluktuationskosten, welche den Vorteilen des e-Recruitments entgegenwirken. Einen Ausweg aus dem Dilemma vermag möglicherweise eine stärkere Betonung der Mitarbeiterbindung zu weisen.

Auf eine Steigerung der ökonomischen Effizienz zielt auch der noch relativ junge Teilbereich e-Diagnostics ab, innerhalb dessen die Fähigkeiten des Bewerbers per Online-Assessment einer Prüfung unterzogen, die Ergebnisse zu Profilen verdichtet und diese den Anforderungsprofilen der Unternehmen gegenübergestellt werden. Auf diese Weise kann eine Vorselektion von Bewerbern durchgeführt werden, um nur im Kreise der vom Profil her stimmigsten Bewerber weitere Auswahlmaßnahmen durchzuführen. Allerdings ist zu berücksichtigen, dass die Aussagekraft eignungsdiagnostischer Online-Verfahren begrenzt ist und bei alleinigem Einsatz auf einer Selektionsstufe die Persönlichkeit des Kandidaten in den Hintergrund geraten lässt. Letztlich stellt sich die Frage, ob Fehlbesetzungs- und Fluktuationskosten nicht sogar negativ beeinflusst werden. Um sich den Zugang zu potenziell geeigneten Bewerbern nicht durch eine zu einseitige Vorselektion zu versperren, sollten Unternehmen überprüfen, ob der komplementäre Einsatz von e-Diagnostic-Tools und anderen Personalauswahlverfahren letztlich nicht durch eine größere Effizienz gekennzeichnet ist.

**5.2   Ergebnis der empirischen Erhebung zur Akzeptanz von eignungs-
diagnostischen Online-Verfahren am Markt**

Die Erhebung zeigt, dass die Diskussion um e-Diagnostics eine Thematik darstellt, mit deren Auseinandersetzung sich viele, insbesondere größere Unternehmen derzeit oder in Kürze konfrontiert sehen.

Von gegenwärtiger Relevanz sind im einzelnen der biographische Fragebogen
als Online-Verfahren, der Online-Persönlichkeitstest sowie das Online-Planspiel
bzw. die computersimulierten Szenarien. Auf Bewerberseite werden Online-
Assessments von Studenten, Hochschulabsolventen und Young Professionals
relativ gut angenommen, wenngleich aber auch bestimmte Bedenken deutlich
werden, die von den Unternehmen bei einer Einführung Berücksichtigung finden
sollten. Große Bedenken bestehen insbesondere bezüglich eines Zurücktretens
der Persönlichkeit des Bewerbers sowie gegenüber der Aussagefähigkeit von
Online-Assessments. Vor diesem Hintergrund wird verständlich, dass die Bewerber einen kombinierten Einsatz von Online-Assessment und herkömmlichem
Personalauswahlverfahren einem zur alleinigen Vorselektion eingesetzten
Online-Assessment mit Abstand vorziehen. Die Unternehmensseite, welche sich
zu einem großen Teil Rationalisierungsvorteile durch die Einführung von
e-Diagnostic-Tools erhofft, tendiert hier zum Gegenteil.

Neben Rationalisierungsvorteilen erhoffen sich Unternehmen einen Imagegewinn und eine zielgerichtete Bewerberansprache. Bezüglich der Zielgruppe der
Führungsnachwuchskräfte haben freiwillige Online-Assessments in Form von
Online-Spielen auf Bewerberseite hohe Akzeptanzwerte zu verzeichnen, was
darauf zurückzuführen sein dürfte, dass mehrere Teilnahmemotive der Bewerber
gleichzeitig angesprochen werden.

Trotz ihrer prinzipiellen Aufgeschlossenheit gegenüber Online-Assessments
lehnen die Bewerber einen allzu großen Zeitaufwand ab und sind nicht bereit,
wesentlich mehr Zeit als bisher in den Bewerbungsprozess zu investieren. Wenn
Unternehmen diesen Einwand der Bewerber ernst nehmen, bleibt ihnen mit
Ausnahme des biographischen Fragebogens, der aufgrund seiner Sonderstel-

lung auch im Rahmen einer Cut-off-Prüfung zur Vorselektion einsetzbar ist, vermutlich nur die Möglichkeit eines kombinierten Einsatzes von e-Diagnostic-Tool und traditionellem Personalauswahlverfahren.

5.3 Fazit und Ausblick

Vergegenwärtigt man sich, dass die in dieser Arbeit skizzierten Ansätze der Prozessoptimierung im Personalbeschaffungsbereich durch Internetanwendungen erst im Laufe der letzten Jahre in die Praxis eingeführt worden sind, wird die Entwicklungsdynamik auf dem Anwendungsfeld der Neuen Medien im Personalmanagement besonders deutlich. Die funktionalen und preislichen Vorteile des Internets führen dazu, dass sich ein zunehmender Teil des Stellenanzeigenvolumens von den Printmedien in den Internet-Stellenmarkt verlagert. Die derzeit mangelnde Transparenz der Stellenangebote im Internet, die fehlende Kenntnis über deren Existenz sowie die häufig noch unzureichenden Zugangsmöglichkeiten für den Nutzer schließen gegenwärtig allerdings noch die alleinige Schaltung von Stellenanzeigen im Internet aus. Dennoch ist zu beachten, dass das Internet aufgrund seiner immer weiter zunehmenden Verfügbarkeit und der Vielzahl an Einsatzmöglichkeiten (u.a. im Rahmen von e-Diagnostics und Bewerberrelationship-Management) ein ständig wachsendes Potenzial zur effizienten Gestaltung des Bewerbungsverfahrens besitzt. Eine noch schnellere Technologie wird künftig erlauben, Interaktivität und Virtualität vermehrt zu nutzen. Die virtuelle Betriebsbesichtigung und das interaktive Vorstellungsgespräch per Videokonferenz gehören möglicherweise bald zum Standard, ebenso wie die bereits sporadisch von Unternehmen eingesetzten Online-Assessments zur Bewerberselektion. Vor diesem Hintergrund ist insbesondere das Problem des Zurücktretens der Persönlichkeit des Bewerbers ernst zu nehmen, da der persönliche Kontakt über das Telefon oder im persönlichen Vorstellungsgespräch gänzlich entfallen und durch e-Mail und Videokonferenz ersetzt werden könnte. Ob unter solchen Bedingungen allerdings eine ausreichend hohe Mitarbeiterbindung generiert werden kann, welche verhindert, dass Fluktuationskosten die durch e-Recruitment bedingte Effizienzsteigerung überwiegen, wird noch zu prüfen sein.

Anhang I: Der Personalbeschaffungsprozess unter Einbeziehung von e-Recruitment

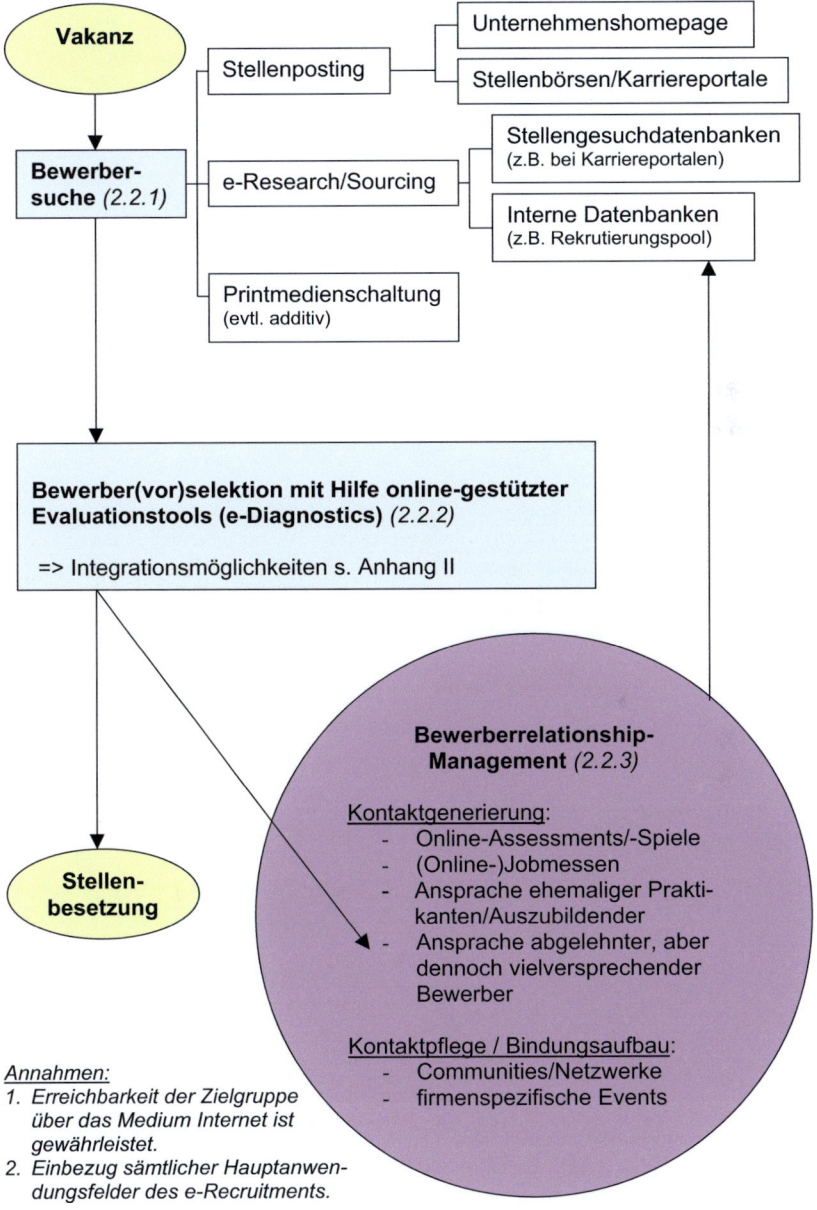

Anhang II: Integrationsmöglichkeiten von e-Diagnostic-Tools in den Personalauswahlprozess

Annahmen / Erläuterungen:
1. *Bei Einsatz von e-Recruitment ist von höheren Bewerberzahlen auszugehen.*
2. *Die Grafik in Trichterform zeigt jeweils die Reduktion der Bewerberzahlen (grün) in Abhängigkeit von Selektionsstufe und -methode und dient lediglich der Veranschaulichung.*

I. Herkömmliches Personalauswahlverfahren

Vorselektion	1.	Analyse der Bewerbungs-unterlagen	
	2.	Persönliches Gespräch	
Selektion		Assessment Center	

II. Vorselektion auf Grundlage eignungsdiagnostischer Online-Verfahren

Vorselektion	1.	Cut-off-Prüfung (auf Grundlage biogr. Daten)	
	2.	Online-Assessment	
Selektion		Assessment Center	

III. Komplementärer Einsatz von e-Diagnostic-Tools und anderen eignungs-diagnostischen Online-Verfahren

Vorselektion	1.	Cut-off-Prüfung (auf Grundlage biogr. Daten)		
	2.	Persönl. Gespräch	Telefon-interview	
Selektion		Online-Assessment + Assessment Center		

Anhang III: Bewerber-Fragebogen zur Akzeptanz von e-Diagnostics

Bitte beachten Sie unbedingt folgende Hinweise beim Ausfüllen des Formulars:

- **WICHTIG:** Wenn Sie Ihre Eingaben unterbrechen oder beenden möchten, ist es zwingend erforderlich, den **Speicher-Button** zu betätigen. Sollten Sie dies vergessen, so gehen Ihre Antworten beim Schließen der Datei verloren.

- Betätigen Sie die **Tab(ulator)-Taste (alternativ: die Pfeiltasten)**, um sich von Feld zu Feld zu bewegen. Sie können in den grau unterlegten Feldern normal schreiben, während die umrandeten Kästchen per Mausklick ankreuzbar sind. Bei den grau unterlegten Feldern mit bereits enthaltener Schrift handelt es sich um Dropdown-Menüs, aus denen Sie die Antworten per Mausklick auswählen können, sobald Sie sich auf dem Feld befinden.

A. Allgemeine Angaben zur Person

1. Alter: Jahre

2. Geschlecht: ☐   männlich
                                ☐   weiblich

3. Universität / Fachhochschule / Sonstige Hochschule:

4. Studiengang / Fachrichtung:

5. Studiensemesterzahl (derzeit):

6. (Angestrebter) Studienabschluss bzw. -abschlüsse:

7. Jahr des Studienabschlusses:

8. Falls Sie Ihr Studium bereits abgeschlossen haben:

    a) Anzahl der Berufsjahre nach Abschluss des Studiums:

    b) Ausgeübter Beruf:

B.   Angaben zur Akzeptanz von e-Diagnostics

E-Diagnostics bezeichnet (Berufs-)Eignungsdiagnostik via Internet. Es geht darum, per Online-Assessment[1] zu ermitteln, ob der Kandidat auf ein schon vorher definiertes Stellenprofil passt bzw. wo seine Stärken und Schwächen liegen.

Dieses Online-Assessment (auch: eignungsdiagnostisches Online-Verfahren) kann aus einem oder mehreren e-Diagnostic-Tools bestehen, z.B. einem Online-Persönlichkeitstest[2] und einer Online-Postkorbübung[3].

Als weitere e-Diagnostic-Tools sind denkbar: biographischer Fragebogen[4] als Online-Version, Online-Leistungstest[5], Online-Planspiel[6], computersimulierte Szenarien[7].

1.   Haben Sie schon einmal von Online-Assessments bzw. einzelnen e-Diagnostic-Tools gehört?

☐   Ja.
☐   Nein.

2.   Haben Sie schon einmal ein e-Diagnostic-Tool durchlaufen?

☐   Ja.
☐   Nein.

---

1   Ein Assessment-Center (AC) ist ein Bewertungs- und Beurteilungsverfahren, bei dem verschiedene eignungs-diagnostische Übungen kombiniert werden. Es findet hauptsächlich bei der Personalauswahl und Personalentwicklung Anwendung. Bei einem Online-Assessment kann der Kandidat die eignungsdiagnostischen Übungen von einem beliebigen Ort aus durchführen, wobei die Bewertung der Lösungsgüte maschinell erfolgt.

2   Zu den Persönlichkeitstests, die Hinweise auf das Selbstbild des Bewerbers geben sollen, gehören z.B. Einstellungs-, Interessen- und Motivationstests.

3   Die Postkorbübung besteht in der Simulation eines klassischen Posteingangs, wobei der Eingangskorb neben tatsächlichen Posteingängen von außen die ganze Palette der unternehmensinternen Kommunikation z.B. in Form von e-Mails, Rundschreiben, Gesprächsnotizen etc. enthält. Der Bewerber hat den Postkorb innerhalb einer bestimmten Zeit zu bearbeiten und dabei zu entscheiden, welche Aufgaben er delegieren und welche er selbst erledigen möchte.

4   Biographische Fragebögen sind standardisierte Selbstbeschreibungen. Sie beziehen sich auf alle berufs-erfolgsrelevanten Ausschnitte der Lebensgeschichte und stellen eine Zusammenfassung dessen dar, was Bewerbungsunterlagen und Einstellungsinterview an prognostischen Informationen enthalten.

5   Leistungstests zielen darauf ab, maximales Verhalten zu ermitteln. Zu den Leistungstests zählen u.a. Wissens-, Intelligenz- und Konzentrationstests.

6   Planspiele im AC sind v.a. Unternehmensplanspiele, in denen die Entwicklung eines Unternehmens in einem bestimmten Zeitraum „durchgespielt" wird. Ziel kann es z.B. sein, die Gewinne zu steigern, den Umsatz zu erhöhen oder das Produktimage zu verbessern.

7   Bei den computersimulierten Szenarien handelt es sich um planspielähnliche, auf Computern implementierte Aufgaben. Verlangt werden die Kontrolle und Steuerung komplexer dynamischer Systeme oder Prozesse, die mit einer Rahmenhandlung versehen sind (z.B. Leitung eines Unternehmens).

3. Falls Sie Frage 2 mit „Ja" beantwortet haben: Mit welchen der folgenden Tools haben Sie bereits Erfahrungen gesammelt? Bitte kreuzen Sie die von Ihnen angewendeten bzw. ausprobierten Tools an und ergänzen Sie die Liste gegebenenfalls.

Hinweis: Für den Fall, dass Sie bereits an einem Online-Spiel[8] teilgenommen haben: Dieses besteht in der Regel aus mehreren einzelnen e-Diagnostic-Tools, die getrennt aufzuführen sind.

e-Diagnostic-Tools	
Biographischer Fragebogen als Online-Verfahren[4]	☐
Online-Leistungstest[5]	☐
Online-Persönlichkeitstest[2]	☐
Online-Postkorbübung[3]	☐
Online-Planspiel[6] / Computersimulierte Szenarien[7]	☐
	☐
	☐

---

[8] Bei einem Online-Spiel identifiziert sich der Kandidat mit einer bestimmten Rolle und hat beispielsweise auf einer Mission Probleme und Rätsel verschiedener Art zu lösen. Zu den Online-Spielen zählen z.B. „Challenge Unlimited" oder „Cyquest: Die Karrierejagd durchs Netz".

4. Auf welche Akzeptanz treffen die einzelnen e-Diagnostic-Tools bei Ihnen? Bitte kennzeichnen Sie jedes Tool mit einer Ziffer von 1 (keinerlei Akzeptanz) bis 5 (sehr hohe Akzeptanz).

Hinweis: Bitte beantworten Sie die Frage auch dann, wenn Sie noch keine Erfahrungen mit den betreffenden Tools gesammelt haben.

e-Diagnostic-Tools	1 2 3 4 5
Biographischer Fragebogen als Online-Verfahren[4]	☐☐☐☐☐
Online-Leistungstest[5]	☐☐☐☐☐
Online-Persönlichkeitstest[2]	☐☐☐☐☐
Online-Postkorbübung[3]	☐☐☐☐☐
Online-Planspiel[6] / Computersimulierte Szenarien[7]	☐☐☐☐☐

2   Zu den Persönlichkeitstests, die Hinweise auf das Selbstbild des Bewerbers geben sollen, gehören z.B. Einstellungs-, Interessen- und Motivationstests.

3   Die Postkorbübung besteht in der Simulation eines klassischen Posteingangs, wobei der Eingangskorb neben tatsächlichen Posteingängen von außen die ganze Palette der unternehmensinternen Kommunikation z.B. in Form von e-Mails, Rundschreiben, Gesprächsnotizen etc. enthält. Der Bewerber hat den Postkorb innerhalb einer bestimmten Zeit zu bearbeiten und dabei zu entscheiden, welche Aufgaben er delegieren und welche er selbst erledigen möchte.

4   Biographische Fragebögen sind standardisierte Selbstbeschreibungen. Sie beziehen sich auf alle berufserfolgsrelevanten Ausschnitte der Lebensgeschichte und stellen eine Zusammenfassung dessen dar, was Bewerbungsunterlagen und Einstellungsinterview an prognostischen Informationen enthalten.

5   Leistungstests zielen darauf ab, maximales Verhalten zu ermitteln. Zu den Leistungstests zählen u.a. Wissens-, Intelligenz- und Konzentrationstests.

6   Planspiele im AC sind v.a. Unternehmensplanspiele, in denen die Entwicklung eines Unternehmens in einem bestimmten Zeitraum „durchgespielt" wird. Ziel kann es z.B. sein, die Gewinne zu steigern, den Umsatz zu erhöhen oder das Produktimage zu verbessern.

7   Bei den computersimulierten Szenarien handelt es sich um planspielähnliche, auf Computern implementierte Aufgaben. Verlangt werden die Kontrolle und Steuerung komplexer dynamischer Systeme oder Prozesse, die mit einer Rahmenhandlung versehen sind (z.B. Leitung eines Unternehmens).

5. Welche Motive könnten Sie sich - auf Ihre Person bezogen - vorstellen, um an einem Online-Assessment teilzunehmen? Bitte kennzeichnen Sie die Stärke des jeweiligen Motivs mit einer Ziffer von 1 (überhaupt nicht relevant) bis 5 (sehr relevant). Falls Sie sich weitere Motive vorstellen können, ergänzen und bewerten Sie diese bitte ebenfalls.

Motive zur Teilnahme an einem Online-Assessment	1	2	3	4	5
Möglichkeit der Selbsteinschätzung (z.B. Erfahren der eigenen Stärken und Schwächen)	☐	☐	☐	☐	☐
Zwangsdurchlauf im Rahmen eines Bewerbungsprozesses	☐	☐	☐	☐	☐
Erhalt eines digitalen Gutachtens über das persönliche Stärken-Schwächen-Profil, das ggf. zukünftigen Bewerbungen beigelegt werden kann	☐	☐	☐	☐	☐
Möglichkeit zur Aufnahme in den Rekrutierungspool namhafter Unternehmen (bei Online-Spielen)	☐	☐	☐	☐	☐
Neugierde bezüglich des Verfahrens (bei Online-Spielen)					
	☐	☐	☐	☐	☐
	☐	☐	☐	☐	☐

6. Es gibt verschiedene Möglichkeiten, an einem Online-Assessment teilzunehmen:

a) Ein Unternehmen kann ein solches Verfahren zum festen Bestandteil des Bewerbungs-prozesses machen und den Bewerber vor einer Einladung zum persönlichen Gespräch auf einer **Vorselektionsstufe** zum Online-Assessment auffordern. Die Ergebnisse des Online-Assessments werden dem Bewerber auch dann zur Verfügung gestellt, wenn sie den Anforderungen des Unternehmens nicht genügen und dieser daraufhin eine Absage erhält.

Bitte bewerten Sie diese Möglichkeit hinsichtlich Ihrer persönlichen Akzeptanz mit einer Ziffer zwischen 1 (keinerlei Akzeptanz) und 5 (sehr große Akzeptanz).

1   2   3   4   5
keinerlei Akzeptanz   ☐☐☐☐☐   *sehr große Akzeptanz*

b) Ein Unternehmen kann ein Online-Assessment zum festen Bestandteil des Bewerbungs-prozesses machen, und zwar **in Kombination mit einem herkömmlichen Personalauswahlverfahren**. Dies kann z.B. so aussehen, dass der Bewerber zunächst ein oder mehrere e-Diagnostic-Tools durchlaufen muss und die Ergebnisse anschließend im persönlichen Interview abgeglichen werden.

Bitte bewerten Sie diese Möglichkeit hinsichtlich Ihrer persönlichen Akzeptanz mit einer Ziffer zwischen 1 (keinerlei Akzeptanz) und 5 (sehr große Akzeptanz).

1   2   3   4   5
keinerlei Akzeptanz   ☐☐☐☐☐   *sehr große Akzeptanz*

c) Im Rahmen der Gewinnung von Kontakten zu potentiellen Bewerbern kann ein Unter-nehmen ein für den Kandidaten freiwilliges Online-Assessment anbieten, zumeist in Form eines **Online-Spiels**[8]. Der Kandidat kann nach dem Assessment entscheiden, ob er seine persönlichen Daten und Auswertungsergebnisse dem Unternehmen zur Verfügung stellt.

Bitte bewerten Sie diese Möglichkeit hinsichtlich Ihrer persönlichen Akzeptanz mit einer Ziffer zwischen 1 (keinerlei Akzeptanz) und 5 (sehr große Akzeptanz).

1   2   3   4   5
keinerlei Akzeptanz   ☐☐☐☐☐   *sehr große Akzeptanz*

---

8   Bei einem Online-Spiel identifiziert sich der Kandidat mit einer bestimmten Rolle und hat beispielsweise auf einer Mission Probleme und Rätsel verschiedener Art zu lösen. Zu den Online-Spielen zählen z.B. „Challenge Unlimited" oder „Cyquest: Die Karrierejagd durchs Netz".

d) Auf Karriereportalen[9] werden dem Besucher der Site Zusatzleistungen angeboten. Hierzu kann auch ein freiwilliges Online-Assessment z.b. zur Selbsteinschätzung der eigenen Stärken und Schwächen (**Self-Assessment**) gehören.

Bitte bewerten Sie diese Möglichkeit hinsichtlich Ihrer persönlichen Akzeptanz mit einer Ziffer zwischen 1 (keinerlei Akzeptanz) und 5 (sehr große Akzeptanz).

1 2 3 4 5
keinerlei Akzeptanz ☐☐☐☐☐ *sehr große Akzeptanz*

e) Denkbar ist auch der Fall, dass ein Beratungsunternehmen, das in Personalthemen über ein spezifisches Know-how verfügt, ein **Online-Assessment gegen Entgelt** auf der Firmenhomepage anbietet. Der Bewerber erhält nach Abschluss des Tests ein digitales **Gutachten** über seine Person, das er gegebenenfalls zukünftigen Bewerbungen beifügen kann.

Bitte bewerten Sie diese Möglichkeit hinsichtlich Ihrer persönlichen Akzeptanz mit einer Ziffer zwischen 1 (keinerlei Akzeptanz) und 5 (sehr große Akzeptanz).

1 2 3 4 5
keinerlei Akzeptanz ☐☐☐☐☐ *sehr große Akzeptanz*

7. Wenn Sie 6 e) mit einer Akzeptanzziffer von 3-5 bewertet haben: Wie viel DM wären Ihnen ein solches digitales Gutachten maximal wert?

☐ 50 DM
☐ 75 DM
☐ 100 DM
☐ > 100 DM

9 Karriereportale bieten Besuchern neben Online-Stellenanzeigen in Abgrenzung zu herkömmlichen Stellenbörsen weitere Leistungen, zu denen z.B. ein Online-Assessment, Karrieretipps, ein Expertenchat oder ein Gehaltsvergleich zählen können.

8. Welche Bedenken haben bzw. hätten Sie bezüglich der Teilnahme an einem Online-Assessment? Bitte bewerten Sie die nachfolgenden Vorgaben mit einer Ziffer zwischen 1 (keinerlei Bedenken) und 5 (größte Bedenken). Ergänzen Sie ggf. zusätzliche Bedenken und bewerten diese bitte ebenfalls.

Bedenken bezüglich Online-Assessments	1	2	3	4	5
Mängel in der Entwicklung und wissenschaftlichen Absicherung	☐	☐	☐	☐	☐
Zweifel an der Aussagefähigkeit von Online-Assessments	☐	☐	☐	☐	☐
Befürchtung, die Einstellungschancen zu verringern (bei Verfahren im Rahmen des Bewerbungsprozesses)	☐	☐	☐	☐	☐
Zurücktreten der Persönlichkeit des Bewerbers	☐	☐	☐	☐	☐
Angst vor Datenmissbrauch durch das erhebende Unternehmen oder durch Dritte	☐	☐	☐	☐	☐
	☐	☐	☐	☐	☐
	☐	☐	☐	☐	☐

9. Welcher zeitliche Rahmen erscheint Ihnen für die Durchführung eines Online-Assessments, das aus mehreren der o.a. Tools besteht, angemessen und zumutbar

a) bei einem Online-Assessment auf Veranlassung einer Unternehmung im Rahmen des Bewerbungsprozesses?

☐ < 15 Minuten
☐ 15-30 Minuten
☐ 30-45 Minuten
☐ 45-60 Minuten
☐ > 60 Minuten

b) bei einem freiwilligen Online-Assessment bei einer Unternehmung, ausgestaltet als Online-Spiel?

☐ < 15 Minuten
☐ 15-30 Minuten
☐ 30-45 Minuten
☐ 45-60 Minuten
☐ > 60 Minuten

c) bei einem freiwilligen Online-Assessment zur reinen Selbsteinschätzung auf einem Karriereportal?

☐ < 15 Minuten
☐ 15-30 Minuten
☐ 30-45 Minuten
☐ 45-60 Minuten
☐ > 60 Minuten

d) bei einem kostenpflichtigen Test eines Beratungsunternehmens, das ein Gutachten über Ihr Persönlichkeitsprofil erstellt?

☐ < 15 Minuten
☐ 15-30 Minuten
☐ 30-45 Minuten
☐ 45-60 Minuten
☐ > 60 Minuten

Bitte betätigen Sie jetzt unbedingt den **Speicher-Button**! Wenn Sie dies versäumen, sind sämtliche von Ihnen eingegebenen Daten verloren!

Vielen Dank für Ihre Unterstützung!

Unternehmens-Fragebogen zur Akzeptanz von e-Diagnostics

Bitte beachten Sie unbedingt folgende Hinweise beim Ausfüllen des Formulars:

- **WICHTIG:** Wenn Sie Ihre Eingaben unterbrechen oder beenden möchten, ist es zwingend erforderlich, den **Speicher-Button** zu betätigen. Sollten Sie dies vergessen, so gehen Ihre Antworten beim Schließen der Datei verloren.

- Betätigen Sie die **Tab(ulator)-Taste (alternativ: die Pfeiltasten)**, um sich von Feld zu Feld zu bewegen. Sie können in den grau unterlegten Feldern normal schreiben, während die umrandeten Kästchen per Mausklick ankreuzbar sind. Bei den grau unterlegten Feldern mit bereits enthaltener Schrift handelt es sich um Dropdown-Menüs, aus denen Sie die Antworten per Mausklick auswählen können, sobald Sie sich auf dem Feld befinden.

A. Allgemeine Angaben zum Unternehmen

1. Branche:

   Bei einer Einordnung unter „Sonstiges" bitte genauer spezifizieren:

2. Umsatz im Jahr 2000:   Mio. DM   Mrd. DM

3. Beschäftigtenzahl
   - in Deutschland:
   - ggf. weltweit:

B. Angaben zur Akzeptanz von e-Diagnostics

E-Diagnostics bezeichnet (Berufs-)Eignungsdiagnostik via Internet. Es geht darum, per Online-Assessment[1] zu ermitteln, ob der Kandidat auf ein schon vorher definiertes Stellenprofil passt bzw. wo seine Stärken und Schwächen liegen.

Dieses Online-Assessment (auch: eignungsdiagnostisches Online-Verfahren) kann aus einem oder mehreren e-Diagnostic-Tools bestehen, z.b. einem Online-Persönlichkeitstest[2] und einer Online-Postkorbübung[3].

Als weitere e-Diagnostic-Tools sind denkbar: biographischer Fragebogen[4] als Online-Version, Online-Leistungstest[5], Online-Planspiel[6], computersimulierte Szenarien[7].

1.   Haben Sie in Ihrem Unternehmen bereits e-Diagnostic-Tools eingeführt?

☐   Ja.
☐   Nein.

---

[1]   Ein Assessment-Center (AC) ist ein Bewertungs- und Beurteilungsverfahren, bei dem verschiedene eignungs-diagnostische Übungen kombiniert werden. Es findet hauptsächlich bei der Personalauswahl und Personalentwicklung Anwendung. Bei einem Online-Assessment kann der Kandidat die eignungsdiagnostischen Übungen von einem beliebigen Ort aus durchführen, wobei die Bewertung der Lösungsgüte maschinell erfolgt.

[2]   Zu den Persönlichkeitstests, die Hinweise auf das Selbstbild des Bewerbers geben sollen, gehören z.B. Einstellungs-, Interessen- und Motivationstests.

[3]   Die Postkorbübung besteht in der Simulation eines klassischen Posteingangs, wobei der Eingangskorb neben tatsächlichen Posteingängen von außen die ganze Palette der unternehmensinternen Kommunikation z.B. in Form von e-Mails, Rundschreiben, Gesprächsnotizen etc. enthält. Der Bewerber hat den Postkorb innerhalb einer bestimmten Zeit zu bearbeiten und dabei zu entscheiden, welche Aufgaben er delegieren und welche er selbst erledigen möchte.

[4]   Biographische Fragebögen sind standardisierte Selbstbeschreibungen. Sie beziehen sich auf alle berufs-erfolgsrelevanten Ausschnitte der Lebensgeschichte und stellen eine Zusammenfassung dessen dar, was Bewerbungsunterlagen und Einstellungsinterview an prognostischen Informationen enthalten.

[5]   Leistungstests zielen darauf ab, maximales Verhalten zu ermitteln. Zu den Leistungstests zählen u.a. Wissens-, Intelligenz- und Konzentrationstests.

[6]   Planspiele im AC sind v.a. Unternehmensplanspiele, in denen die Entwicklung eines Unternehmens in einem bestimmten Zeitraum „durchgespielt" wird. Ziel kann es z.B. sein, die Gewinne zu steigern, den Umsatz zu erhöhen oder das Produktimage zu verbessern.

[7]   Bei den computersimulierten Szenarien handelt es sich um planspielähnliche, auf Computern implementierte Aufgaben. Verlangt werden die Kontrolle und Steuerung komplexer dynamischer Systeme oder Prozesse, die mit einer Rahmenhandlung versehen sind (z.B. Leitung eines Unternehmens).

2. Falls Sie Frage 1 mit „Nein" beantwortet haben: Bestehen in Ihrem Unternehmen Überlegungen bezüglich einer Einführung von e-Diagnostic-Tools?

☐   Ja.
☐   Nein. In Kürze könnte eine Einführung für uns aber ein Thema werden.
☐   Nein. Eine Einführung ist für uns bis auf weiteres uninteressant.

3. Falls Sie Frage 1 mit „Ja" beantwortet haben: Mit welchen der folgenden Tools haben Sie bereits Erfahrungen gesammelt? Bitte kreuzen Sie diejenigen Tools an, die in Ihrem Unternehmen bereits zum Einsatz gekommen sind und ergänzen Sie die Liste gegebenenfalls.

Hinweis: Für den Fall, dass Sie bereits ein Online-Spiel eingesetzt haben, so führen Sie die einzelnen e-Diagnostic-Tools, aus denen das Spiel besteht, bitte getrennt auf.

e-Diagnostic-Tools	
Biographischer Fragebogen als Online-Verfahren[4]	☐
Online-Leistungstest[5]	☐
Online-Persönlichkeitstest[2]	☐
Online-Postkorbübung[3]	☐
Online-Planspiel[6] / Computersimulierte Szenarien[7]	☐
	☐
	☐

---

8   Bei einem Online-Spiel identifiziert sich der Kandidat mit einer bestimmten Rolle und hat beispielsweise auf einer Mission Probleme und Rätsel verschiedener Art zu lösen.

4. Auf welche Akzeptanz treffen die einzelnen e-Diagnostic-Tools bei Ihnen? Bitte kennzeichnen Sie jedes Tool mit einer Ziffer von 1 (keinerlei Akzeptanz) bis 5 (sehr hohe Akzeptanz).

Hinweis: Bitte beantworten Sie die Frage auch dann, wenn Sie noch keine Erfahrungen mit den betreffenden Tools gesammelt haben.

e-Diagnostic-Tools	1	2	3	4	5
Biographischer Fragebogen als Online-Verfahren[4]	☐	☐	☐	☐	☐
Online-Leistungstest[5]	☐	☐	☐	☐	☐
Online-Persönlichkeitstest[2]	☐	☐	☐	☐	☐
Online-Postkorbübung[3]	☐	☐	☐	☐	☐
Online-Planspiel[6] / Computersimulierte Szenarien[7]	☐	☐	☐	☐	☐

2 Zu den Persönlichkeitstests, die Hinweise auf das Selbstbild des Bewerbers geben sollen, gehören z.B. Einstellungs-, Interessen- und Motivationstests.

3 Die Postkorbübung besteht in der Simulation eines klassischen Posteingangs, wobei der Eingangskorb neben tatsächlichen Posteingängen von außen die ganze Palette der unternehmensinternen Kommunikation z.B. in Form von e-Mails, Rundschreiben, Gesprächsnotizen etc. enthält. Der Bewerber hat den Postkorb innerhalb einer bestimmten Zeit zu bearbeiten und dabei zu entscheiden, welche Aufgaben er delegieren und welche er selbst erledigen möchte.

4 Biographische Fragebögen sind standardisierte Selbstbeschreibungen. Sie beziehen sich auf alle berufs-erfolgsrelevanten Ausschnitte der Lebensgeschichte und stellen eine Zusammenfassung dessen dar, was Bewerbungsunterlagen und Einstellungsinterview an prognostischen Informationen enthalten.

5 Leistungstests zielen darauf ab, maximales Verhalten zu ermitteln. Zu den Leistungstests zählen u.a. Wissens-, Intelligenz- und Konzentrationstests.

6 Planspiele im AC sind v.a. Unternehmensplanspiele, in denen die Entwicklung eines Unternehmens in einem bestimmten Zeitraum „durchgespielt" wird. Ziel kann es z.B. sein, die Gewinne zu steigern, den Umsatz zu erhöhen oder das Produktimage zu verbessern.

7 Bei den computersimulierten Szenarien handelt es sich um planspielähnliche, auf Computern implementierte Aufgaben. Verlangt werden die Kontrolle und Steuerung komplexer dynamischer Systeme oder Prozesse, die mit einer Rahmenhandlung versehen sind (z.B. Leitung eines Unternehmens).

5. Welche Zielsetzung lässt sich Ihrer Meinung nach mit den aufgeführten Instrumenten am besten erreichen? Bitte wählen Sie rechts im Dropdown-Menü jeweils diejenige Zielsetzung aus, die Ihnen am sinnvollsten erscheint.

- Personalvorauswahl im Sinne einer Vorselektionsstufe vor der Einladung ins Unternehmen (K.O.-Kriterium).

- Personalauswahl unter komplementärem Einsatz von e-Diagnostic-Tool und persönlichem Gespräch.

- Potenzialanalyse im Rahmen der Personalentwicklung.

- Bewerberrelationship-Management: Herstellung von Kontakten zu potenziellen Bewerbern (z.B. durch e-Diagnostic-Tools in der Online-Spiel-Version[8]).

- Instrument ist für keine der angegebenen Zielsetzungen geeignet.

e-Diagnostic-Tools	Zielsetzung
Biographischer Fragebogen als Online-Verfahren[4]	
Online-Leistungstest[5]	
Online-Persönlichkeitstest[2]	
Online-Postkorbübung[3]	
Online-Planspiel[6] / Computersimulierte Szenarien[7]	

---

8 Bei einem Online-Spiel identifiziert sich der Kandidat mit einer bestimmten Rolle und hat beispielsweise auf einer Mission Probleme und Rätsel verschiedener Art zu lösen.

6. Welche Erwartungen verbinden Sie mit dem Einsatz von e-Diagnostic-Tools im Vergleich zu herkömmlichen eignungsdiagnostischen Instrumenten? Bitte bewerten Sie jede Vorgabe mit einem Wert von 1 (keinerlei Erwartungen) bis 5 (sehr hohe Erwartungen). Falls Sie weitere Erwartungen haben, so ergänzen und bewerten Sie diese bitte ebenfalls.

Erwartungen an den Einsatz von e-Diagnostic-Tools	1 2 3 4 5
Einsparung von Ressourcen (=> Kostenvorteile)	☐☐☐☐☐
Bearbeitung größerer Bewerberzahlen möglich	☐☐☐☐☐
Beschleunigung des Rekrutierungsprozesses	☐☐☐☐☐
Verbesserung der Entscheidungsfindung	☐☐☐☐☐
Zielgerichtete Ansprache und frühzeitige Bindung der Kandidaten an das Unternehmen	☐☐☐☐☐
Imagegewinn des Unternehmens	☐☐☐☐☐
	☐☐☐☐☐
	☐☐☐☐☐

7. Welche Bedenken haben bzw. hätten Sie beim Einsatz von Online-Assessments? Bitte kennzeichnen Sie jeden einzelnen Punkt mit einer Ziffer von 1 (keinerlei Bedenken) bis 5 (sehr große Bedenken). Bitte ergänzen und bewerten Sie ggf. weitere Bedenken.

Bedenken bezüglich Online-Assessments	1	2	3	4	5
Ressourcenaufwand (insb. Software) > Nutzen des Verfahrens	☐	☐	☐	☐	☐
Zurücktreten der Persönlichkeit des Bewerbers	☐	☐	☐	☐	☐
Nichterreichbarkeit bestimmter Zielgruppen	☐	☐	☐	☐	☐
Mängel in der Entwicklung und wissenschaftlichen Absicherung	☐	☐	☐	☐	☐
Täuschung und Irreführung durch den Kandidaten („Testknacken")	☐	☐	☐	☐	☐
Mangelnde Akzeptanz des Verfahrens bei den Kandidaten	☐	☐	☐	☐	☐
	☐	☐	☐	☐	☐
	☐	☐	☐	☐	☐

8. Welche Eignung weisen Ihrer Meinung nach die u.a. Zielgruppen im Hinblick auf eine Nutzung von e-Diagnostic-Tools auf? Bitte geben Sie einen Wert von 1 (überhaupt nicht geeignet) bis 5 (bestens geeignet) an.

Sofern Ihres Erachtens weitere Zielgruppen eine besonders hohe oder besonders geringe Eignung aufweisen, so ergänzen und bewerten Sie diese bitte ebenfalls.

Zielgruppen	1	2	3	4	5
Praktikanten	☐	☐	☐	☐	☐
Auszubildende	☐	☐	☐	☐	☐
Hochschulabsolventen	☐	☐	☐	☐	☐
Young Professionals	☐	☐	☐	☐	☐
Berufserfahrene	☐	☐	☐	☐	☐
Führungskräfte	☐	☐	☐	☐	☐
	☐	☐	☐	☐	☐
	☐	☐	☐	☐	☐

Bitte betätigen Sie jetzt unbedingt den **Speicher-Button**! Wenn Sie dies versäumen, sind sämtliche von Ihnen eingegebenen Daten verloren!

Vielen Dank für Ihre Unterstützung!

Literaturverzeichnis

ACASTAT SOFTWARE (2001): Spearman Rho Coefficient. Unter: http://www.
acastat.com/Handbook/32.html, Zugriff vom 10.01.2002.

ADVANTAGE HIRING (2001a): About us. Unter: http://www.advantagehiring.
com/about/company.asp, Zugriff vom 20.11.2001.

ADVANTAGE HIRING (2001b): Try our free Calculators. Unter: http://www.
advantagehiring.com/calculators/fs_hfcalcs.htm, Zugriff vom 20.11.2001.

AIRS (2001): About AIRS. Unter: http://www.airsdirectory.com/aboutairs/, Zugriff
vom 03.11.2001.

ARNTZEN, A. (2000): Stellenmärkte im Internet. In: Handelsblatt, Nr. 69,
06.04.2000, S. 11.

BENDER, R./LANGE, S. (2001): Was ist der p-Wert? In: Deutsche Medizinische
Wochenschrift, Jhrg. 126, Nr. 15, S. 39-40.

BOEHLE, S. (2001): Online recruiting gets sneaky. In: Training, Volume 37,
Issue 5, 05/2000, S. 66-74.

BOLENDER, J. (1999): Personalmarketing im Internet. Essen: IT-Visions.

BORCK, J.R. (2000): Recruiting systems control resume chaos. In: InfoWorld,
Volume 22, Issue 30, 24.07.2000, S. 47-48.

BUDDENSIEK, W. (1992): Entscheidungstraining im Methodenverbund – Didaktische Begründung für die Verbindung von Fallstudie und Simulationsspiel.
In: KEIM, H.: Planspiel, Rollenspiel, Fallstudie, 1. Auflage. Köln: Bachem,
S. 9-24.

CALLEN, M. (2001): Skill Testing can prevent Costly Mistakes. Unter: http://www.vault.com/nr/printable.jsp?ch_id=253&article_id=19341&print=1, Zugriff vom 29.10.2001.

CLASEN, R./WALLBRECHT, D. (1996): Get connected. In: Personalwirtschaft, Nr. 09, 01.09.1996, S. 24-26.

CROSSWATER-SYSTEMS (2002a): Neues rund um die Jobbörsen. Unter: http://www.crosswater-systems.com/ej_news_2001_10h.htm, Zugriff vom 10.01.2002.

CROSSWATER-SYSTEMS (2002b): Rangliste der Jobbörsen. Unter: http://www.crosswater-systems.com/ej5005ap_000_marktanteil.htm, Zugriff vom 11.01.2002.

CROSSWATER-SYSTEMS (2002c): Rangliste der Jobbörsen. Unter: http://www.crosswater-systems.com/ej5005ap_000_stellengesuche.htm, Zugriff vom 11.01.2002.

CRUSIUS, M. (2000): Jobs und Spiele. In: Personalwirtschaft, Nr. 10, 01.10.2000, S. 44-47.

CULLEN, B. (2001): E-Recruiting is driving HR systems integration. In: Strategic Finance, Volume 83, Issue 1, 07/2001, S. 22-26.

CURRY, P. (2000): Log on for recruits. In: Industry Week, Volume 249, Issue 17, 16.10.2000, S. 46-54.

CYQUEST (2001): Die Karrierejagd durchs Netz 2. Unter: http://www.cyquest.de, Zugriff vom 25.10.2001.

DGPs ONLINE (1995): DIN-Test-Verfahren (Antrag BDP). Unter: http://www. dgps.de/gesellschaft/mitteilungen/bdp_din_test_antrag.html, Zugriff vom 28.05.2001.

DÖRNER, D./KREUZIG, H.W./REITHER, F./STÄUDEL, T. (1983): Lohausen. Vom Umgang mit Unbestimmtheit und Komplexität. Bern: Huber.

DOMMEL, N.A. (1995): Postkörbe. In: SARGES, W. (Hrsg.): Management-Diagnostik, 2. Auflage. Göttingen; Bern; Toronto; Seattle: Hogrefe, S. 582-585.

ECKSTEIN, P. (2000): Angewandte Statistik mit SPSS, 3. Auflage. Wiesbaden: Gabler.

E-FELLOWS.NET (2001a): Allgemeines. Unter: https://www.e-fellows.net/Home 00004, Zugriff vom 28.10.2001.

E-FELLOWS.NET (2001b): Über uns. Unter: https://www.e-fellows.net/ Rezeption/o1205?, Zugriff vom 28.10.2001.

EISELE, D. (2001): Individuelle Bewerbungsformulare sind Mangelware. In: Personalwirtschaft, Nr. 7, 01.07.2001, S. 42-45.

EISELE, D./KÜHNLEIN, S. (2001): E-Cruiting aus der Bewerberperspektive. In: CoPers, 03/2001, S. 24-26.

ELIGO (2001): Frequently asked questions. Unter: http://www.eligo.de/html/ faq_content.html, Zugriff vom 22.11.2001.

ERIKSDOTTER, H. (2000): Das Assessment-Center der anderen Art – Virtuelles Abenteuerspiel soll Bewerber für potenzielle Arbeitgeber begeistern. In: Computerwoche, Nr. 21, 26.05.2000, S. 85.

ETZEL, S. (1999): Multimediale, computergestützte diagnostische Verfahren: Neue Perspektiven für die Managementdiagnostik. Aachen: Shaker (zugl. Diss. rer. phil. RWTH Aachen 1999).

FASSHEBER, P. (1995): Planspiele. In: SARGES, W. (Hrsg.): Management-Diagnostik, 2. Auflage. Göttingen; Bern; Toronto; Seattle: Hogrefe, S. 608-617.

FRANKE, J. (1969): Eine Konzeption zum systematischen Aufbau von Eignungsuntersuchungen. In: Psychologische Beiträge, Nr. 11, S. 390-405 (zit. nach ETZEL, S. (1999): Multimediale, computergestützte diagnostische Verfahren: Neue Perspektiven für die Managementdiagnostik. Aachen: Shaker (zugl. Diss. rer. phil. RWTH Aachen 1999)).

FRAUNHOFER ELECTRONIC BUSINESS INNOVATIONSZENTRUM (2000): Willkommen im E-Business Innovationszentrum. Unter: http://www.e-business.fhg.de/, Zugriff vom 11.04.2001.

FUHRBERG, K. (1997): Sicherheit im Internet. Unter: http://www.bsi.de/literat/doc/sinetdoc/sinetstd.htm, Zugriff vom 16.01.2002.

FUNKE, U. (1995): Szenarien in der Eignungsdiagnostik und im Personaltraining: In: STRAUSS, B./KLEINMANN, M. (Hrsg.): Computersimulierte Szenarien in der Personalarbeit. Göttingen; Bern; Toronto; Seattle: Verlag für Angewandte Psychologie, S. 145-218.

GIEGLER, H. (1988): Tests und Testtheorie. In: ASANGER, R./WENNINGER, G. (Hrsg.): Handwörterbuch der Psychologie, 4. Auflage. München; Weinheim: Psychologie-Verlag-Union, S. 782-788.

GIESEN, B. (2001): Von der Online-Präsentation zum integralen eCruiting. In: Personal, Nr. 3, 01.03.2001, S. 140-144.

GIESEN, B./JÜDE, P. (1999): Personalmarketing im Internet. In: Personal, Nr. 2, 01.02.1999, S. 64-67.

GILSTER, P.A. (2001): Channel the resume flood with applicant tracking systems. In: Workforce, Volume 80, Issue 1, 01/2001, S. 30-31.

GOEB, M./MOSER, K. (2001): Kreditinstitute ködern Absolventen online. In: Personalwirtschaft, Nr. 6, 01.06.2001, S. 76-79.

GÖHS, N./DICK, J. (2001): Testverfahren bei der Personalauswahl: Qualitätssuche im intransparenten Markt. In: Personal, Nr. 1, 01.01.2001, S. 46-48.

GREENE, J. (1999): Head Games. In: Hospitals & Health Networks, Volume 73, Issue 6, 06/1999, S. 52-56.

GREENGARD, S. (2000): Don't forget to look down both ends of the resume pipe. In: Workforce, 07/2000, S. 78-79.

GRIMM, E./DOHNE, V. (2000): Personalködern im Datenmeer. In: Personalwirtschaft, Nr. 10, 01.10.2000, S. 36-40.

HÄCKER, H. (1987): Validität. In: DORSCH, F. (Hrsg.): Psychologisches Wörterbuch, 11. Auflage. Bern; Stuttgart; Toronto: Huber, S. 720-721.

HÄCKER, H./LEUTNER, D./AMELANG, M. (1998): Standards für pädagogisches und psychologisches Testen, 1. Auflage. Bern; Göttingen; Toronto; Seattle: Huber.

HAGEL, J./ARMSTRONG, A.G. (1997): Net Gain. Profit im Netz. Märkte erobern mit virtuellen Communities. Wiesbaden: Gabler.

HARTUNG, S./SCHNEIDER, I. (1995): Entwicklung und Anwendung computer-simulierter Szenarien. In: STRAUSS, B./KLEINMANN, M. (Hrsg.): Compu-tersimulierte Szenarien in der Personalarbeit. Göttingen; Bern; Toronto; Seattle: Verlag für Angewandte Psychologie, S. 219-236.

HASSELMANN, D./STRAUSS, B. (1995): Textilfabrik. Hamburg: Windmühle.

HERTEL, G./NAUMANN S./KONRADT, U./BATINIC, B. (2001): Personality Assessment via Internet: Comparing Online and Paper-and-Pencil Questionnaires. Preprint, erscheint in: BATINIC et al. (Hrsg.): Online research, Berlin: Hogrefe, S. 1-12.

HESSE, G./FRANKE, C. (2001): Das neue HR-Portal von Bertelsmann. In: Personalwirtschaft, Sonderheft 05/2001, S. 44-46.

HÖSCH, G. (1995): Evaluation eines computergestützten Planspiels. Frankfurt: Dissertations Druck Darmstadt (zugl. Diss. rer. phil. Universität Mainz 1995).

HOLLMANN, H. (1991): Validität in der Eignungsdiagnostik. Göttingen; Bern; Toronto; Seattle: Hogrefe.

HOSSIEP, R. (1995): Berufseignungsdiagnostische Entscheidungen. Göttingen; Bern; Toronto; Seattle: Hogrefe.

HOSSIEP, R./PASCHEN, M./MÜHLHAUS, O. (2000): Persönlichkeitstests im Personalmanagement. Göttingen; Bern; Toronto; Seattle: Hogrefe.

INDERGAND, F. (1995): Alternativen zum Assessment Center. In: ARBEITS-KREIS ASSESSMENT-CENTER (Hrsg.): Das Assessment Center in der betrieblichen Praxis. Hamburg: Windmühle, S. 168-192.

JOBFAIR24 (2001a): Auswertung Messetage. Auf: Informations-CD-Rom der jobfair24 GmbH, zu beziehen bei der jobfair24 GmbH, Fritz-Arnold-Straße 16a, D-78467 Konstanz, September 2001.

JOBFAIR24 (2001b): Firmenliste. Unter: http://www.jobfair24.de/cgi-bin/ stellensuche/stellen_suche.cgi?FIRMALISTE=1, Zugriff vom 27.10.2000.

JOBFAIR24 (2001c): Personalrecruiting. Unter: http://www.jobfair24.de/unter- nehmen/jobmesse/personalrecruiting/index.html, Zugriff vom 27.10.2001.

JOBFAIR24 (2001d): Preisliste. In: Informationsmaterialien der jobfair24 GmbH, zu beziehen bei der jobfair24 GmbH, Fritz-Arnold-Straße 16a, D-78467 Konstanz, September 2001.

JOBPILOT (2001): Lassen Sie sich die besten Mitarbeiter nicht entgehen: E-Recruitment mit jobpilot workflow. Unter: http://www.jobpilot.de/content/ companies/workflow/, Zugriff vom 26.09.2001.

JOBPILOT (2002a): Datenschutz. Unter: http://www.job.de/content/jobsad- verts/datenschutz.html, Zugriff vom 10.01.2002.

JOBPILOT (2002b): Online-Mediadaten. Unter: http://www.jobpilot.de/content/ companies/what_we_are/onlinemediadaten.html, Zugriff vom 11.01.2002.

JOBSCOUT24 (2002): Auf Personalsuche? Unter: http://www.jobscout24.de, Zugriff vom 15.01.2002.

JOBVERSUM (2002): Channel-Suche. Unter: http://jobversum.de/jv/index. jsp?session=clear, Zugriff vom 11.02.2002.

KÄNZIG, T. (1998): Rekrutierungskonzept für das Internet. In: Personal- wirtschaft, Nr. 12, 01.12.1998, S. 54-57.

KIRCHHOFER, R. (2001): Nur noch über das Internet? Die Stellenvermittlung aus der Sicht des Arbeitgebers. Unter: http://www.jobkompass.ch/Artikel/Artikel_Detail.asp?ART_ID=4, Zugriff vom 16.04.2001, S. 1-2.

KLAUER, K.J. (1987): Kriteriumsorientierte Tests. Lehrbuch der Theorie und Praxis zielorientierten Messens. Göttingen; Bern; Toronto; Seattle: Hogrefe.

KNABL, G. (2001): Virtuelle Jobmesse. In: Personalwirtschaft, Sonderheft 05/2001, S. 47.

KÖHLER, K. (2000): Bewerberansprache in der Virtual Community. In: Personalwirtschaft, Sonderheft 05/2000, S. 20-25.

KOLLER, C. (2001): Digitales Halali: In kaum einem anderen Bereich hat sich das Internet so schnell etabliert wie bei der Jagd nach Personal. In: Handelsblatt, Nr. 20, 29.01.2001, S. 1-3.

KONRADT, U. (2000): Personalmarketing mit Online-Assessment. Vortrag auf der Konferenz "E-Cruiting 2000" vom 28. - 29. September 2000 in Berlin.

KONRADT, U./FISCHER, P. (2000): Personalmarketing mit Online-Assessments. In: Personalwirtschaft, Sonderheft 05/2000, S. 45-48.

KRALL, A. (2001a): Normierung. Unter: http://www.persomedia.de/knowhow/Kurztext/TestNormierung.htm, Zugriff vom 22.11.2001.

KRALL, A. (2001b): Vergleichbarkeit. Unter: http://www.persomedia.de/knowhow/Kurztext/TestVergleichbarkeit.htm, Zugriff vom 22.11.2001.

LENBET, A./ERBELDINGER, H.-J. (2001): Jobbörsen im Qualitätstest. In: Personalwirtschaft, Sonderheft 05/2001, S. 10-17.

LIENERT, G.A. (1969): Testaufbau und Testanalyse, 3. Auflage. Weinheim: Beltz.

LIENERT, G.A./RAATZ, U. (1994): Testaufbau und Testanalyse, 5. Auflage. Weinheim: Beltz.

MEALL, L. (2000): E-volution theory. In: Accountancy, Volume 126, Issue 1287, 10/2000, S. 42-44.

MEIFERT, T./DROSTE, T. (2001): Computergestützte Assessment-Center. In: Personalwirtschaft, Nr. 6, 01.06.2001, S. 56-60.

MILLER, L. (2001): Online recruiting shifts work relationships. In: HR Magazine, Volume 46, Issue 3, 03/2001, S. 16.

MONSTER (2001): Monster Talent Market. Unter: http://www.content.talent-market.monster.com/about/, Zugriff vom 05.11.2001.

MONSTER (2002): Nutzungsbedingungen von Monster.de. Unter: http://www.monster.de/privacy, Zugriff vom 15.01.2002.

O.VERF. (1995): Standards der Assessment-Center-Technik. In: ARBEITS-KREIS ASSESSMENT-CENTER (Hrsg.): Das Assessment-Center in der betrieblichen Praxis, 2. Auflage. Hamburg: Windmühle, S. 58-68.

O.VERF. (1997): Ergebnisse einer Analyse des virtuellen Stellenmarktes. In: Personal, Nr. 11, 01.11.1997, S. 597.

O.VERF. (2000): Online recruiting: What works, what doesn´t. In: HR Focus, Issue 3, 03/2000, S. 11-14.

O.VERF. (2001): Der Kampf um die High Potentials – Online-Spiele sollen Bewerber anlocken. In: Computerwoche, Nr. 8, 23.02.2001, S. 98-99.

O.VERF. (2001): Is online recruiting becoming a tidal wave? In: HR Focus, Volume 78, Issue 4, 04/2001, S. 2-3.

O.VERF. (2001): Marktforschung. In: Personalwirtschaft, Sonderheft 05/2001, S. 24-29.

O.VERF. (2001): Online-Recruiting – Von der Datenbank zum Karriereportal. In: Computerwoche, Nr. 5, 02.02.2001, S. 51-52.

O.VERF. (2001): Spontane Gespräche im Messe-Chat. In: Personalwirtschaft, Sonderheft 05/2001, S. 48-49.

PREECE, J. (2000): Online communities: designing usability, supporting sociability. Chichester: John Wiley & Sons.

PREUSS, A./KNOLL, T. (2001): Computergestützte Assessmentsysteme. In: Personal, Nr. 3, 01.03.2001, S. 128-132.

PUSCHER, F. (2001): Qualifizierte Mitarbeiter lassen sich nicht nur online finden – Personal-Management: Alles eine Frage der Software? In: Computerwoche, Nr. 36, 07.09.2001, S. 76-77.

REFLINE (2000a): RefLine Bewerberrelationship-Management. Unter: http://www.refline.de/content/BeErEmm.htm, Zugriff vom 17.01.2002.

REFLINE (2002b): RefLine Bewerbungslogistik. Unter: http://www.refline.de/content/bewerbungslogistik.htm, Zugriff vom 10.01.2002.

REGGENTIN-MCHAELIS, P. (2000): Virtuelle Karriereberatung. In: Personalwirtschaft, Nr. 1, 01.01.2000, S. 45-50.

ROMETSCH-SANDT, C. (2001): Per Mausklick zum neuen Mitarbeiter. Unter: http://www.diht.de/inhalt/informationen/news/mediamit/home/reportage/be-werbung.html, Zugriff vom 16.04.2001.

ROMPELTIEN, B. (1999): Last-Minute-Programm für das erfolgreiche Assessment-Center, 2. Auflage. Frankfurt: Campus-Verlag.

SAMSON, T. (2000): Tools of recruitment trade. In: InfoWorld, Volume 22, Issue 31, 31.07.2000, S. 63-64.

SARGES, W. (2000a): Einleitende Überlegungen. In: HOSSIEP, R.; PASCHEN, M.; MÜHLHAUS, O.: Persönlichkeitstests im Personalmanagement. Göttingen; Bern; Toronto; Seattle: Hogrefe, S. XV.

SARGES, W. (2000b): Personal: Auswahl, Beurteilung und Entwicklung. Unter: http://www.sarges-partner.de/news_text2.html, Zugriff vom 28.05.2001, S. 1-13.

SARGES, W./WEINERT, A.B. (1991): Früherkennung von Management-Potentialen. In: FEIX, W.E. (Hrsg.): Personal 2000 – Visionen und Strategien erfolgreicher Personalarbeit, Frankfurt/Wiesbaden: FAZ/Gabler, S. 267-301.

SCHULER, H./STEHLE, W. (1983): Neuere Entwicklungen des Assessment-Center-Ansatzes – beurteilt unter dem Aspekt der sozialen Validität. In: Psychologie und Praxis, Jhrg. 27, Bd. 27, Heft 1, S. 33-44.

SCHUMANN, K. (2001): Online-Recruiting – Immer mehr Computerprofis gehen online – Recruitment-Management-System bewältigt Bewerberansturm. In: Computerwoche, Nr. 5, 02.02.2001, S. 64-65.

SEEGMÜLLER, K. (2000): Stellenplattformen – Jobbörsen mausern sich jetzt zu Karriere-Portals. In: Computer-Zeitung, 06.12.2000, S.33-35.

SOBULL, D. (2000): Personalberater reagieren auf die Internet-Vermittlung – E-Recruitment: Headhunter stöbern in Online-Jobbörsen. In: Computerwoche, Nr. 26, 23.06.2000, S. 75-76.

STEHLE, W. (1995): Fragebogen. In: SARGES, W. (Hrsg.): Management-Diagnostik. Göttingen; Bern; Toronto; Seattle: Hogrefe, S. 526-530.

STEPSTONE (2002): Datenschutz. Unter: http://www.stepstone.de/ueberuns/vertraulichkeit/, Zugriff vom 10.01.2002.

STRAUB, R. (2000): Personalgeschäft wird zum e-Business. In: Personalwirtschaft, 01.10.2000, S. 3.

STRAUSS, B./HASSELMANN, D. (1997): Kompetenztest mit Computersimulation. In: Personalwirtschaft, Nr. 11, 01.11.1997, S. 16-21.

STYPPA, R. (1998): Personalakquisation via Internet. In: Personal, Nr. 3, 01.03.1998, S. 118-119.

THE BOSTON CONSULTING GROUP (2001): Blind Date. Unter: http://www.bcg.de/karriere/bewerbung/blinddate/index.asp, Zugriff vom 27.09.2001.

THE BOSTON CONSULTING GROUP (2002): BCG Strategy Cup. Unter: http://www.bcg-strategy-cup.com, Zugriff vom 28.01.2002.

TOMORROW (2001): Stellenbörsen im Netz: Die besten Online-Jobvermittler. Unter: http://www.tomorrow.de/internet/webguides/job/, Zugriff vom 17.09.2001.

TROST, G./FAY, E. (1995): Spezielle Leistungstests. In: SARGES (Hrsg.): Management-Diagnostik, 2. Auflage. Göttingen; Bern; Toronto; Seattle: Hogrefe, S. 548-556.

UBS WARBURG (2001): UBS Warburg graduate careers – apply online: Unter: http://graduates.ubs.com/career/e/html/warburg/grad/apply_ol.sthml, Zugriff vom 01.10.2001.

WAHRIG, G. (1986): Deutsches Wörterbuch. Neuausgabe 1986. Gütersloh; München: Verlagsgruppe Bertelsmann GmbH.

WEBER, A./JÄGELER, T./BUSCH, D. (2001): Recruitainment – Die Kombinationsmöglichkeit von Personalmarketing, Pre-Assessment und E-Cruiting. In: HÜNNINGHAUSEN, L. (Hrsg.): Die Besten gehen ins Netz. Report E-Recruitment: Innovative Wege bei der Personalauswahl durch E-Recruitment. Düsseldorf: Symposion Publishing GmbH, S. 261-295.

WILLIAMS, W. (2001): Understanding Personality and Job Performance. Unter: http://www.erexchange.com/articles/printer.asp?d=H&CID=(AC0EE5EC-B6 F8-11D4-82ED-00105A12D66O), Zugriff vom 29.10.2001.

WOTTAWA, H./HOSSIEP, R. (1997): Anwendungsfelder psychologischer Diagnostik. Göttingen; Bern; Toronto; Seattle: Hogrefe.

ZALL, M. (2000a): Internet Recruiting. In: Strategic Finance, Volume 81, Issue 12, 06/2000, S. 66-72.

ZALL, M. (2000b): More pros and cons to Internet recruiting. In: HR Focus, Volume 77, Issue 5, 05/2000, S. 8-14.

ZIMMER, E. (2001): Die „Stille Reserve" der Personalrekrutierung – Mobilisierung zufriedener Arbeitnehmer für den Rekrutierungsmarkt über e-Recruitment. In: HR Services, 03/2001, S. 16-18.

Weitere Studien zum Thema „e-Recruitment":

Diese und weitere Studien aus dem Bereich des Personalwesens finden Sie im Online-Katalog unter www.diplom.de.

Jobbörsen im Internet
Analyse und empirische Studie der fünf größten Online-Jobbörsen in Deutschland
S. Güngül / München / 2001 / 156 Seiten / 248,00 EUR / Best.-Nr. 4874

Electronic Human Resource
Neue Wege im Personalmarketing
P. Plath / Berlin / 2001 / 117 Seiten / 248,00 EUR / Best.-Nr. 4727

Neue Mitarbeiter auf Neuen Märkten - Recruiting in Wachstumsunternehmen
O. Elsner / Karlsruhe / 2001 / 129 Seiten / 248,00 EUR / Best.-Nr. 4713

Erstellung einer Personalmarketingkonzeption für ein mittelständisches Telekommunikationsunternehmen
M. Seebeck / Osnabrück / 2001 / 132 Seiten / 198,00 EUR / Best.-Nr. 4609

Rekrutierung von Führungskräften im Internet
Chancen und Risiken
T. Volkery / Osnabrück / 2001 / 102 Seiten / 198,-- EUR / Best.-Nr. 4308

Analyse und Bewertung moderner Maßnahmen des Hochschulmarketings
Unter besonderer Berücksichtigung des Personalrecruitings
S. Schmidt / Koblenz / 2001 / 83 Seiten / 248,00 EUR / Best.-Nr. 4304

Der Erfolg von Personalmarketing im Internet
B. Lämke / Bielefeld / 2001 / 100 Seiten / 248,00 EUR / Best.-Nr. 4175

Prozeßorientiertes Personalcontrolling unter besonderer Berücksichtigung der Evaluation von Personalbeschaffungscontrolling
E. M. Knorr / Mainz / 2001 / 139 Seiten / 198,00 EUR / Best.-Nr. 4826

Aussagekräftige Inhaltsangaben und Inhaltsverzeichnisse zu den Studien können kostenlos und unverbindlich unter www.diplom.de eingesehen werden. Zu den oben genannten Preisen stehen die Studien direkt unter www.diplom.de als Download zur Verfügung.

Die Studien können auch gegen 5,00 EUR Aufschlag als Printausgabe oder auf CD-ROM online unter www.diplom.de oder per Fax unter 040/655 99 222 bestellt werden. Die Versandkosten werden mit 5,00 EUR in Rechnung gestellt.

Studierende erhalten auf den Preis vieler Studien eine Ermäßigung von 50%.

Studien 2001

In der Reihe Studien 2001 sind im Buchhandel zudem erschienen:

Umgestaltung der Arbeitszeit
Bedeutung, Umsetzung und rechtlicher Hintergrund flexibler Arbeitszeitmodelle
K. Müller / Wismar / 2001 / 83 Seiten / 29,50 EUR / ISBN 3-8324-3140-3

Investmentfonds für die private Altersvorsorge
A. Vogelsang / Bochum / 2001 / 81 Seiten / 29,50 EUR / ISBN 3-8324-3236-1

Optimierung des Beschaffungsprozesses durch E-Procurement
D. Landeka / Darmstadt / 2001 / 187 Seiten / 29,50 EUR / ISBN 3-8324-4335-5

Rabattgesetz und Zugabeverordnung
Dargestellt am Beispiel der Lebensmittelbranche
C. Dietrich / Dortmund / 2001 / 80 Seiten / 29,50 EUR / ISBN 3-8324-4472-6

Credit Rating vor dem Hintergrund von Basel II
Dreh- und Angelpunkt des Firmenkredits
Z. Blažević / Köln / 2001 / 126 Seiten / 29,50 EUR / ISBN 3-8324-4489-0

Instrumente zur Kundenbindung im Internet
Dargestellt am Beispiel von Finanzportalen
J. Grote / Leipzig / 2001 / 77 Seiten / 29,50 EUR / ISBN 3-8324-4309-6

Online Marketing
Möglichkeiten der Kundenbindung über das Internet
D. Ulamec / Pforzheim / 2001 / 100 Seiten / 29,50 EUR / ISBN 3-8324-3218-3

Leistungsfähigkeit eines kennzahlengestützten Personalcontrolling
C. Dittmar / Frankfurt a.M. / 2001 / 65 Seiten / 29,50 EUR / ISBN 3-8324-3274-4